Hilda Carr

# Keramische Kerb- und Schneidetechniken

Haupt
GESTALTEN

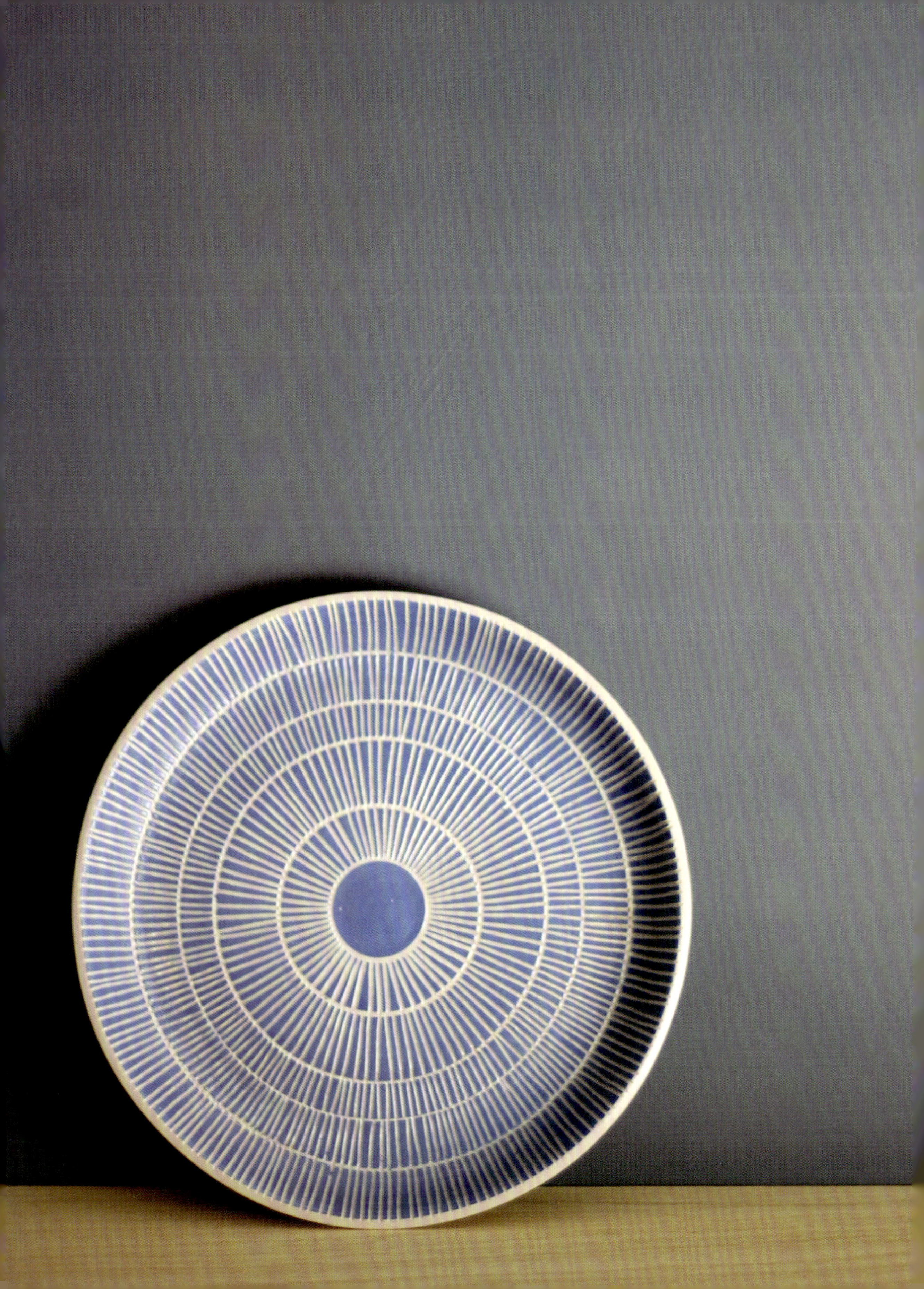

Hilda Carr

# Keramische Kerb- und Schneidetechniken

Ideen und Projekte
für die Oberflächengestaltung

Haupt Verlag

1. Auflage 2021

ISBN 978-3-258-60233-2



Aus dem Englischen übersetzt von
Monika Krumbach, D-Nürnberg
Lektorat der deutschsprachigen Ausgabe:
Dieter Krumbach, D-Nürnberg
Satz der deutschsprachigen Ausgabe:
Die Werkstatt Medien-Produktion GmbH, D-Göttingen
Fotografien von Hilda Carr, David Carr und Olivia Bull
Layout: Jackie Palmer
Konzept, Gestaltung und Produktion:
Quarto Publishing plc, an imprint of the Quarto Group
The Old Brewery, 6 Blundell Street, London N7 9BH
www.QuartoKnows.com

Die englischsprachige Originalausgabe erschien 2020
unter dem Titel *Carve your clay – techniques to bring the ceramics surface to life* bei Quarry Books, einem
Imprint der Quarto Group.


Printed in China

MIX
Papier aus verantwortungsvollen Quellen
FSC® C008047

Um lange Transportwege zu vermeiden, hätten wir dieses Buch gerne in Europa gedruckt. Bei Lizenzausgaben wie diesem Buch entscheidet jedoch der Originalverlag über den Druckort. Der Haupt Verlag kompensiert mit einem freiwilligen Beitrag zum Klimaschutz die durch den Transport verursachten $CO_2$-Emissionen. Wir verwenden FSC-Papier. FSC sichert die Nutzung der Wälder gemäß sozialen, ökonomischen und ökologischen Kriterien.

Diese Publikation ist in der Deutschen Nationalbibliografie verzeichnet. Mehr Informationen dazu finden Sie unter http://dnb.dnb.de.

Wir verlegen mit Freude und großem Engagement unsere Bücher. Daher freuen wir uns immer über Anregungen zum Programm und schätzen Hinweise auf Fehler im Buch, sollten uns welche unterlaufen sein. Falls Sie regelmäßig Informationen über die aktuellen Titel im Bereich Gestalten erhalten möchten, folgen Sie uns über Social Media oder bleiben Sie via Newsletter auf dem neuesten Stand!

www.haupt.ch

HINWEIS

Arbeiten im keramischen Bereich können gefährlich sein. Halten Sie sich genau an die Anweisungen und lassen Sie Vorsicht walten. Beachten Sie stets die nötigen Gesundheits- und Sicherheitsvorkehrungen. Die in diesem Buch beschriebenen Techniken wurden sorgfältig ausgewählt und überprüft. Alle Informationen und Ratschläge sind nach bestem Wissen zusammengestellt. Dennoch können weder die Autorin, noch die Übersetzerin, der Lektor oder der Verlag die Verantwortung für Unfälle oder Schäden jeglicher Art übernehmen.

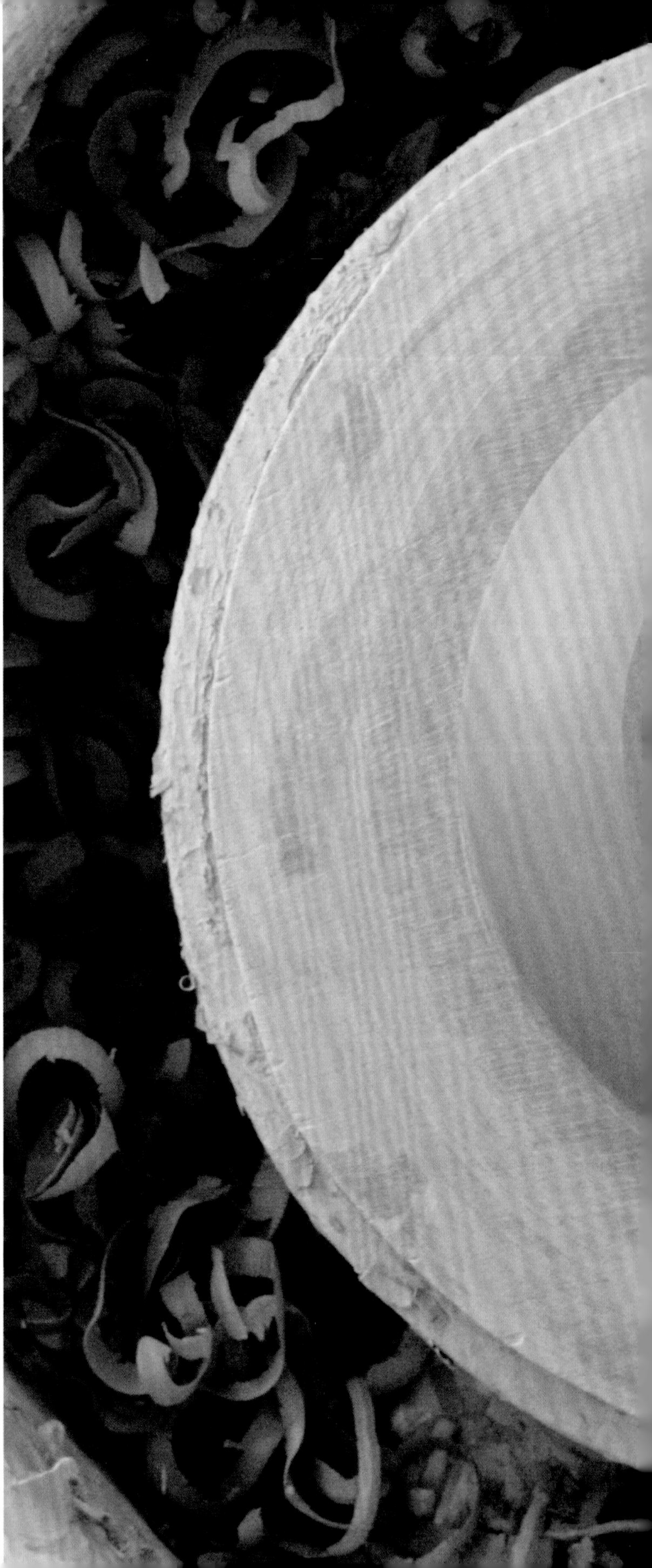

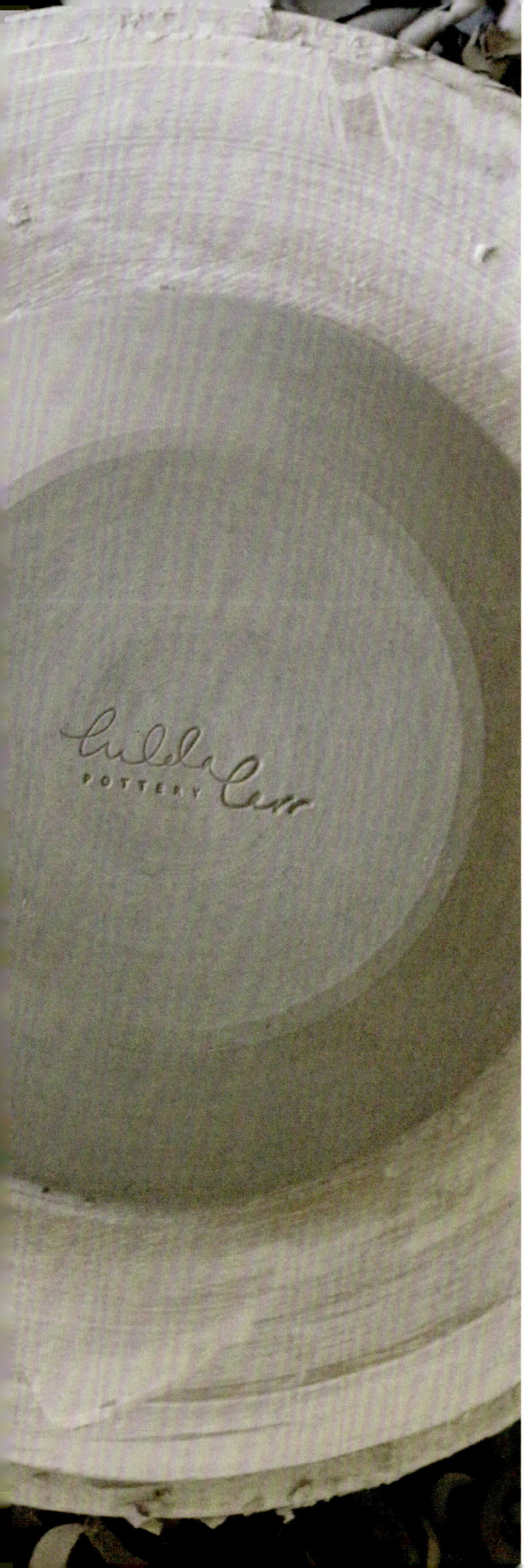


# Inhalt

An einem verregneten Novembersamstag nahm ich zum ersten Mal an einem Töpferkurs teil – und war sofort vollkommen gefesselt.

Wo alles im Leben so hektisch ist und wir uns erst „produktiv“ fühlen, wenn wir es geschafft haben, zwanzig Dinge nacheinander von unserer To-do-Liste abzuhaken, wurde die Keramik für mich zum entspannenden Gegenpol. Es hat etwas so beruhigend Ursprüngliches, einen Klumpen Erde zu nehmen und langsam mit den eigenen Händen in etwas Schönes zu verwandeln. Das Kerben und Beschneiden der Oberflächen wirkt ausgesprochen meditativ. Es geschieht gemächlich und maßvoll und verlangt volle Aufmerksamkeit. Die Technik begeistert mich, weil sie so ästhetische Ergebnisse bringt – und gleichzeitig so viel Spaß macht.

Ich erinnere mich an eine meiner ersten Töpferstunden, als ich fast die ganze Zeit über den Arbeitstisch gebeugt nur eine Tonschale vor mir hatte, in deren Oberfläche ich langsam und sorgfältig ein aufwändiges Muster einkerbte. Das fesselte mich ungeheuer. Als ich dann am Ende des Kurses aus der Werkstatt an die frische Luft kam, fühlte ich mich, als ob ich aus dem Weltall wieder auf der Erde gelandet wäre. Zumindest für ein paar Stunden hatte ich alles andere um mich herum komplett vergessen.

Ich hoffe, die Projekte in diesem Buch inspirieren Sie zu eigenen Werken mit Schnitz- und Kerbmustern. Ich würde mich freuen, wenn die beschriebenen Techniken und Ergebnisse Ihnen so viel Freude bringen wie mir selbst.

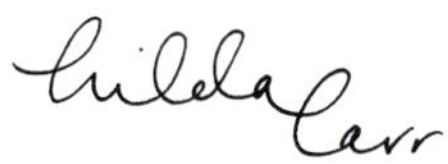

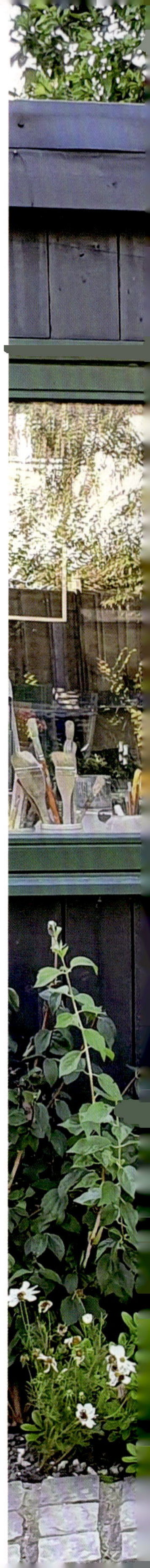

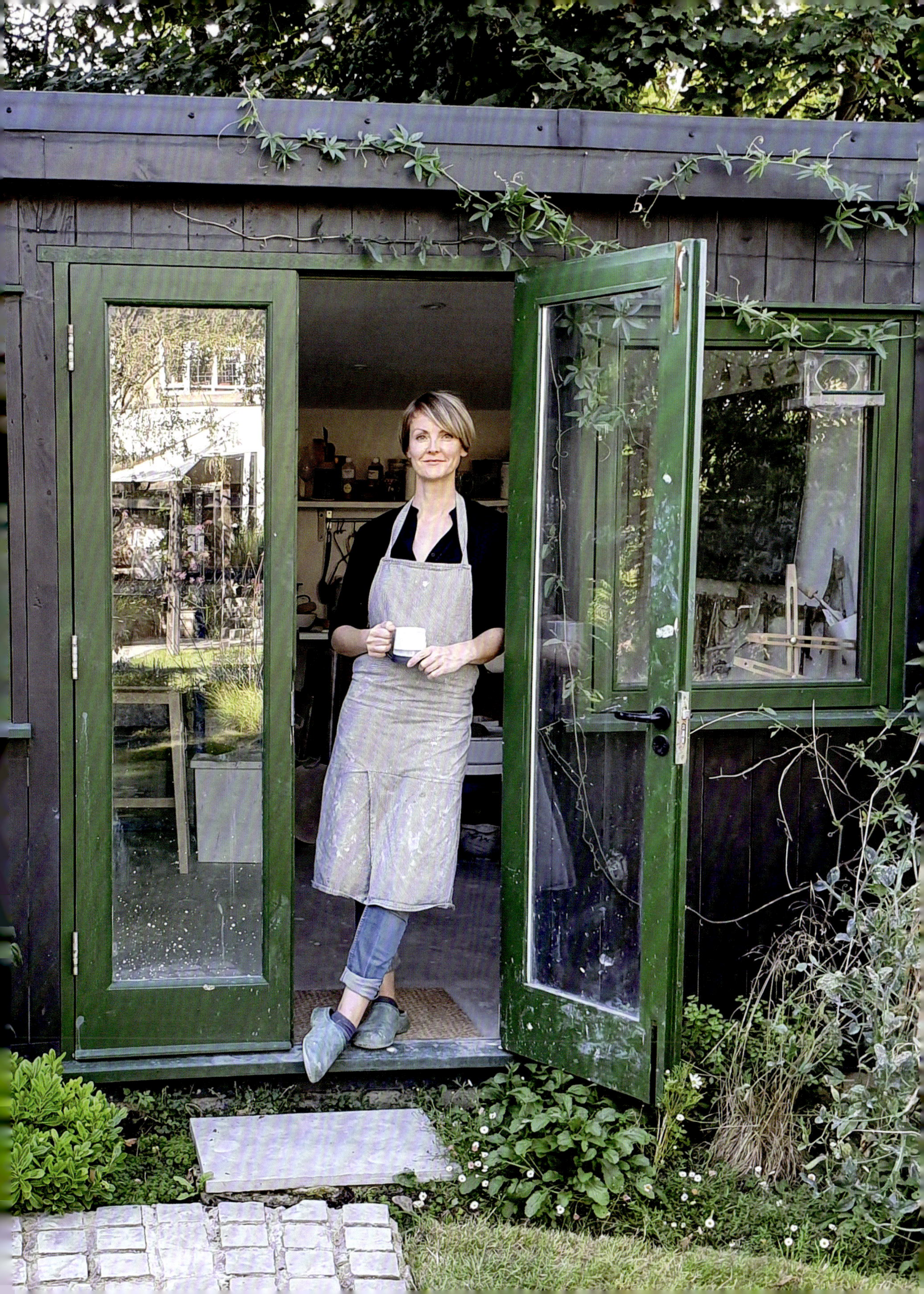

# 01/ Grundlagen

In diesem Kapitel finden Sie alles Wissenswerte zu Grundlagen und Fragen, die vorab zu klären sind, bevor Sie mit dem Kerben beginnen. Hilda stellt ihre wichtigsten Schneidewerkzeuge vor und erklärt, welche Tonsorten in welchem Zustand sich am besten für die jeweiligen Techniken eignen. Ferner gibt sie einen Überblick über die in diesem Buch beschriebenen Kerb- und Schneidemethoden mit den jeweils darauf abgestimmten Projektvorschlägen.

# Tonsorten

**Bei meinen eigenen Arbeiten verwende ich vorwiegend Steinzeugmassen. Sie eignen sich perfekt zum Beschneiden. Das Ergebnis ist fest, wasserdicht und stabil genug für Gebrauchsgeschirr.**

Die Auswahl an Steinzeugmassen ist riesig – von sehr fett und fein bis stark schamottiert. Schamottierte Sorten enthalten fein gemahlene Partikel von gebranntem Ton, die in die rohe Masse gemengt werden. Der Zuschlagstoff gibt zusätzliche Stabilität, speziell für von Hand aufgebaute Stücke. Die Oberflächen zeigen eine wunderbar raue Textur und bereichern das Objekt dadurch um eine weitere Dimension.

Welche Tonsorte Sie zum Kerben wählen, hängt von der Gestaltungstechnik und den verwendeten Werkzeugen, aber auch vom gewünschten optischen und haptischen Effekt ab. Glatte Tone sind der perfekte Hintergrund für Arbeiten, bei denen die Oberflächengestaltung im Vordergrund steht. Sie erlauben hauchfeine Linien und Details und lassen die Muster gestochen scharf hervortreten. Geht es dagegen mehr um Textur, dann erreichen Sie wunderbare Nuancierungen mit grob schamottiertem Ton. Für Kacheln und sonstige von Hand modellierte Stücke sind speziell konzipierte Massen erhältlich. Diese verarbeiten sich generell weniger plastisch, verformen und verwerfen sich aber dafür nicht so leicht.

## KONSISTENZ

Beim Töpfern durchläuft die Masse immer einen Trocknungsprozess. Von weich und bildsam beim Modellieren bis zu knochentrocken. Sobald die gesamte Feuchtigkeit entwichen ist, ist der Ton bereit zum Brennen. Zwischen diesen beiden Stadien liegt der so genannte lederharte Zustand. Das ist das geeignetste Stadium zum Kerben und Beschneiden. Der Erfolg der Bemühungen hängt stark davon ab, dass Sie genau den richtigen Zeitpunkt erwischen. Lederhart bedeutet, der Ton ist noch nachgiebig, beim Anfassen aber nicht mehr klebrig. Das Werkstück ist schon so robust, dass Sie, ohne es weiter zu verformen, damit hantieren können, andererseits aber noch weich genug, um einzelne Partien einzukerben oder Details anzugarnieren.

Im lederharten Stadium liegt stets noch ein bisschen Spielraum zwischen fester und weicher Konsistenz. Sgraffito beispielsweise gelingt besser, wenn der Ton schon fast starr, jedoch noch nicht vollkommen trocken ist, da wir nur die oberste Engobeschicht abschaben möchten und nicht tiefer in die Wandung einschneiden. Sgraffito bedeutet auf Italienisch „kratzen". Methoden mit groben Werkzeugen wie das Kannelieren und Facettieren erfordern dagegen eher etwas weichere, noch leicht klebrige lederharte Massen, damit das Schneidegerät sich leicht durch größere Partien arbeitet. Bei jedem beschriebenen Projekt gebe ich Ihnen genaue Tipps zur Tonkonsistenz.

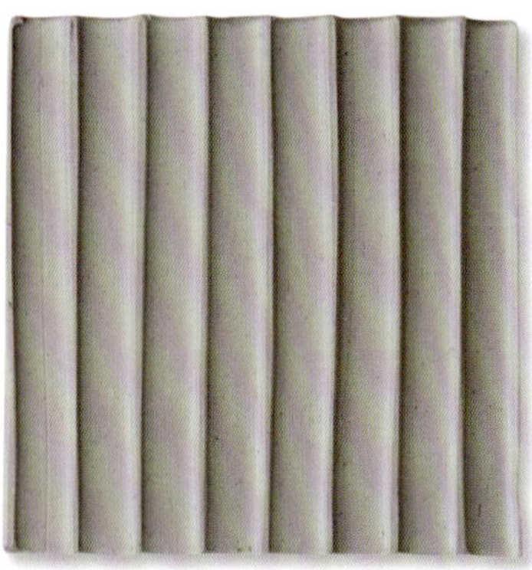

*Feine fette Masse*

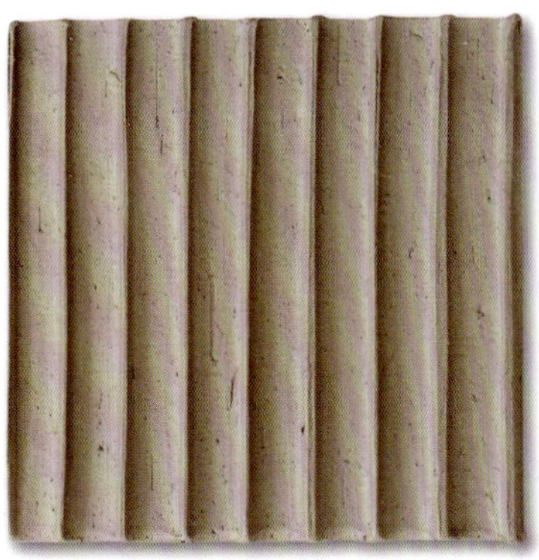

*Leicht schamottierte Masse*

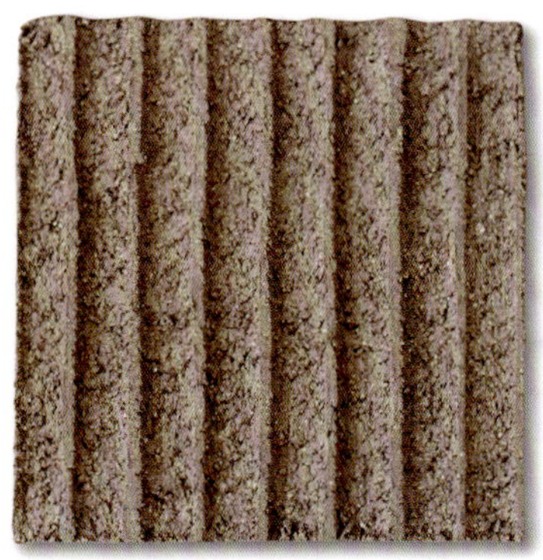

*Stark schamottierte Masse*

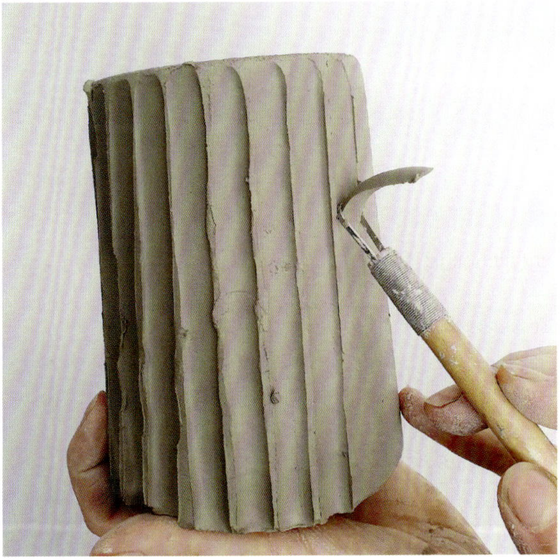 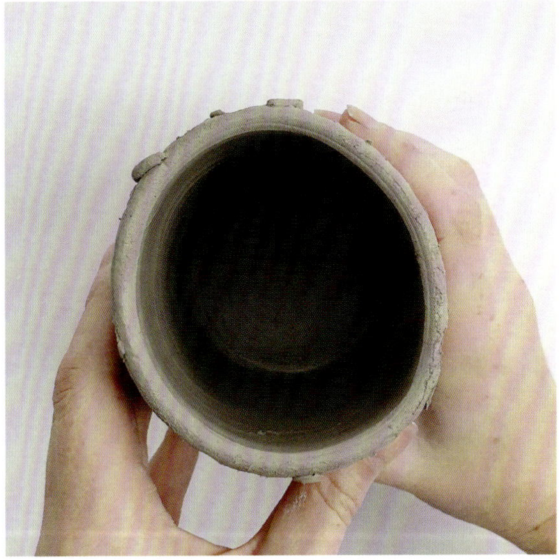

## ZU FEUCHT

*Falls der Ton zu nass ist, bleiben abgeschnittene Partien an der Wandung haften und Sie erhalten keine sauberen Linien, wenn Sie sie zu entfernen versuchen. Außerdem verformt sich der Rohling beim Hantieren leicht ungewollt, da die Wandung noch plastisch ist.*

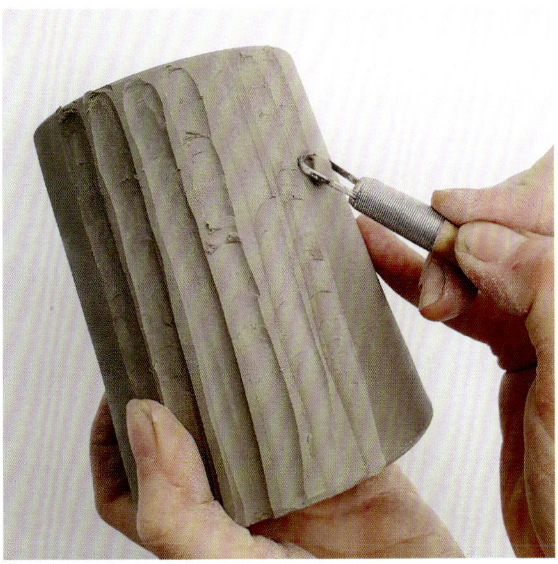

## ZU TROCKEN

*Ist die Masse zu trocken, kratzt das Werkzeug den Ton eher, statt ihn zu schneiden. Dabei müssen Sie so viel Kraft aufwenden, dass Sie das Gefäß womöglich zerdrücken oder zerbrechen.*

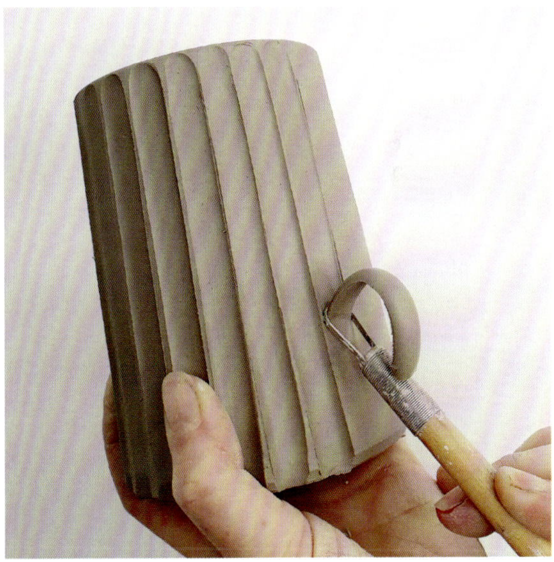

## GENAU RICHTIG

*Im exakt passenden lederharten Zustand gleitet das Werkzeug glatt durch den Ton und die abgeschnittenen Stücke lösen sich leicht von selber ab.*

# Schneidewerkzeuge

Meine Werkzeugsammlung wird immer größer. Ich experimentiere sehr gern mit neuen Geräten und Methoden, um ganz bestimmte Effekte zu kreieren. Hier stelle ich nur die speziell zum Schneiden benötigten Hilfsmittel vor, nicht sämtliche gebräuchlichen Töpferwerkzeuge.

Beschränken Sie sich nicht auf kommerzielle Werkzeuge. Etliche von meinen Modellen sind selbst gemacht oder aus irgendwelchen Haushaltsgegenständen improvisiert. Vergessen Sie auch nie das wichtigste Hilfsmittel, das Ihnen zur Verfügung steht – die eigenen Hände! Scharf geschnittene Linien und Kanten können Sie mit dem angefeuchteten Daumen oder Finger glätten. Je nachdem, wie flach oder tief die Einkerbungen ausfallen sollen, können Sie einfach mehr oder weniger Druck beim Schneiden anwenden.

Es gibt eine tolle Methode, um die in den Werkzeugen steckenden Möglichkeiten zu erkunden: Rollen Sie eine große Tonplatte aus, lassen Sie sie leicht anziehen und experimentieren Sie dann nach Herzenslust. Probieren Sie zum Beispiel mit ein und demselben Gerät verschiedenste Einsatzbereiche aus: mit dessen Seitenkante oder Rücken, durch stärkeres oder schwächeres Andrücken und so weiter. Geben Sie dem Ganzen mehr Schwung, indem Sie den ganzen Arm mit einsetzen. Oder kreieren Sie mit einem gradkantigen Werkzeug raffinierte geometrische Muster.

### WARTUNG DER WERKZEUGE

*Vergessen Sie nicht, dass die Geräte mit der Zeit stumpf werden. Kanten lassen sich mit Feile oder Schleifgeräten wieder schärfen. Werkzeuge halten länger, wenn sie nach Gebrauch stets gut gereinigt und getrocknet werden.*

## HILDAS GRUNDAUSSTATTUNG

### 1: KÄSEHOBEL

*Funktioniert genauso wie Töpfer-Schneidedraht. Der Mittelbalken verhindert zu tiefe Einschnitte. Ein großartiges Gerät zum Kannelieren und Facettieren.*

### 2 & 3: SGRAFFITOWERKZEUGE

*Für Kratzmuster sind zahlreiche unterschiedliche Spezialwerkzeuge erhältlich. Diese beiden verwende ich am liebsten. Die kleinere Variante mit kugeliger Spitze eignet sich für sehr zarte Linien. Die größere Kellen-artige Spitze kann feine Details einkratzen und – seitlich gehalten – auch größere Partien abnehmen.*

### 4–7: MODELLIER- UND ABDREHSCHLINGEN

*Meine absoluten Lieblingsgeräte ... Schlingen sind in allen möglichen Formen und Größen rund, eckig oder spitzig zulaufend erhältlich. Hervorragend geeignet zum Kannelieren, Strukturieren von Oberflächen und Einschneiden scharfkantiger Dekore.*

### 8: ZIEHKLINGE

*Die nierenförmige Variante aus flexiblem Stahlblech eignet sich gut zum Abschaben größerer Partien und Ausheben flacher Einbuchtungen. Am besten gelingt das mit relativ trockenem Ton.*

### 9 & 10: KAMM- UND ZAHNSPACHTEL

*Verwenden Sie eine spezialgefertigte gezahnte Ziehklinge (10) oder schneiden Sie einfach eine alte Kreditkarte passend zu (9).*

### 11: TÖPFERMESSER

*Dieses unverzichtbare Universalwerkzeug in der Töpferwerkstatt eignet sich auch sehr gut zum Kerben und Beschneiden. Messer sind in allen möglichen Formen und Größen im Angebot. Ich verwende gern diese längliche Version für Perforierungen und Facetten.*

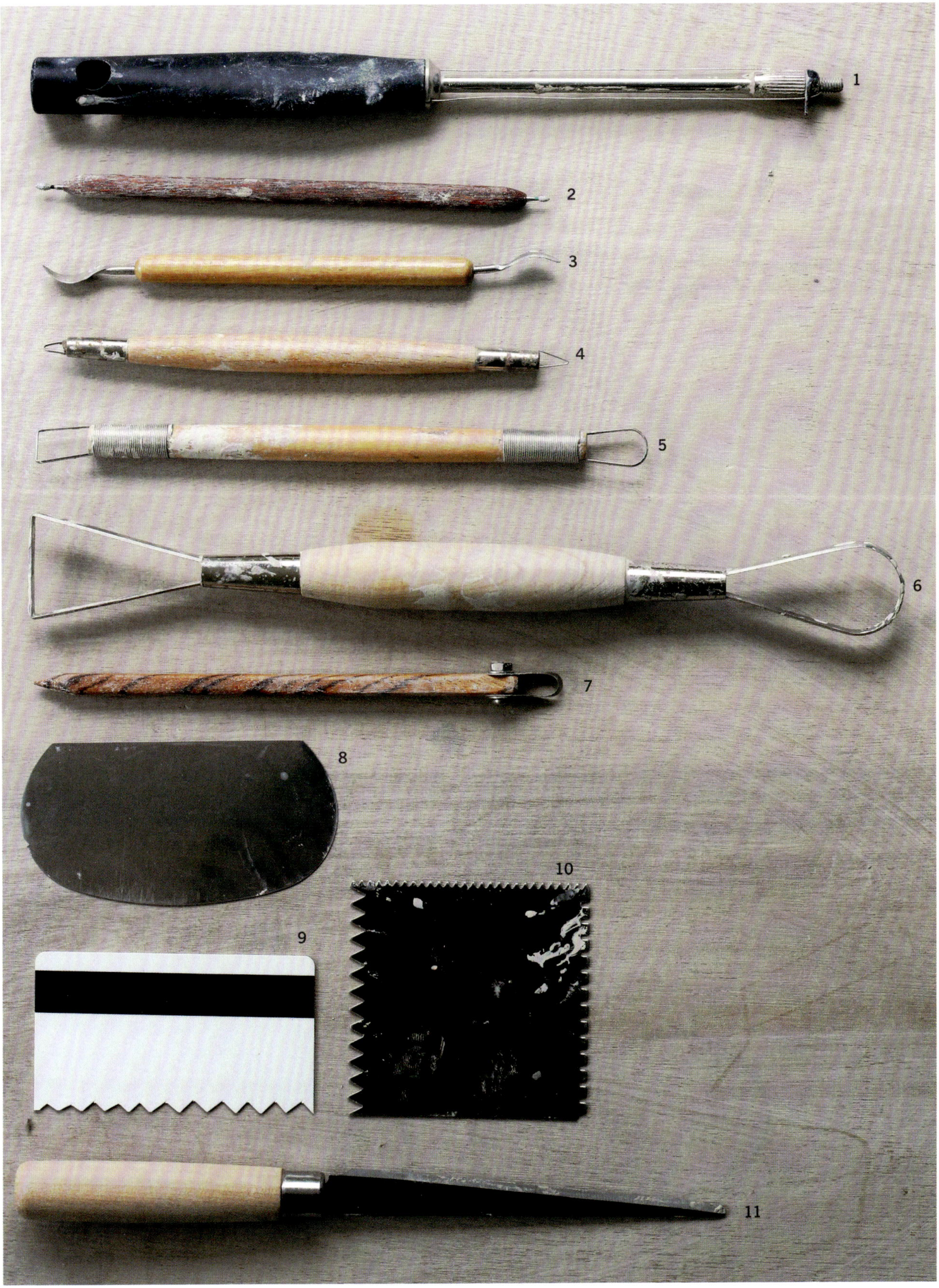
1
2
3
4
5
6
7
8
9
10
11

# Formgebung

**Kerb- und Schnitztechniken eignen sich für jede Art von Werkstücken, egal, mit welcher Methode sie geformt wurden. Meine eigenen Objekte drehe ich meistens. Vor allem verstehe ich mich als Scheibentöpferin, daher sind viele in diesem Buch enthaltene Beispiele auf der Töpferscheibe entstanden.**

Daneben finden Sie bei den auf den folgenden Seiten beschriebenen Projekten aber auch Anregungen für von Hand modellierte Stücke, Pinch- oder Daumendrucktechnik, Gießton, Ein- und Überformen. Die meisten Beispiele können Sie problemlos abwandeln und auf Ihre eigenen bevorzugten Formmethoden abstimmen.

Die wichtigste Voraussetzung bleibt stets gleich, egal auf welche Art Sie ihr Gefäß auch herstellen: Achten Sie darauf, dass die Wände ausreichend dick ausfallen. Je nach gewählter Technik werden manchmal ziemlich starke Wandpartien weggeschnitten. Es muss also reichlich Masse als Reserve vorhanden sein.

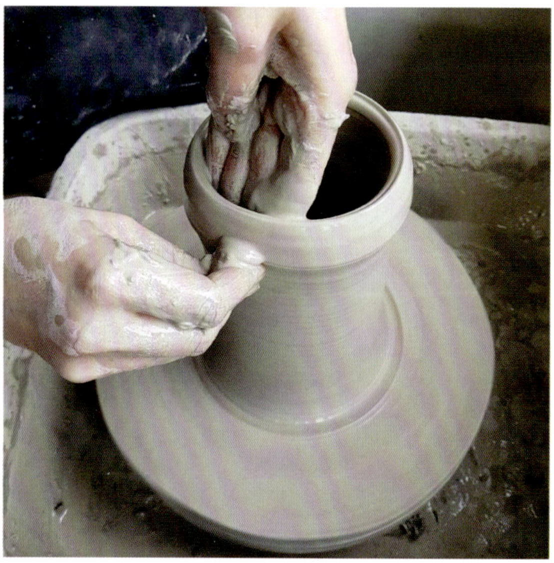

**DREHEN**

*Freigedrehte Keramikgefäße sind eine wunderbare Grundlage für Kerb- und Schneidetechniken. Sogar die Scheibe selber lässt sich als Hilfsmittel für zusätzliche Effekte einsetzen. Das Drehmoment wird genutzt, um Kerbungen deutlicher hervorzubringen und bewegter erscheinen zu lassen, wie bei dem Schälchen auf Seite 126–131 zu sehen.*

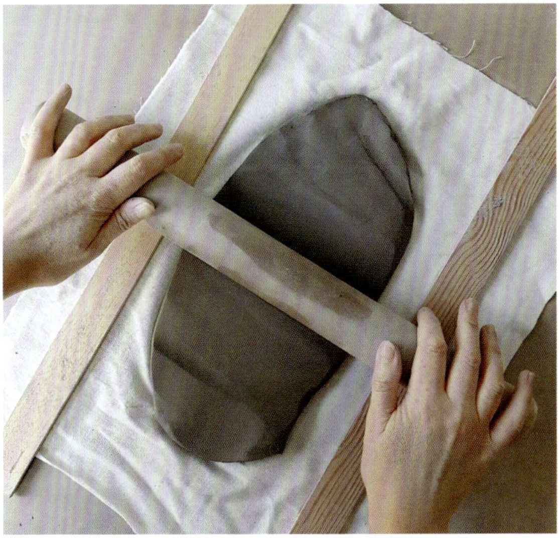

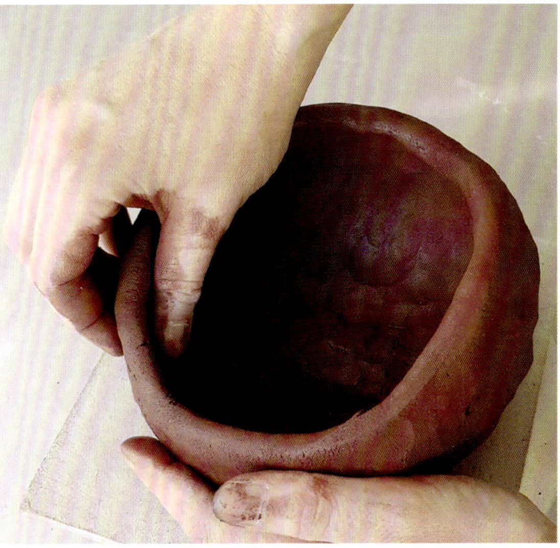

**HANDFORMEN**

*Hier können Sie das Kerbmuster bereits vor der weiteren Formgebung direkt auf die Tonplatte aufbringen. Bei dem Übertopf auf Seite 82–89 wird sie auf einer mit eingekerbten Ornamenten versehenen Linoleumplatte ausgerollt. An Drehobjekten wäre dieser Weg undenkbar.*

**PINCHTECHNIK**

*Zwischen den Fingern gepresste Daumenschälchen können viel organischer wirken als Drehware. Betonen Sie die charakteristischen Unregelmäßigkeiten und den lockeren, handgeformten Gesamteindruck durch entsprechende weniger exakte Kerbmethoden.*

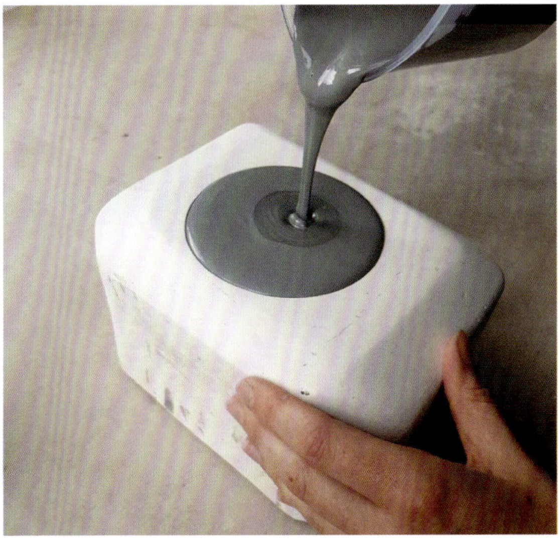

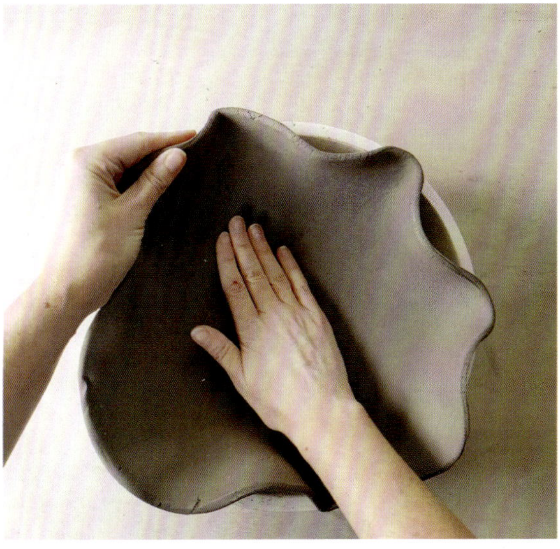

**GIESSTON**

*Auch an gegossenen Objekten lassen sich interessante Kerb- und Schnitzeffekte erzielen. Gießformen erlauben es, Gefäße aus vielen unterschiedlich eingefärbten Tonschichten aufzubauen und diese für die Musterungen teilweise einzuschneiden.*

**EIN- UND ÜBERFORMEN**

*In Gipsformen eingeformte Rohlinge lassen sich leicht kerben, da sie von außen fest gestützt sind. Die Tonplatte wird in eine konkave Form eingepasst, das Innere wird ornamentiert. Beim Überformen ist es umgedreht: Die Tonplatte liegt auf einem konvexen Gipskern auf.*

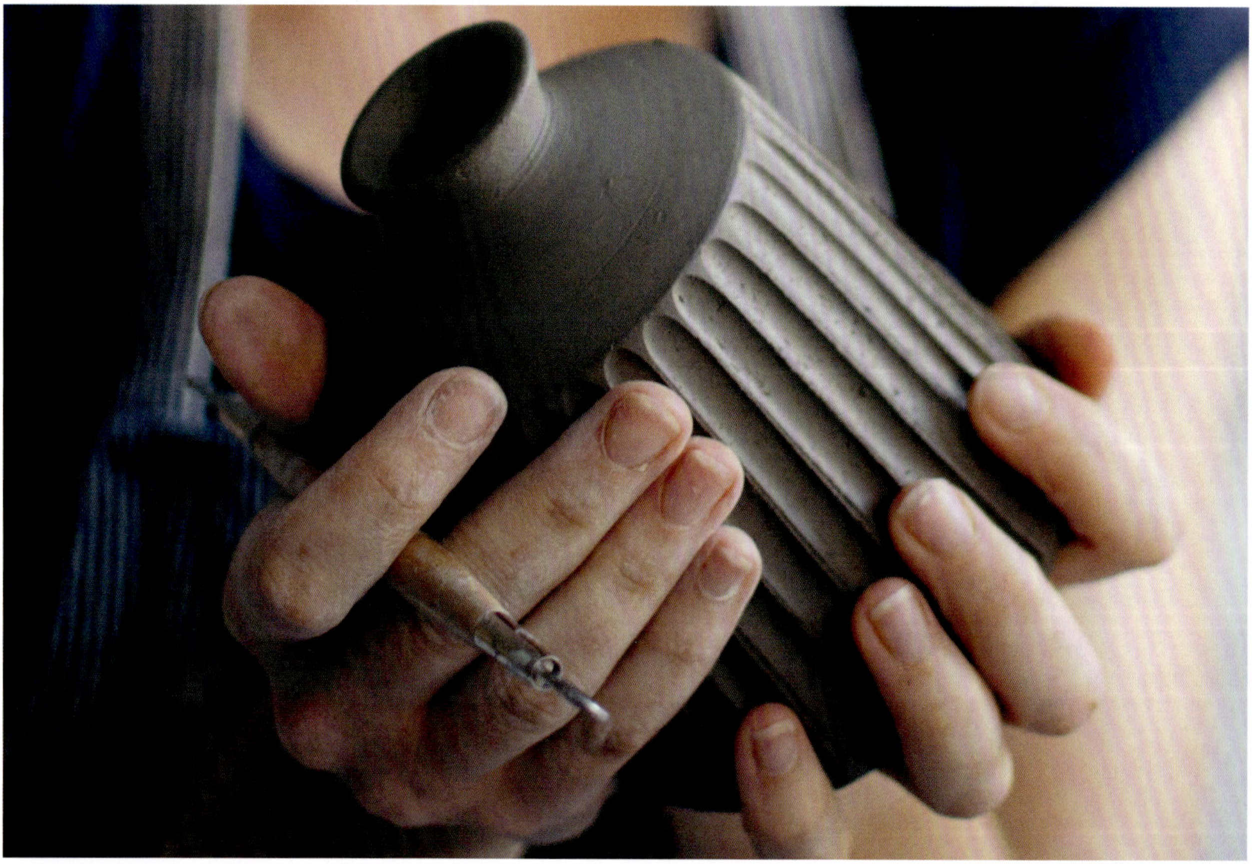

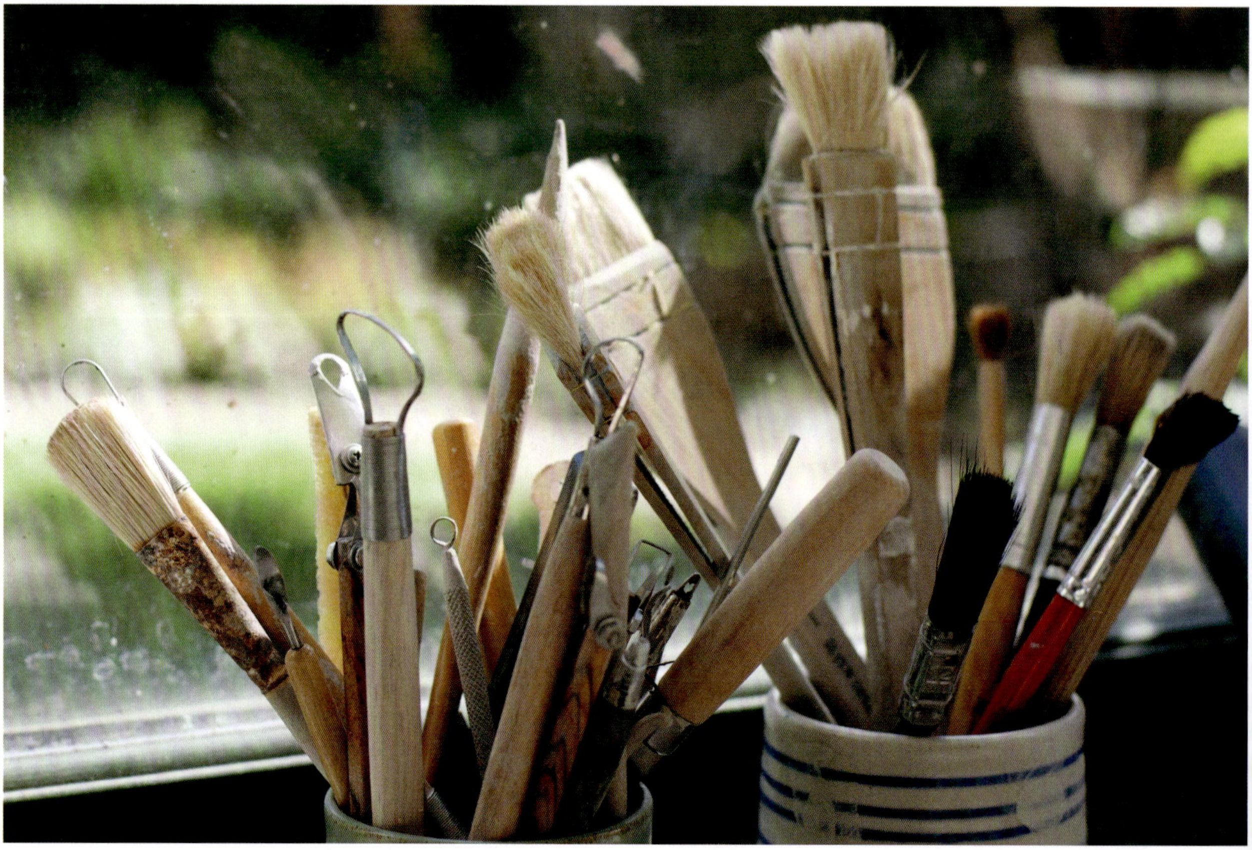

# Kerb- und Schneidetechniken

**Mit einem einfachen Kratzwerkzeug ist es möglich, unzählige Mustervariationen zu erzielen. In Kombination mit den vielen Optionen bei Formgebung, Auswahl der Tonsorten und Glasuren eröffnet sich ein riesiges Gestaltungspotenzial.**

Die in diesem Buch enthaltenen Vorschläge für eigene Projekte stellen nur einige Varianten vor, mit denen Sie Keramikobjekte durch Kerbmuster lebendig gestalten können. Manche sind ganz schlicht und erfordern nichts als die eigenen Hände und eine Modellierschlinge. Andere etwas anspruchsvollere verbinden mehrere Werkzeuge und Techniken. Nehmen Sie die Anregungen als Ausgangspunkt für eigene Ideen, kreieren Sie Ihre einzigartige Ornamentik passend zu persönlichem Stil und Arbeitsweisen.

Wie bei allem wächst das Selbstvertrauen mit der Übung. Also bitte keine Scheu vor ein paar Fehlern am Anfang. Ich erinnere mich noch an meine ersten Kerbversuche. Da stand die kleine frisch gedrehte Schale vor mir. Ich war sehr stolz auf sie, weil in diesem frühen Stadium noch längst nicht alles gelang. Ich wollte ein einfaches Muster in die Außenwandung schneiden, hatte aber Bedenken, durch das Bearbeiten das ganze schöne Teil zu ruinieren. Es brauchte mehrere Anläufe, bis ich mit dem Ergebnis zufrieden war. Doch je mehr ich probierte, desto besser wurde mein Gefühl dafür, wie der Ton auf diesen oder jenen Eingriff reagiert. Dadurch fühlte ich mich bald sicherer.

Die Freude über ein selbstgemachtes Keramikteil liegt darin, dass es wirklich einmalig und einzigartig ist, Perfektion hin oder her. Die Spuren der Herstellung betonen das: handgezogene Linien, Fingerabdrücke und Spuren des Gestaltungsprozesses geben zusätzlichen individuellen Charakter, der in der Massenproduktion vergeblich gesucht würde. Es ist nicht so wichtig, ob alle Linien perfekt parallel verlaufen oder die Silhouette hundertprozentig symmetrisch ausfällt. Lassen Sie sich bewusst auf solche Eigenarten ein. Erst dadurch wird das Ergebnis unnachahmlich Ihr eigenes.

### GESUNDHEIT UND SICHERHEIT

- *Tragen Sie immer eine Atemschutzmaske, wenn Sie mit Schlicker und Glasuren hantieren, Schrühware schmirgeln oder sonstwie mit trockenen, staubigen Rohstoffen umgehen.*
- *Bei Techniken mit relativ trockenen Rohlingen sollten Sie die weggekratzten oder abgeschnittenen Tonpartikel stets vorsichtig mit Bürste oder Pinsel entfernen, statt sie einfach wegzublasen.*

## GRUNDTECHNIKEN

Hier werden die Schnitz- und Kerbtechniken vorgestellt, auf denen die in diesem Buch enthaltenen Projekte basieren. Jede ergibt eine ganz eigene Optik. Probieren Sie zunächst ein paar Optionen aus, um zu sehen, welche davon am besten zu Ihren ästhetischen Vorstellungen und Ihren Arbeitsmethoden passen.

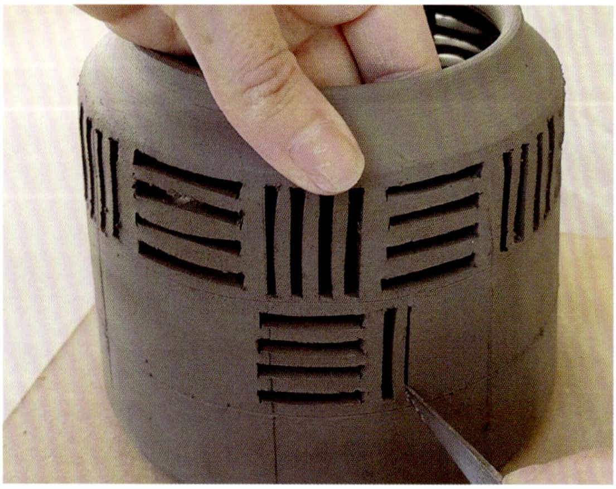

**PERFORIEREN**

*Mit dem Töpfermesser wird bei der Musterung die Gefäßwandung komplett durchschnitten. Durchbruchtechniken eignen sich ausgezeichnet für Windlichter, die „Fenster" werfen beim Entzünden der Kerze ihre Schatten nach außen. Projekt: Windlicht mit Perforationen, Seite 68–73.*

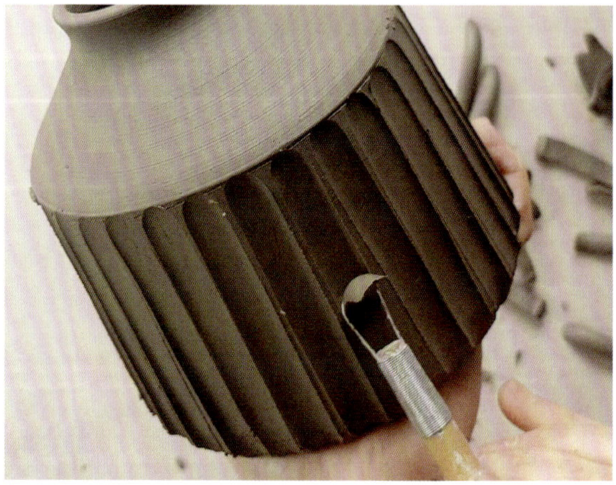

**KANNELIEREN**

*Mit der Modellierschlinge werden der Länge nach Tonstreifen aus der Wandung geschnitten. Je nach Größe und Form der Schlinge variiert auch das fertige Muster. Projekt: Kannelierte Blumenvase, Seite 60–65.*

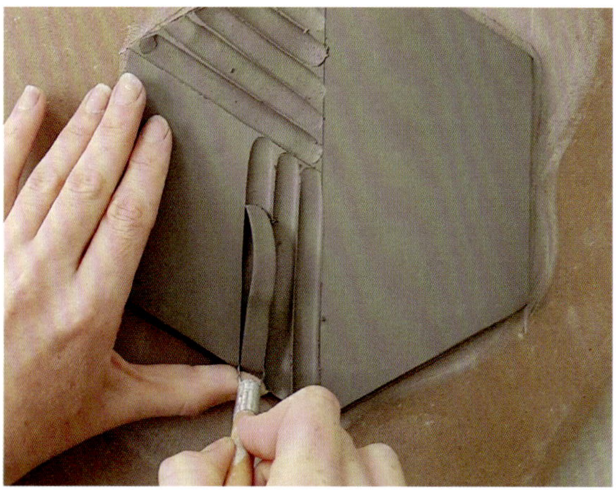

**GEOMETRISCHE MUSTERUNGEN**

*Vor dem Einschneiden wird die Anordnung der Linien grob auf dem Werkstück skizziert. Es ergibt sich eine deutlich abstrakte Note, die Gestaltung kann so schlicht oder kompliziert wie Sie wünschen ausfallen. Projekt: Kachel mit abstrakten Kerbmustern, Seite 26–29.*

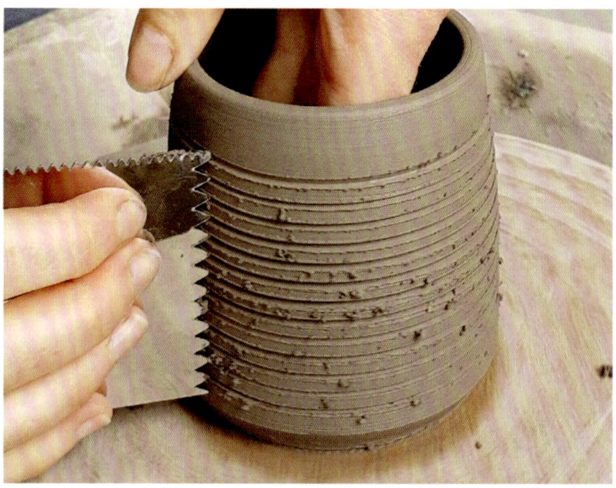

**KAMMLINIEN**

*Mittels gezahnter Ziehklinge oder Kamm werden enge Parallellinien in die Wandung gezogen, die sie interessant strukturieren. Ich führe das meist direkt an der Töpferscheibe aus, damit die Rillen ganz gleichmäßig ausfallen. Projekt: Tasse mit Kammstrukturen, Seite 44–51.*

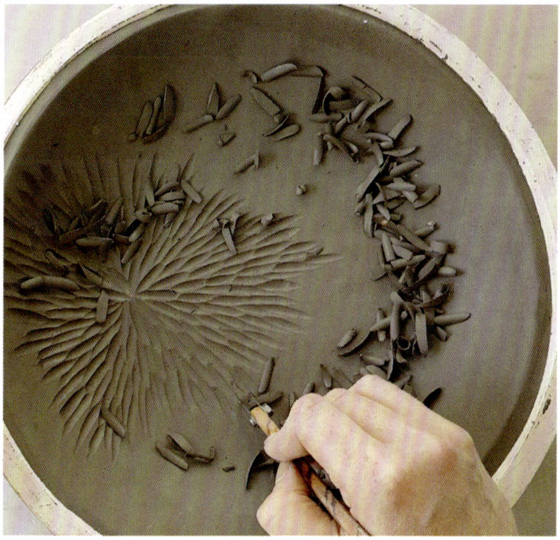

**FREISTIL-TEXTUREN**

*Mit verschiedensten Schlingen und Schnittwerkzeugen lassen sich Oberflächen interessant und aufwändig verschönern. Dabei freihändig arbeiten und der Fantasie freien Lauf lassen. Projekte: Texturierte Schale, Seite 38–43, und Kontrastreiche Pflanzschale, Seite 54–59.*

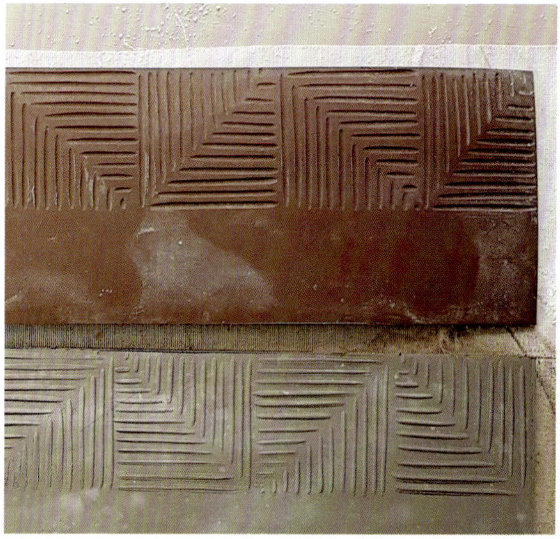

**STEMPELMUSTER**

*Schneiden Sie Ornamente in eine Linoldruckplatte und pressen Sie diese auf der Tonoberfläche ab. Die Methode funktioniert am besten bei Plattentechnik. Projekt: Kleiner Übertopf mit Stempelmuster, Seite 82–89.*

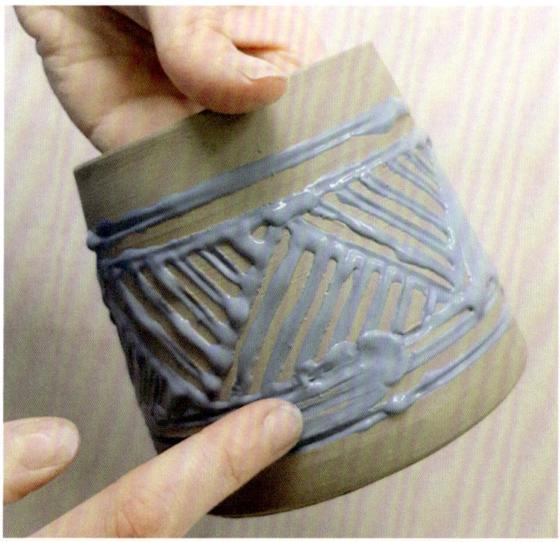

**INLAYS**

*Kerben Sie schmale Linienmuster mit einem feinen Werkzeug ein und füllen Sie diese mit farblich abgesetzter Engobe. Nachdem der überschüssige erstarrte Schlicker von der Oberfläche geschabt ist, zeigt sich das fertige Muster. Projekt: Vorratsdose mit Inlaydekor, Seite 108–115.*

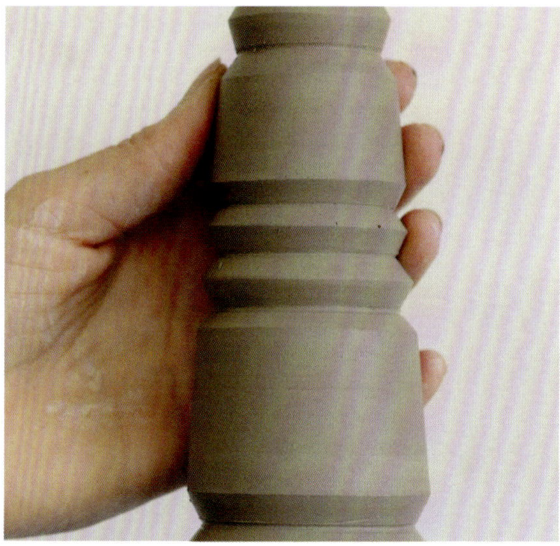

**BESCHNEIDEN DER FORM**

*Ich wähle diese Technik gern für scheibengedrehte Gefäße. Dabei werden große scharfkantige Rillen aus der massiven Wandung genommen. Projekt: Tief eingeschnittener Kerzenhalter, Seite 102–105.*

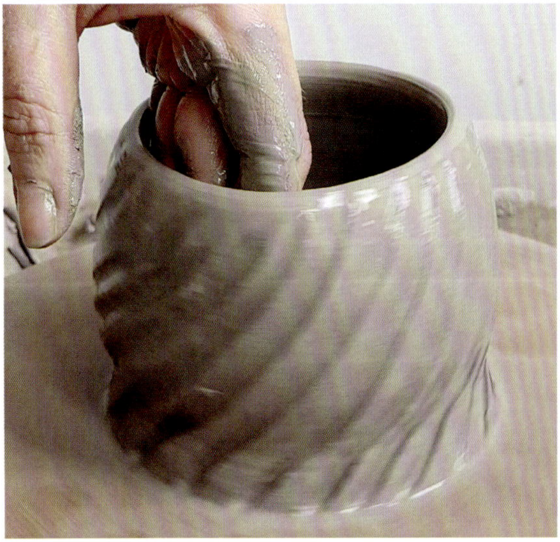

**AUSBAUCHEN**

*Hier wird eine Struktur in die frisch gedrehte Wandung geschnitten. Anschließend von innen her nach außen die Mittelpartie dehnen und bauchig erweitern, so dass sich die eingeschnittenen Linien organisch verdehnen. Projekt: Ausgebauchtes Schälchen, Seite 126–131.*

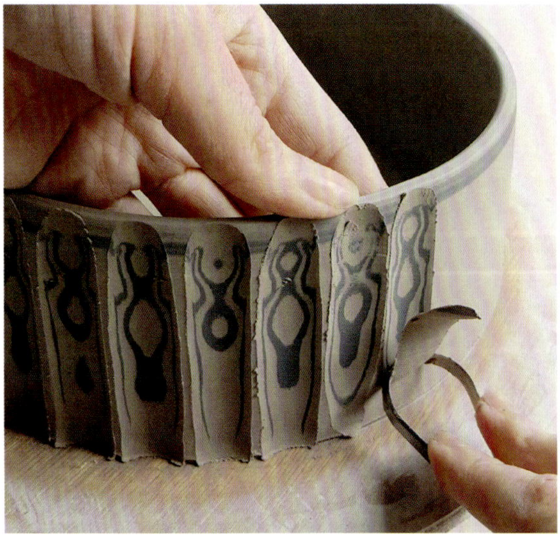

**MARMORIERTE SCHNITTFLÄCHEN**

*Zwei unterschiedlich gefärbte Tone erlauben marmorierte Wandungen. Erst beim Einschneiden zeigt sich das Muster. Projekt: Achatware-Schüssel, Seite 132–139.*

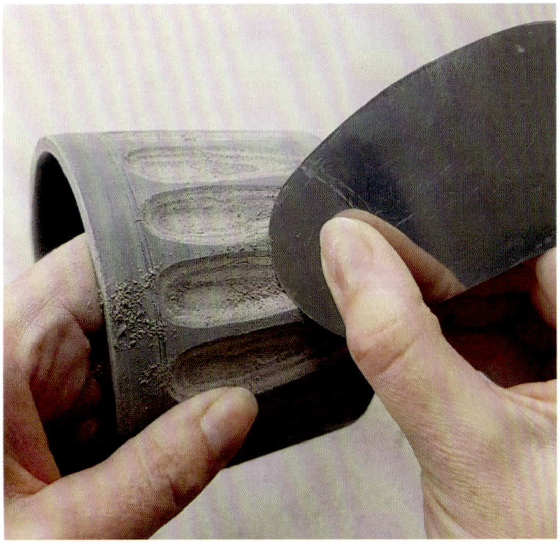

**MEHRSCHICHTIGE WANDUNGEN**

*Durch Gießtechnik mit mehreren unterschiedlich gefärbten Tonlagen in einer Gipsform entstehen vielschichtige Gefäße. Die einzelnen Lagen kommen beim Abschaben der obersten Partien zum Vorschein. Projekt: Becher aus Gießton, Seite 116–123.*

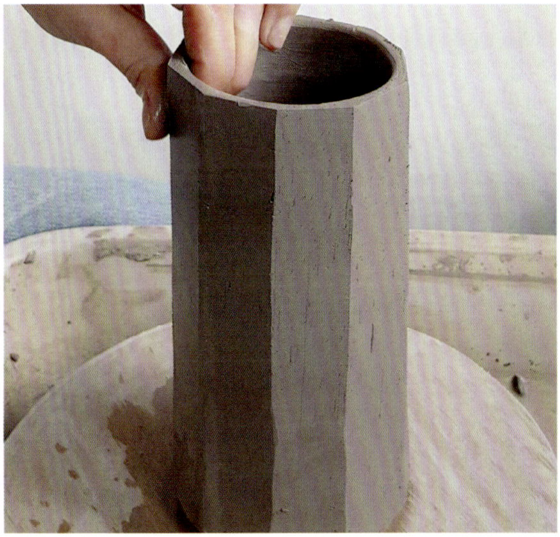

**FACETTIEREN**

*Mittels Messer oder Schneidedraht werden flache Tonstreifen abgehoben. Mit glatten beziehungsweise spiraligen Schneidedrähten entstehen unterschiedliche Effekte. Projekt: Facettierter Krug, Seite 74–79.*

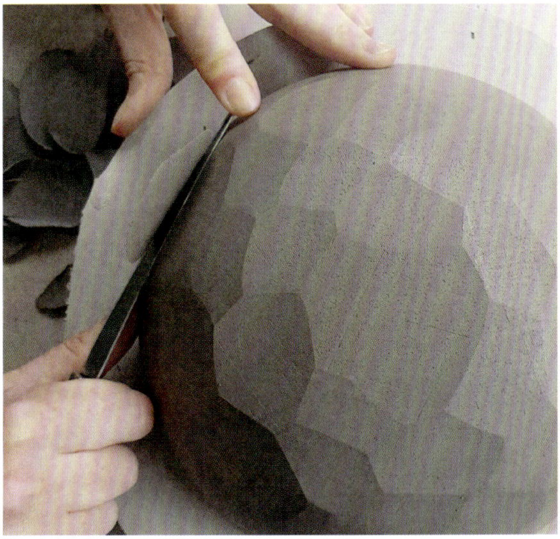

**BESCHNEIDEN**

*Schneiden oder schnitzen Sie die Außenwandung des Werkstücks mit einem Messer zurecht. Im Beispiel erhält es flache Facetten. Projekt: Facettierte Hängeschale, Seite 96–101.*

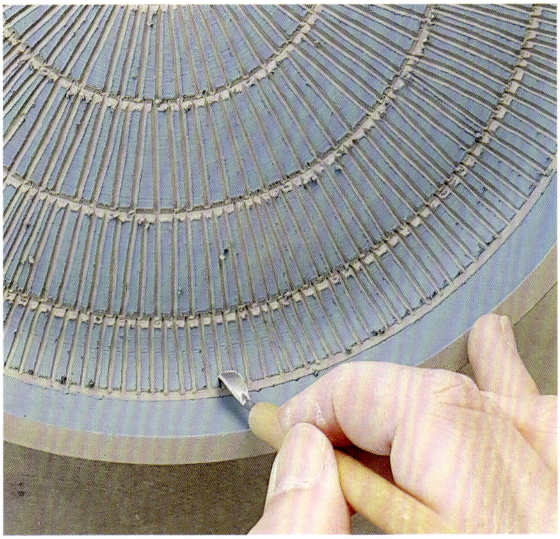

**SGRAFFITO**

*Die Beschichtung aus farbiger Engobe wird eingekratzt, so dass die ursprüngliche Tonfarbe darunter zum Vorschein kommt. Projekte: Sgraffito-Vase, Seite 30–34, und Servierplatte mit Sgraffito, Seite 90–95.*

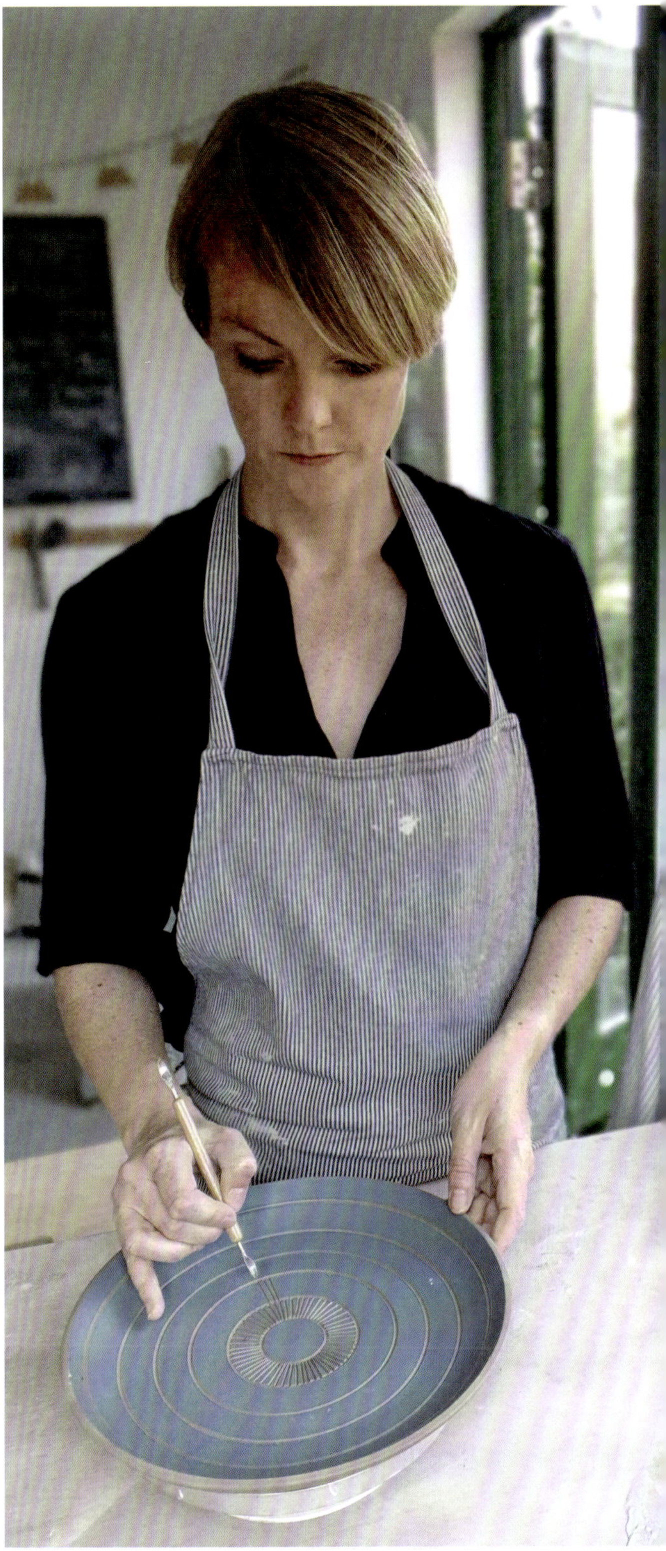

# Hinweise zum Glasieren

**Beim Glasieren halte ich die Dinge gerne einfach. Ich möchte die Ornamente betonen und wähle folglich Überzüge, die sie dezent vervollkommnen, statt mit ihnen zu konkurrieren.**

Tendenziell beschränke ich mich auf wenige Farbtöne zwischen Weiß, Grau, Blaunuancen und Schwarz in dünner Lage, die Musterung und Texturen schön hervorheben. Wie bei allen schöpferischen Prozessen ist es am geschicktesten zu experimentieren, bis Sie Ihren eigenen Stil und die Ihnen am besten zusagenden Arbeitsmethoden in der unglaublich großen Auswahl aus Glasurtypen und -farben entdeckt haben.

**BRAND**

*Alle Musterstücke in diesem Buch sind im Elektrobrennofen bei etwa 980 °C geschrüht und bei etwa 1220 °C glasurgebrannt.*

Glasuren können auf vielfache Weise dazu beitragen, Kratz- und Kerbmuster hervorzuheben:

- Durchscheinende Glasuren lassen den darunter liegenden Scherben noch gut erkennen.
- Transparentglasuren lassen bei Sgraffito und Inlays die Engobefarben erheblich kräftiger und leuchtender erscheinen.
- Verwenden Sie fließende Glasuren, die sich in Rillen und Vertiefungen sammeln und dadurch deutlichere Strukturen ergeben.
- Manche Glasuren rollen an vertieften oder erhabenen Linien ab und betonen so die Musterlinien stärker.
- Bauen Sie mit mehrlagig aufgebrachten Engoben und Begüssen fein nuancierte interessante Farbspiele auf.
- Spannend sind sehr kontrastreiche Farbstellungen, wie beispielsweise eine weiße Glasur auf schwarz brennendem Scherben.
- Unglasierte Objekte können auch reizvoll sein. Lassen Sie einfach die Schönheit des puren Tons ohne weitere Überzüge für sich selber sprechen.

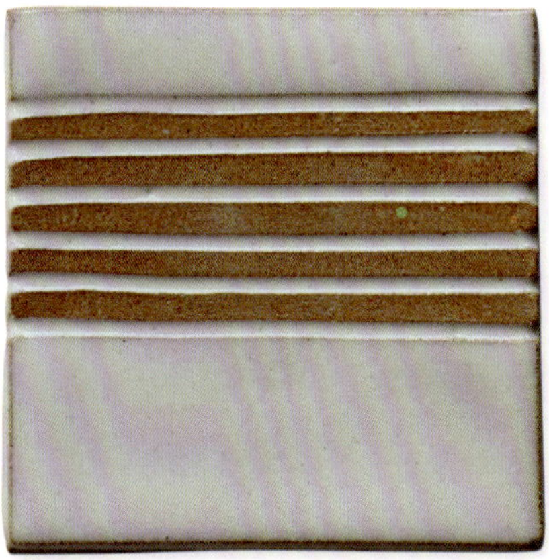

*Weiße Hochglanzglasur kontrastiert angenehm mit dem dunklen Scherben.*

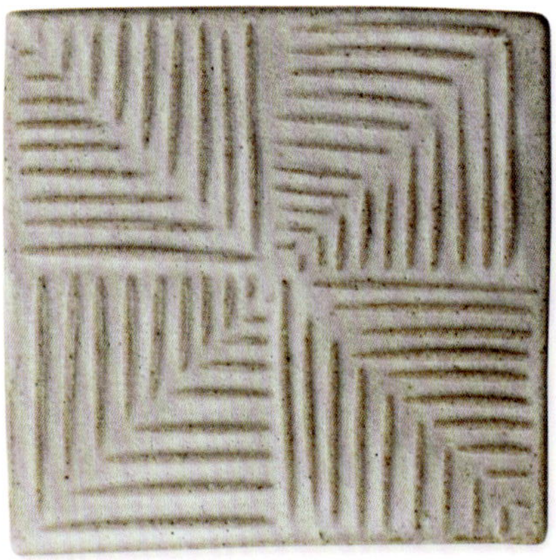

*Die durchscheinende weiße Mattglasur rollt von den erhabenen Musterlinien ab.*

*Links: Matte Transparentglasur lässt die Engoben lebhafter, farbkräftiger, leuchtender erscheinen.*

*Rechts: Unter der weißen Glasur sind die im Ton enthaltenen dunklen Eisen-Spots noch deutlich sichtbar.*

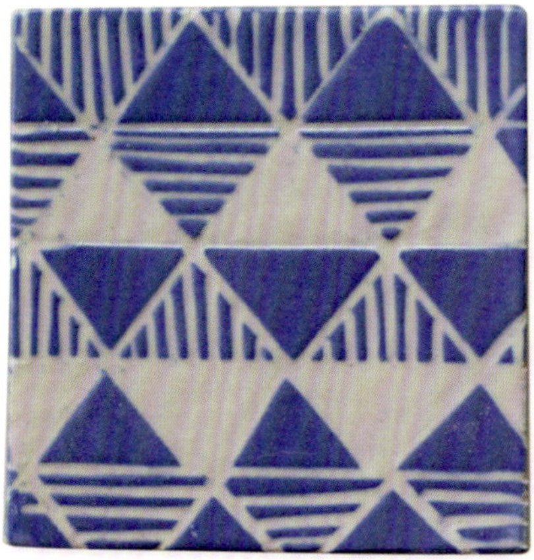

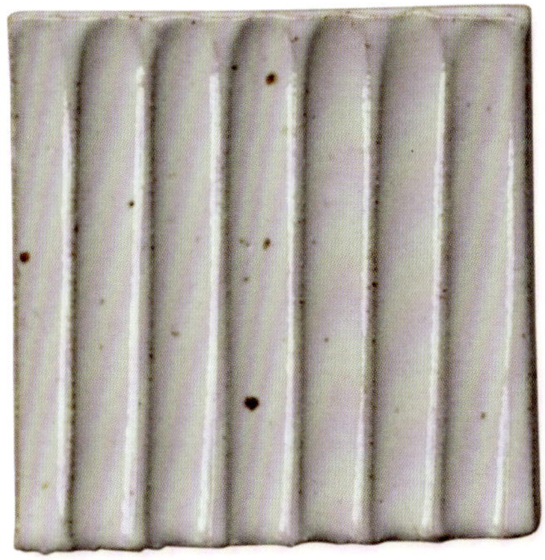

*Links: Durchscheinende weiße Glasur über Kupferengobe auf gesprenkeltem Scherben.*

*Rechts: Die weiß glänzende Glasur kontrastiert deutlich mit dem schwarzen Ton.*

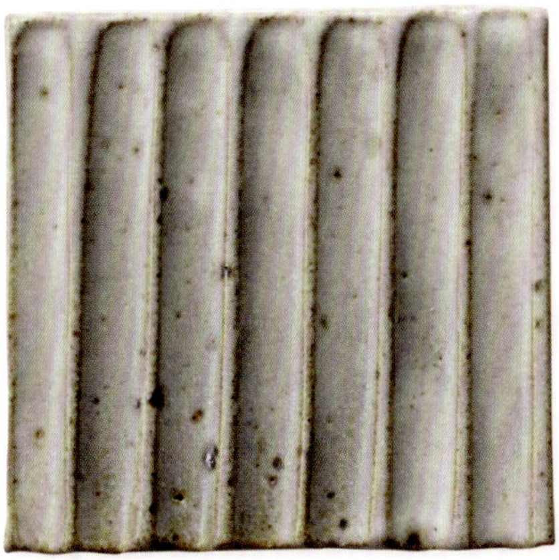

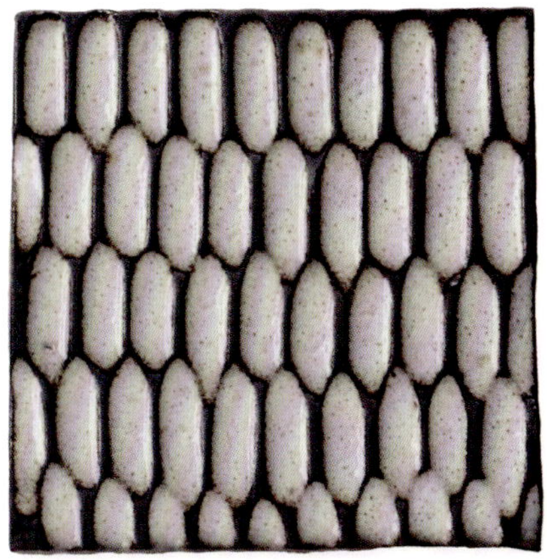

*Links: Unglasiert belassener Scherben.*

*Rechts: In mehreren Lagen aufgetragene verdünnte weiße Glasur sammelt sich nur in den Vertiefungen.*

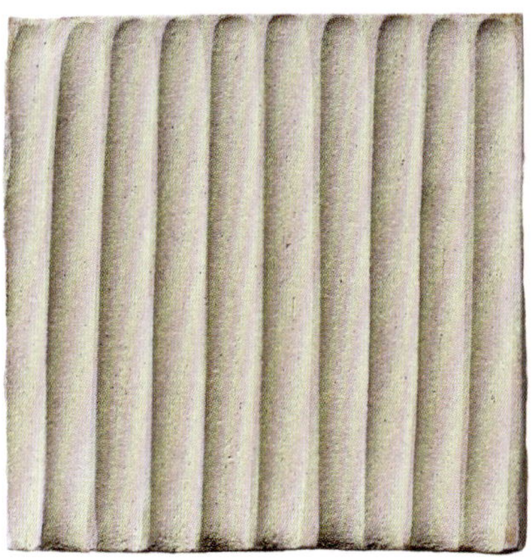

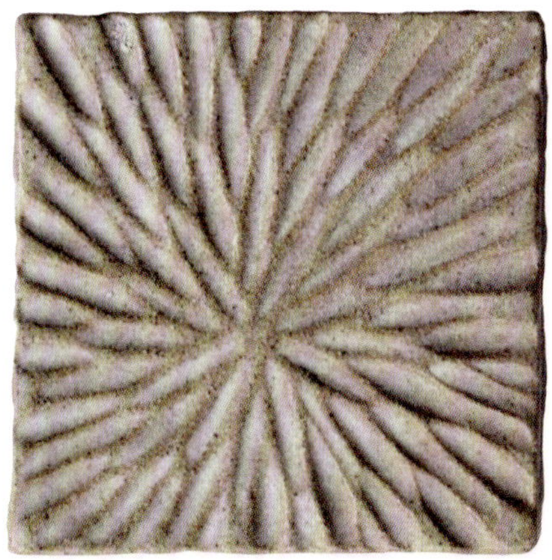

# 02/ Projekte

Im folgenden Teil dieses Buches finden Sie sechzehn schöne Kerb- und Schnitz-Projekte zum Nacharbeiten oder als Anregung für eigene Ideen. Hilda leitet Sie jeweils durch den gesamten Gestaltungsprozess von der Formgebung bis zum Ornamentieren. Dazu kommen Tipps für den Einsatz von Glasuren und Engoben, die Ihren fertigen Werken einen noch professionelleren Abschluss geben.

# Kachel mit abstrakten Kerbmustern

Dieses Projekt ist ein toller Einstieg in die Kerbtechnik. Eine einzelne Kachel ergibt einen schönen Untersatz. Oder Sie kombinieren mehrere zu einem Wandbild. Aus einer ganzen Serie entsteht sogar eine praktische Fliesenwand hinter der Küchenspüle.

### TON

Etwa 700 g ledergelbe Steinzeug-Modelliermasse

### MATERIAL UND WERKZEUG

**Zum Formen**

- Dünne Pappe
- Zirkel
- Lineal
- Schere
- Leisten zum Anlegen beim Ausrollen
- Tonroller
- Gumminiere
- Töpfermesser

**Zum Kerben**

- Nadel zum Anreißen der Musterung
- Modellierschlinge
- Schwamm
- Schmirgelpapier

### BRAND

Schrühbrand bei etwa 980 °C
Glasurbrand bei etwa 1220 °C im Elektroofen

Flache Werkstücke wie Kacheln sind etwas anfällig für Verwerfungen. Damit sie sich nicht verwellen und verformen, sollten Sie unbedingt eine Modelliermasse verwenden. Diese Tone sind meist weniger plastisch als reine Drehmassen, siehe Seite 10. Rollen Sie den Ton nicht direkt auf dem Arbeitstisch, sondern auf einem Brett aus. So können Sie die Platte bei Bedarf leicht umplatzieren, ohne sie umständlich von der Tischfläche abziehen zu müssen. Ton hat ein so genanntes „Gedächtnis" und sollte daher beim Trocknen so wenig wie möglich bewegt werden. Die fertigen Stücke sollten langsam unter einer Plastikplane trocknen.

In diesem Beispiel habe ich mehrere streng geometrische Muster mit Werkzeugen unterschiedlicher Größe ausprobiert. Wenn Sie einen Teil der Flächen unbearbeitet lassen, bereichert das den Gesamteindruck im Fliesenverband noch.

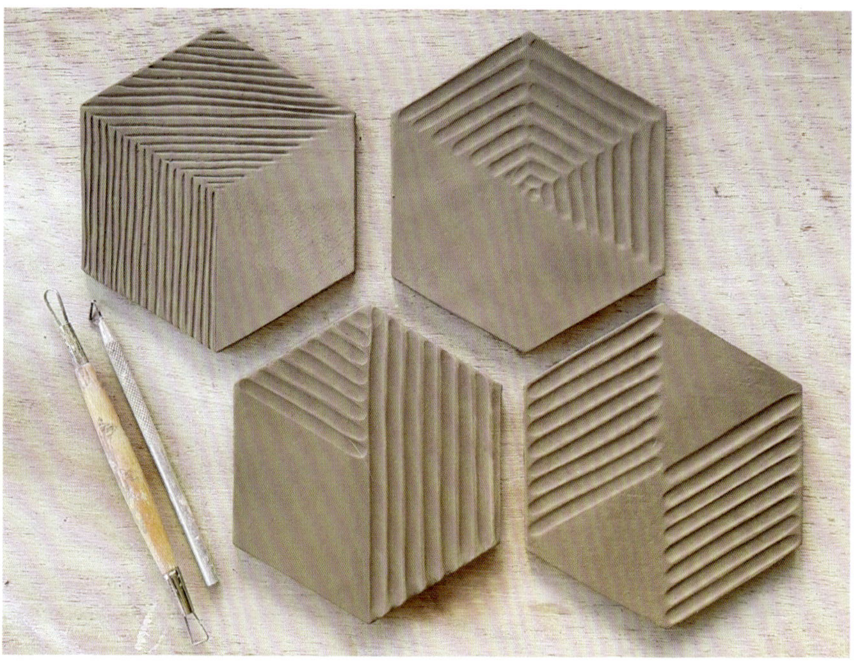

*Hier habe ich nur jeweils die halbe Kachelfläche ornamentiert. Das Verhältnis zwischen gemusterten und ungemusterten, glasierten und unbeschichteten Partien und Elementen ist natürlich Ihnen überlassen. Sie können sogar alle Kacheln als Einzelstücke total unterschiedlich gestalten.*

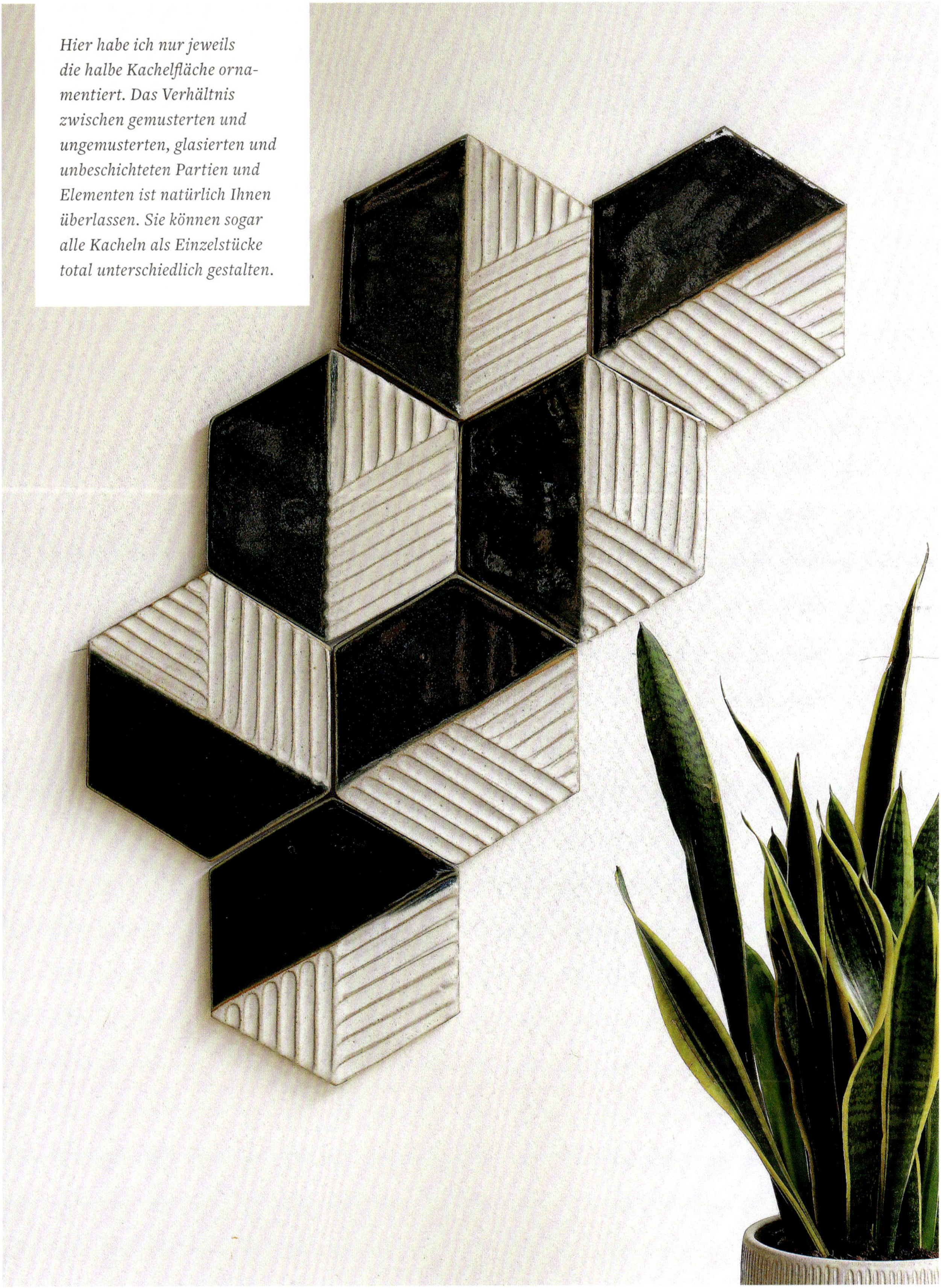

# FORMGEBUNG

In der folgenden Anleitung entsteht eine einzelne Kachel mit etwa 18 cm Durchmesser.

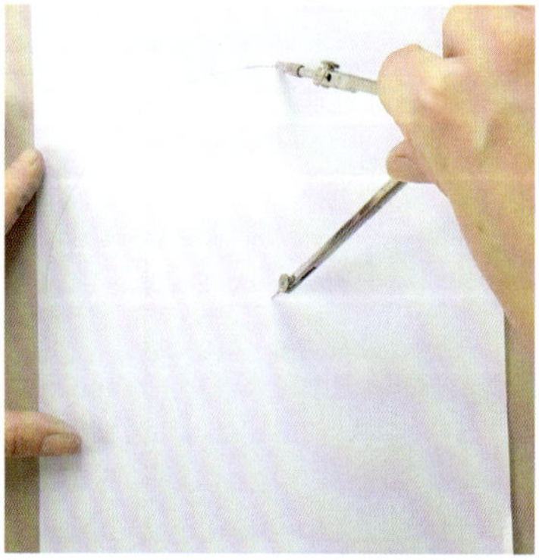

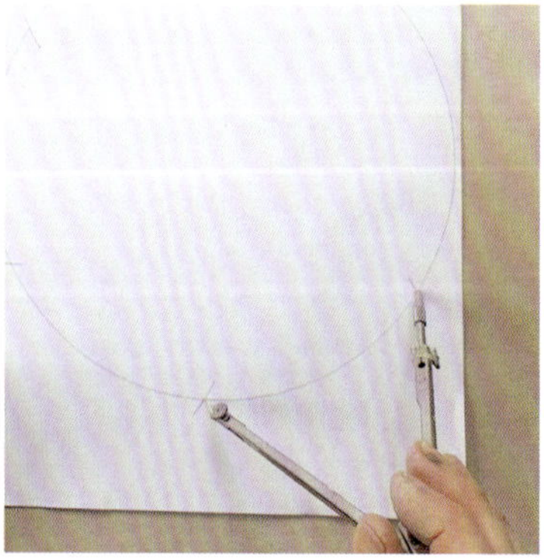

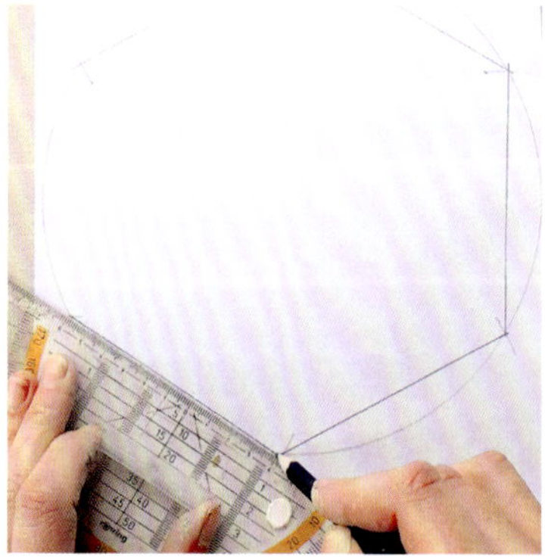

**1** Stellen Sie zunächst eine Pappschablone für die Kachel her: Dazu mit dem Zirkel einen Kreis anreißen. Den Winkel zwischen beiden Zirkelschenkeln nicht verändern und auf dem Kreis sechs Punkte markieren.

**2** Die Punkte jeweils mit Hilfe eines Lineals verbinden und das entstandene Sechseck ausschneiden.

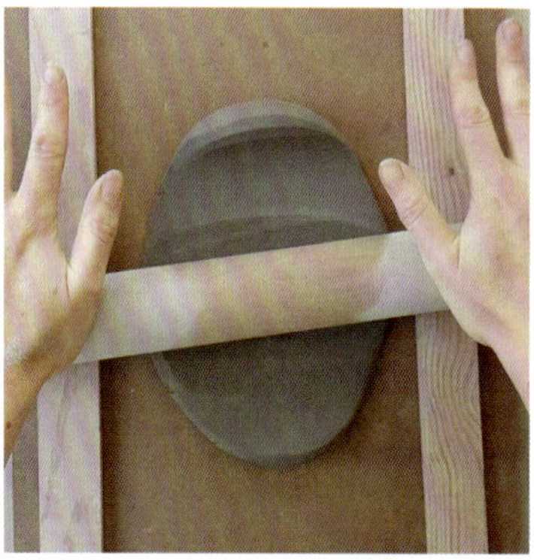

**3** Mit dem Tonroller einen Tonbatzen etwa 12 mm dick ausrollen. Dazu an beiden Seiten Leisten anlegen und den Ton in alle Richtungen gleichmäßig abflachen. Falls vorhanden, Plattenwalze verwenden.

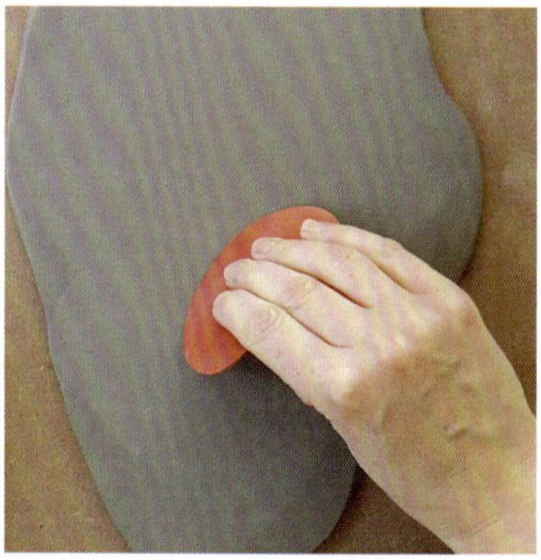

**4** Die Tonoberfläche mit der Gumminiere glätten und komprimieren.

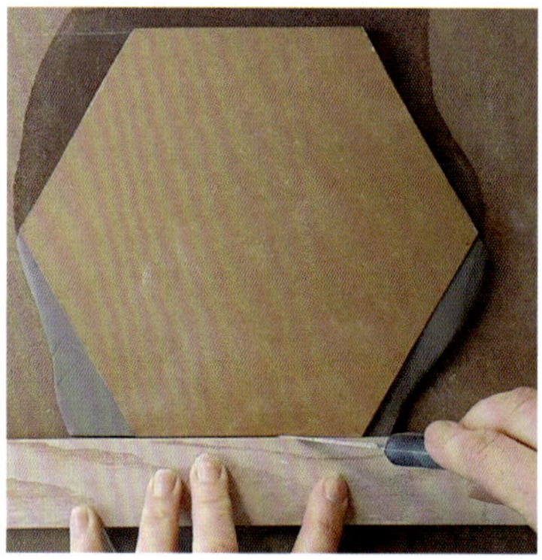

**5** Die vorbereitete Schablone auf die Tonplatte legen. Eventuell etwas Wasser aufsprühen, damit sie besser anhaftet. Mit dem scharfen Töpfermesser und zusätzlich angelegter Leiste die Umrisse ausschneiden.

# KERBMUSTER

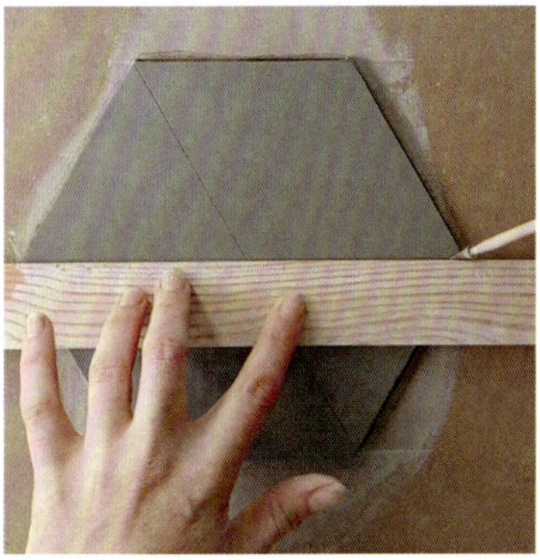

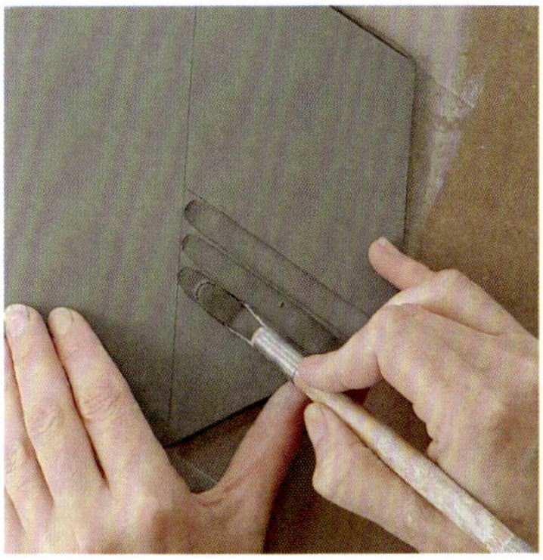

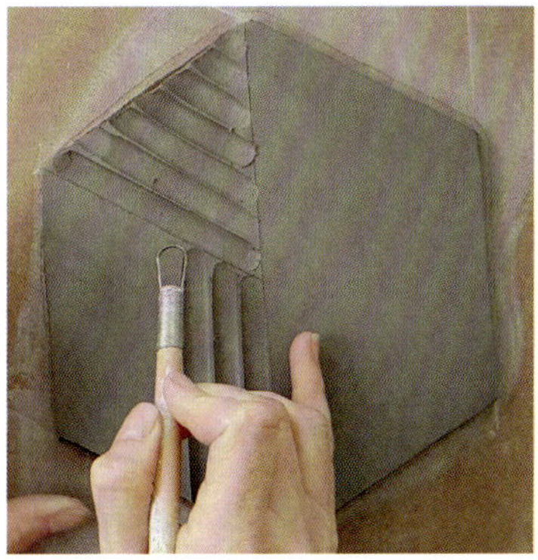

**1** Mit einer hauchfeinen Hilfslinie die Kachelfläche halbieren. Eine der Hälften nochmals unterteilen.

**2** Ton vor der weiteren Bearbeitung lederhart anziehen lassen. Entlang der Hilfslinien mit der Schlinge das Muster auskerben. Dabei die Plattenränder mit dem Daumen leicht abstützen, damit die Enden der Linien nicht brechen.

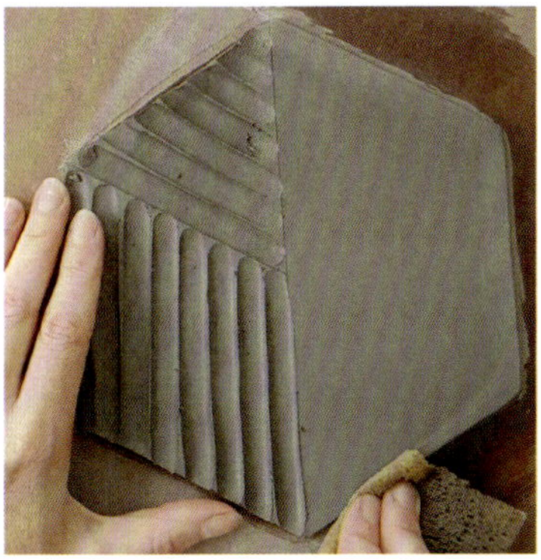

**3** Die Kanten und Musterlinien mit dem Schwamm leicht glätten.

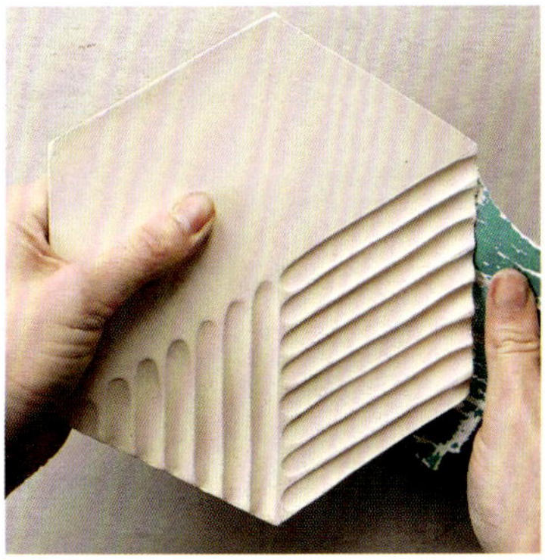

**4** Nach dem Schrühbrand die Kanten nochmals abschmirgeln, um scharfe Grate zu entfernen.

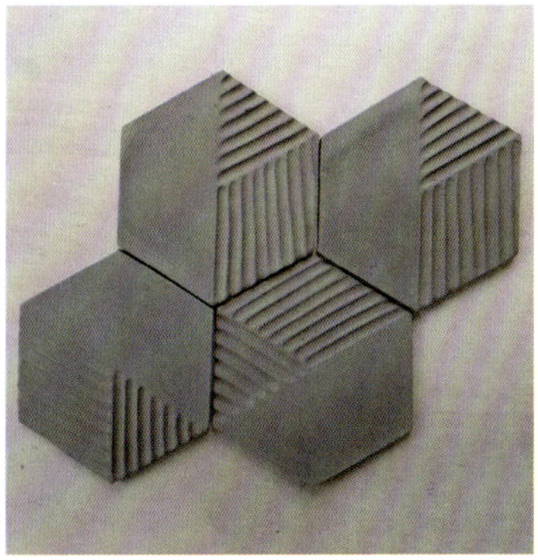

**5** Mehrere Kacheln wirken sehr interessant im Verbund, wenn die Muster nach Zufallsprinzip rotieren.

### FERTIGSTELLUNG

*Ich habe die Kachel zur Hälfte weiß matt und zur Hälfte mit Magnetit-Grün glasiert. Mir gefällt besonders der Kontrast zwischen der natürlich rauen beschnittenen Partie und der glänzenden Glasur.*

### DIE BESTEN TIPPS GEGEN VERWERFUNGEN

- *Verwenden Sie speziell zum Modellieren konzipierte Massen.*
- *Tonplatte nicht dünner als 12 mm ausrollen.*
- *Ton in alle Richtungen ausrollen.*
- *Oberfläche mit der Gumminiere glätten und komprimieren.*
- *Die fertig ausgerollte Tonplatte nicht vom Brett abheben.*
- *Beim Trocknen möglichst wenig mit der Tonplatte hantieren.*
- *Der Rohling sollte langsam und gleichmäßig trocknen.*
- *Falls die Kanten sich leicht nach oben wellen, Kachel kopfüber liegend schrühen.*

# Sgraffito-Vase

Sgraffito ist eine meiner absoluten Lieblingstechniken. Für eigene Arbeiten setze ich es häufig ein. Der Begriff bedeutet, dass zum Dekorieren die Oberfläche so weit eingekratzt wird, dass der farblich kontrastierende Untergrund zum Vorschein kommt.

### TON

Etwa 1,5 kg feine weiche weiße Steinzeugmasse

### MATERIAL UND WERKZEUG

**Zum Formen**

- Drehschiene
- Schwamm
- Abdrehschlinge

**Für das Sgraffito**

- Farbige Engobe
- Flachpinsel
- Modellierschlinge
- Ränderscheibe
- Kreide-Markiergerät (Rockabrunder)
- Schmirgelpapier

### BRAND

Schrühbrand bei etwa 980 °C
Glasurbrand bei etwa 1220 °C im Elektroofen

Bei diesem Projekt setze ich eine leuchtend blaue Engobe ein, die auf das gedrehte Objekt aufgestrichen wird. Durch die eingekratzte Musterung ergibt sich ein markanter Kontrast zum weißen Steinzeugton.

Die Sgraffitotechnik bietet unendlich viele Möglichkeiten und es macht sehr viel Spaß, damit zu experimentieren. Ich lasse mich gern von skandinavischen Dekoren der 1950er Jahre sowie von westdeutschen Keramik- und Textildesigns inspirieren. Ich finde, dass die einfachsten Lösungen oft am gelungensten wirken. Bevor ich mit dem Gestalten beginne, probiere ich meine Vorstellungen oft an farbig engobierten Musterkacheln aus (siehe unten).

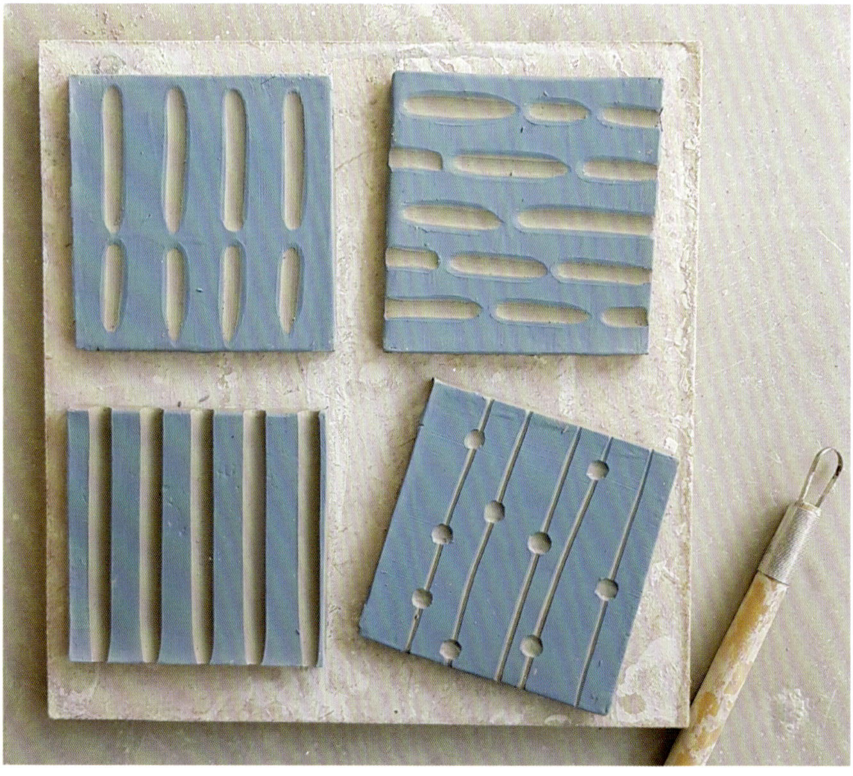

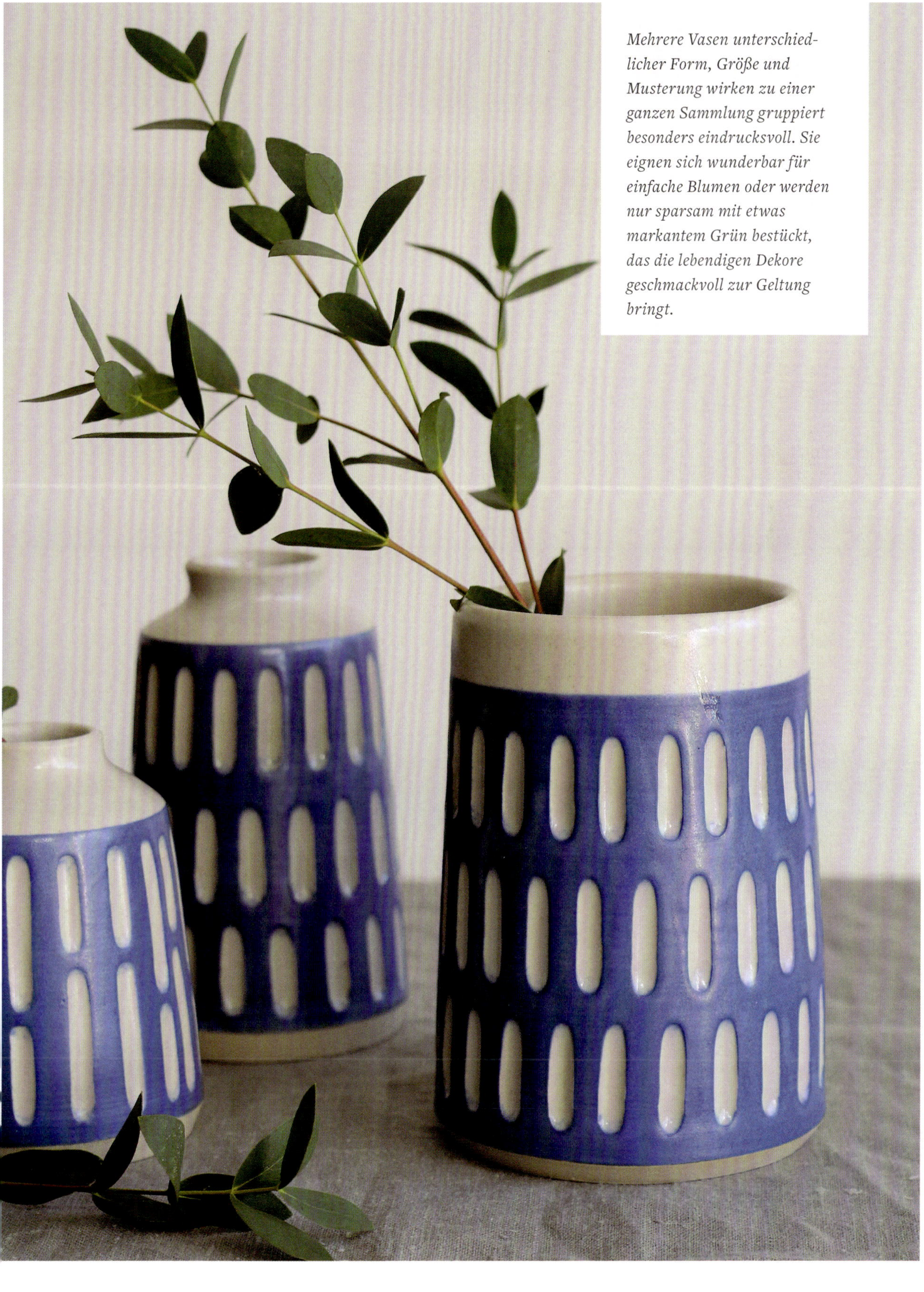

*Mehrere Vasen unterschiedlicher Form, Größe und Musterung wirken zu einer ganzen Sammlung gruppiert besonders eindrucksvoll. Sie eignen sich wunderbar für einfache Blumen oder werden nur sparsam mit etwas markantem Grün bestückt, das die lebendigen Dekore geschmackvoll zur Geltung bringt.*

# FORMGEBUNG

Dieses Projekt basiert auf einer gradwandigen gedrehten Zylinderform mit etwa 25 cm Durchmesser.

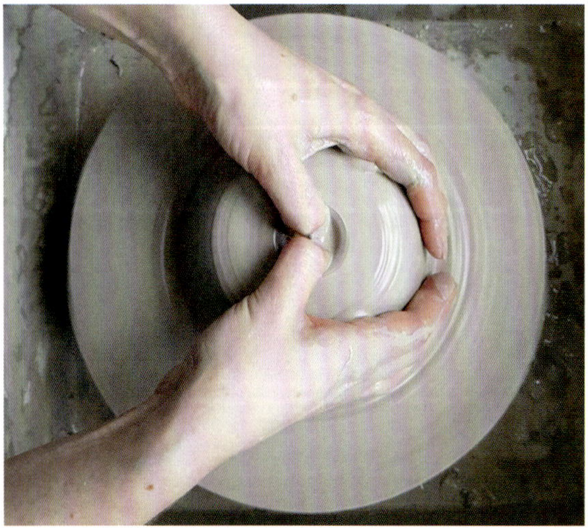

**1** Beginnen Sie auf der Drehscheibe mit einem Tonkegel, den Sie zunächst gleichmäßig zentrieren und wieder abflachen.

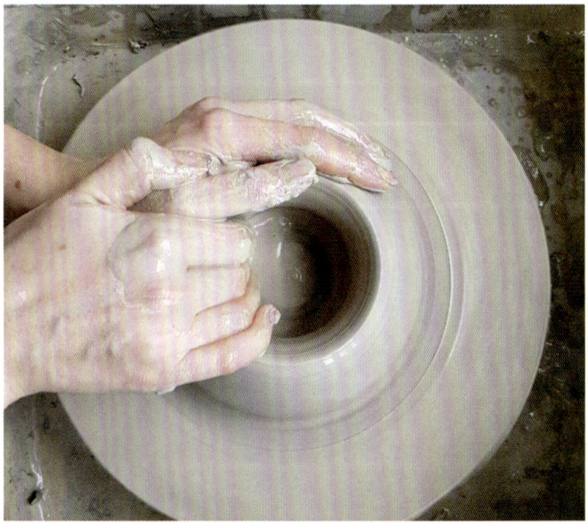

**2** Kuppel mit den Daumen aufbrechen und in der Mitte eine Vertiefung eindrücken. Bodenfläche bis zum gewünschten Durchmesser erweitern.

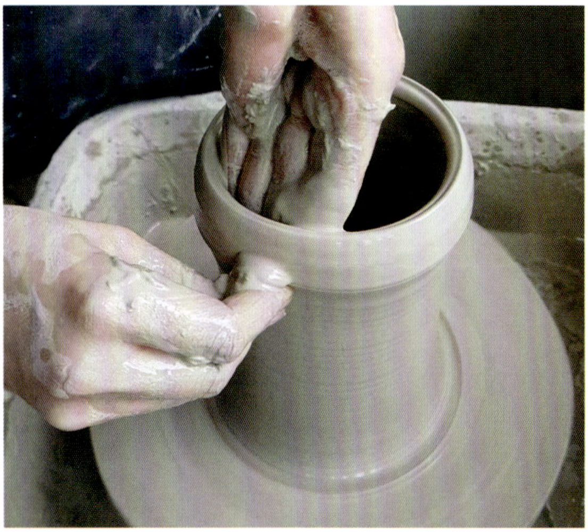

**3** Wand hochziehen. Dabei von außen mehr Druck als von innen anwenden, damit die Wandung sich nicht nach außen wölbt. Ist der Zylinder hoch genug, Äußeres nochmals begradigen. Die Oberfläche muss außen ohne Drehrillen und Buckel sein. Gegebenenfalls mit der hölzernen Drehschiene nachglätten, um einen perfekten Untergrund für den Engobeauftrag zu erhalten.

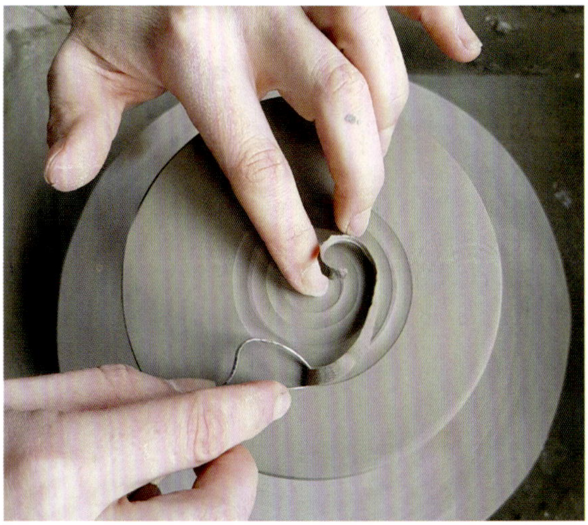

**4** Wenn das Werkstück lederhart ist, wird es kopfüber auf die Scheibe platziert und abgedreht. Ich habe meinem Boden eine abgeschrägte Kante verpasst. Dazu eignet sich eine Abdrehschlinge.

# ENGOBE AUFTRAGEN

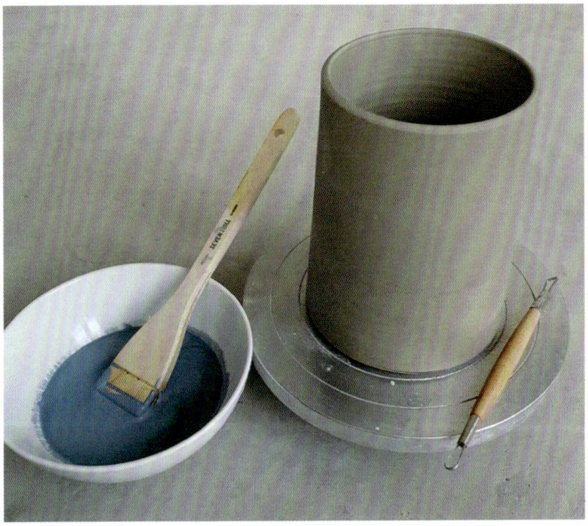

**1** Feuchten Sie die Ränderscheibe leicht an und stellen Sie den lederharten Zylinder mit der Öffnung nach oben genau zentriert darauf. Die Feuchtigkeit verhindert, dass er beim Bearbeiten wegrutscht.

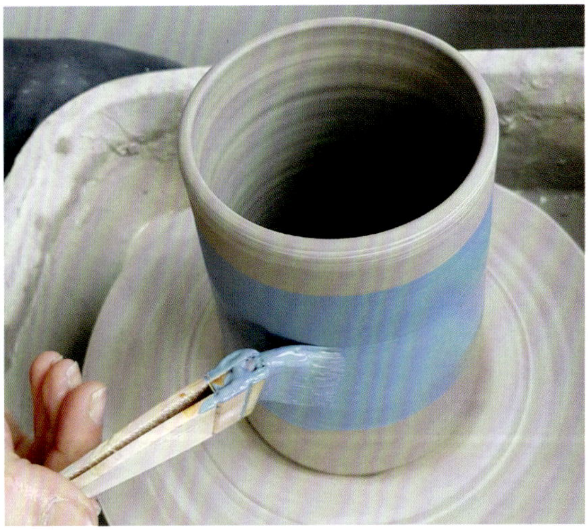

**2** Einen Flachpinsel mit reichlich Schlicker tränken. Die Engobe soll glatt und ohne zu stocken aufgetragen werden, nehmen Sie also lieber zu viel als zu wenig. Den Pinsel beim Aufhalten an der drehenden Scheibe langsam auf und ab gleiten lassen, damit sich eine sehr einheitliche Beschichtung ergibt.

Insgesamt sind zwei bis drei Durchgänge nötig. Jede Engobeschicht sollte zwischendurch kurz antrocknen, damit sie beim nächsten Auftrag nicht mehr klebt.

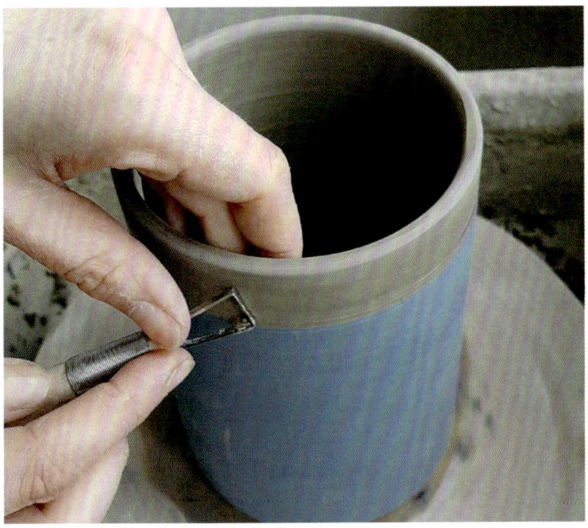

**3** Ist die letzte Engobelage getrocknet, kommt der Zylinder gut zentriert zurück auf den Scheibenkopf. Mit einer rechteckigen Abdrehschlinge die Kanten der Engobeschicht nochmals sauber abschaben. Dadurch werden sie schön scharf.

# KRATZMUSTER

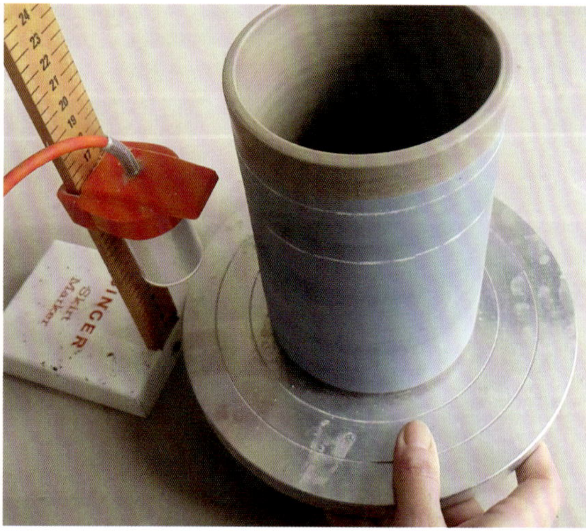

**1** Für die Hilfslinien verwende ich einen so genannten Rockabrunder (Schneidereibedarf). Er staubt dünne waagrechte Kreidelinien auf, zwischen denen die Muster exakt eingepasst werden können. Die Kreide verbrennt später im Ofen. Auf der Ränderscheibe lassen sich alle Seiten gleichmäßig bearbeiten.

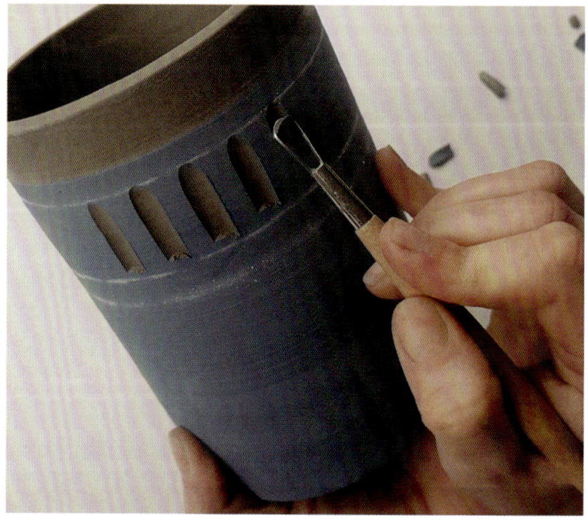

**2** Kratzen Sie zwischen den Kreidelinien mit der runden Schlinge das Muster durch die Engobeschicht. Bitte nicht zu tief schneiden. Ich führe meist zuerst die oberen Hälften aus und drehe das Gefäß dann für die unteren Hälften um. So erhalte ich sehr saubere Rillen.

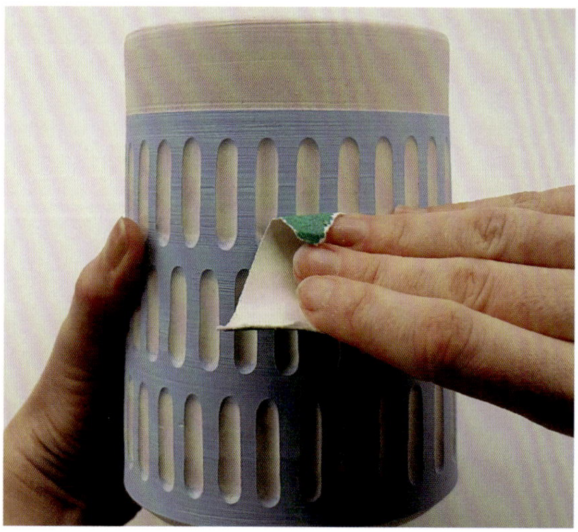

**3** Nach dem Schrühbrand wird die Oberfläche mit Schmirgelpapier vorsichtig von Graten und Unebenheiten befreit.

### FERTIGSTELLUNG

*Für Sgraffito wähle ich immer einfache Transparentglasuren. Sie werden feststellen, dass hochglänzende Glasuren die Farbwirkung verändern. Sie lassen die Engobe oft sehr viel dunkler und kräftiger erscheinen. Probieren Sie die verschiedenen Kombinationsmöglichkeiten in aller Ruhe aus, bis Sie die optimale gefunden haben. Auch dabei sind kleine Testkacheln hilfreich.*

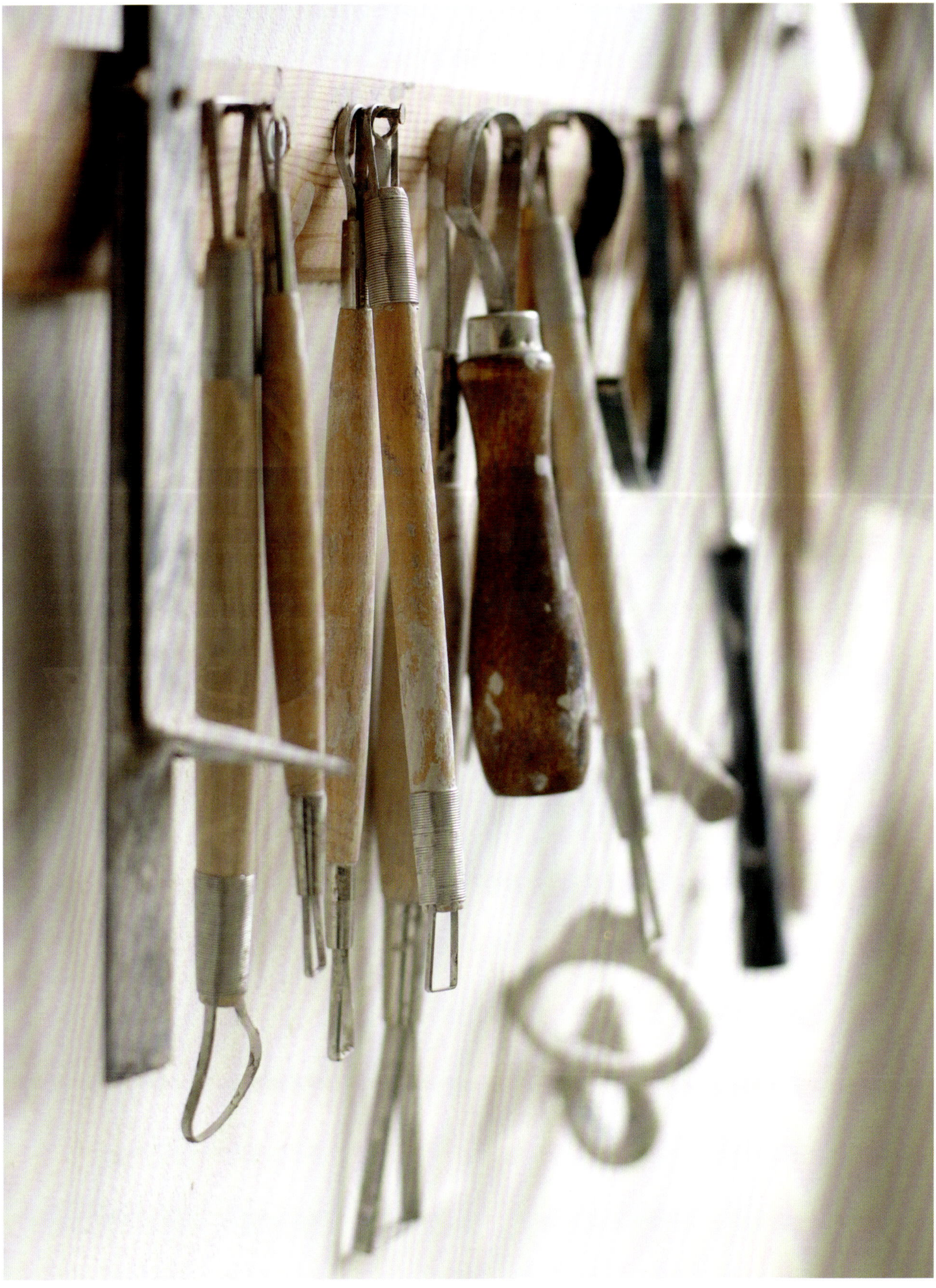

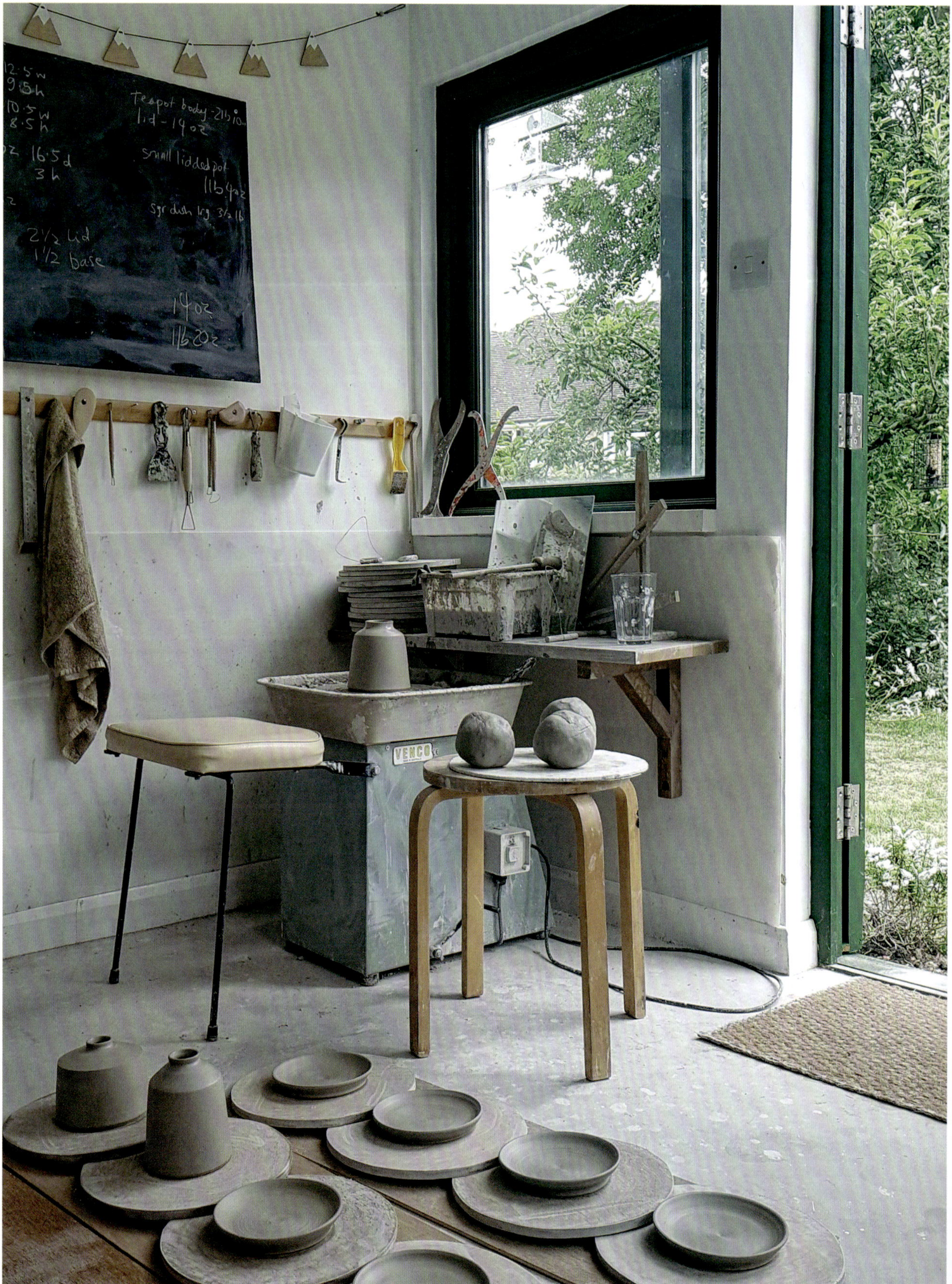

Teapot body
lid - 14oz
small lidded pot
2½ lid
1½ base
14oz
VENCO

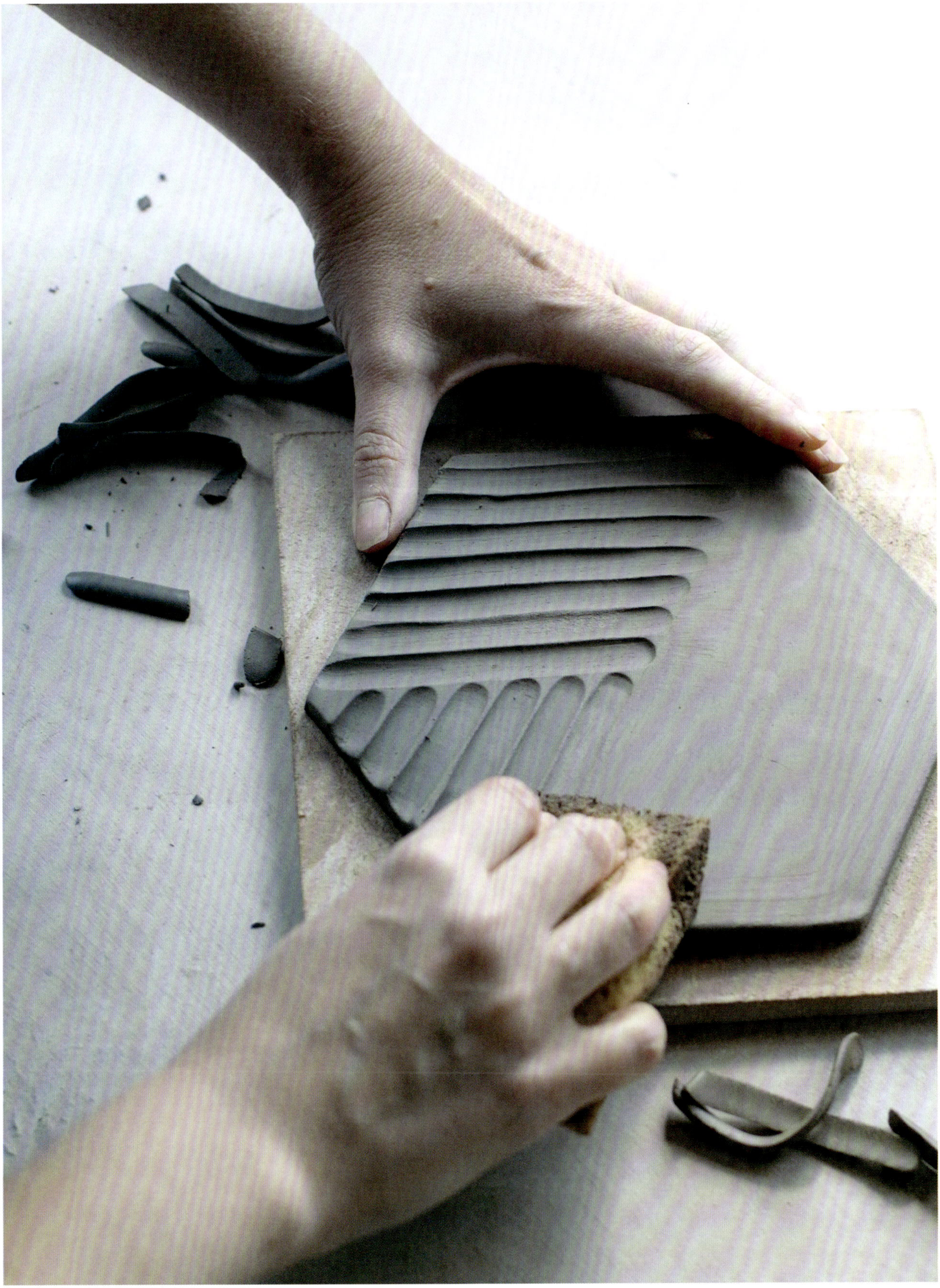

# Texturierte Schale

Kerben eignet sich nicht nur für exakte Ornamente, sondern auch ausgezeichnet für texturierte, strukturierte Oberflächen. Bei der folgenden Methode wird viel weniger geplant vorgegangen als bei den meisten anderen Projekten. Ich finde es sehr entspannend, eine glatte Tonfläche gemächlich in eine schön gemaserte Schale zu verwandeln.

### TON

Je nach Größe etwa 1,5 kg feine weiche ledergelbe Steinzeugmasse (Meine Form hat 28 cm Durchmesser.)

### MATERIAL UND WERKZEUG

**Zum Formen**

- Gipsmodel
- Tonroller
- Holzleisten
- Leinwand
- Gumminiere
- Tonschneidebügel

**Zum Kerben**

- Ränderscheibe
- Modellierschlinge
- Pinsel
- Schwamm

### BRAND

Schrühbrand bei etwa 980 °C
Glasurbrand bei etwa 1220 °C
im Elektroofen

Wenn Sie nach Ideen suchen, für die Sie das Drehen an der Scheibe noch nicht perfekt beherrschen müssen, ist das Folgende genau richtig. Hier wird eine einfache Gipsform verwendet, die Sie selber herstellen oder fertig kaufen können. Der Vorteil dieser Methode liegt darin, dass das Werkstück beim Bearbeiten fest in der Form sitzt und Sie nicht dauernd darauf achten müssen, wie Sie es am besten halten, ohne es zu beschädigen. Außerdem ist es leichter zu beurteilen, wie tief geschnitten werden muss, da die Wandstärke sich besser einschätzen lässt.

Schon mit der einfachen Schlinge können Sie verschiedenste Strukturen erzeugen, je nach Größe und Einsatz des Werkzeugs. Probieren Sie die Wirkung an ein paar Testkacheln aus und entwickeln Sie eigene Ausdrucksformen. Alle unten gezeigten Texturen wurden mit Modellierschlingen ausgeführt.

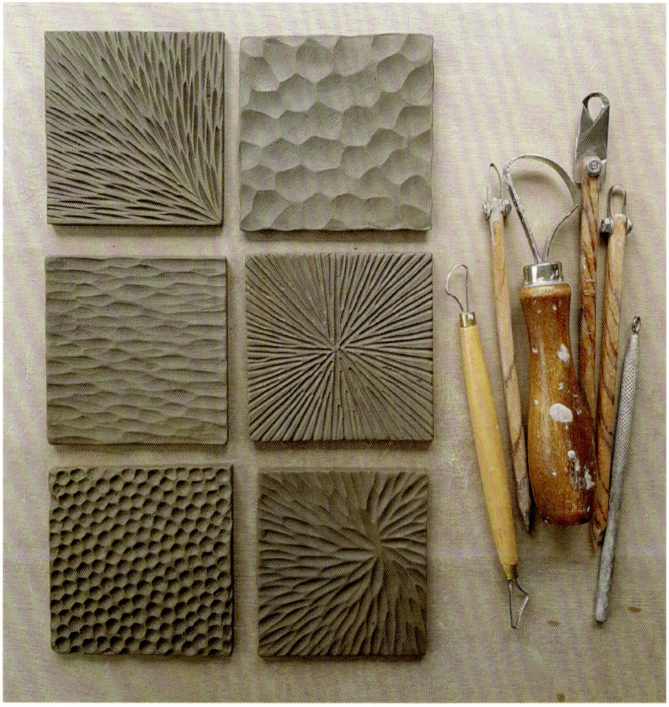

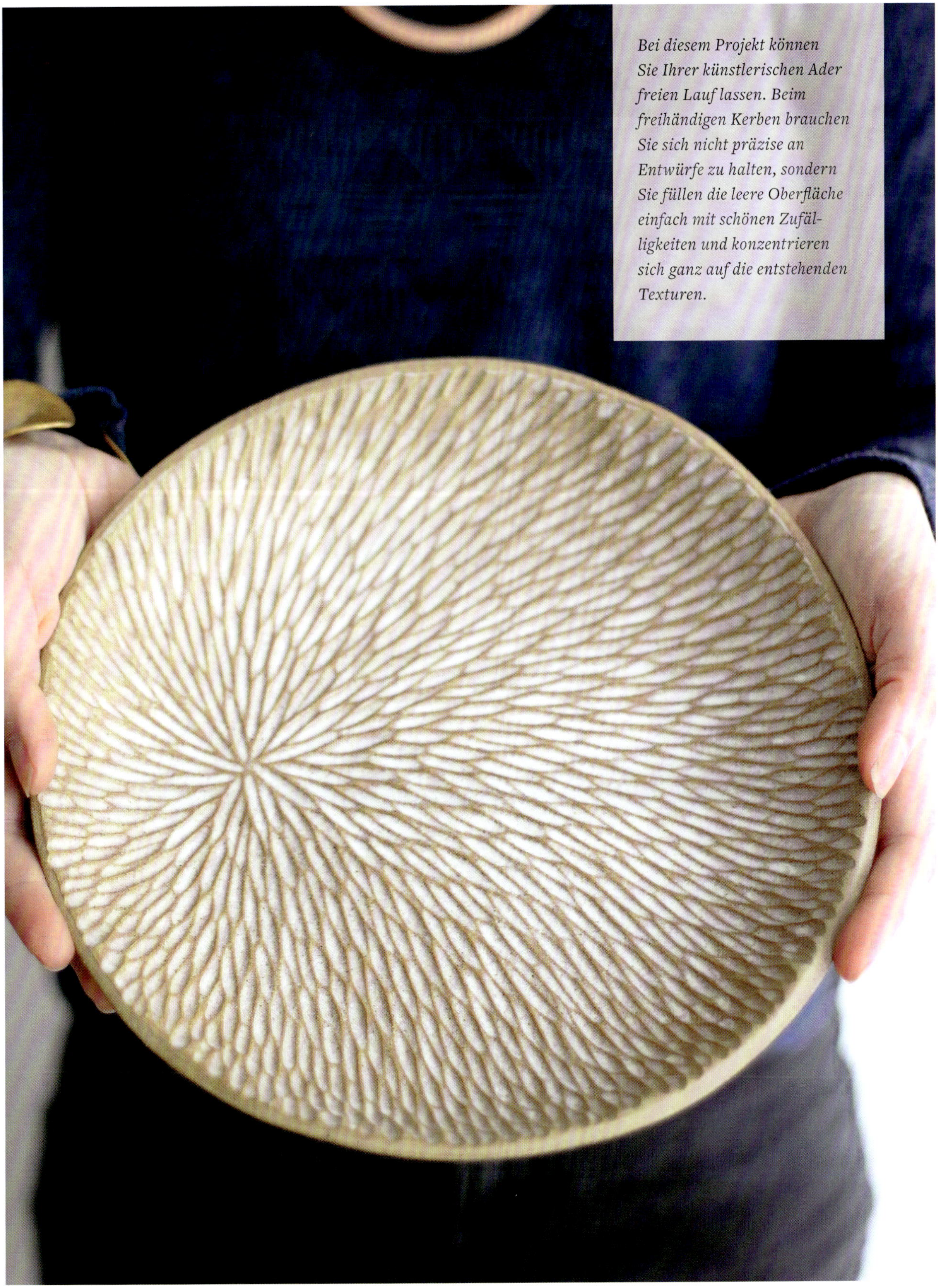

*Bei diesem Projekt können Sie Ihrer künstlerischen Ader freien Lauf lassen. Beim freihändigen Kerben brauchen Sie sich nicht präzise an Entwürfe zu halten, sondern Sie füllen die leere Oberfläche einfach mit schönen Zufälligkeiten und konzentrieren sich ganz auf die entstehenden Texturen.*

# FORMGEBUNG

Bei diesem Projekt entsteht eine flache Schale mit etwa 25 cm Durchmesser.

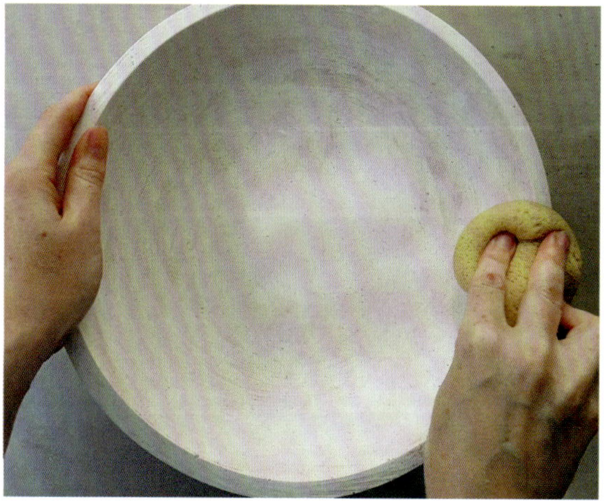

**1** Vergewissern Sie sich zunächst, dass die Gipsform ganz sauber ist. Dazu die Oberfläche mit dem feuchten Schwamm abwischen und komplett durchtrocknen lassen.

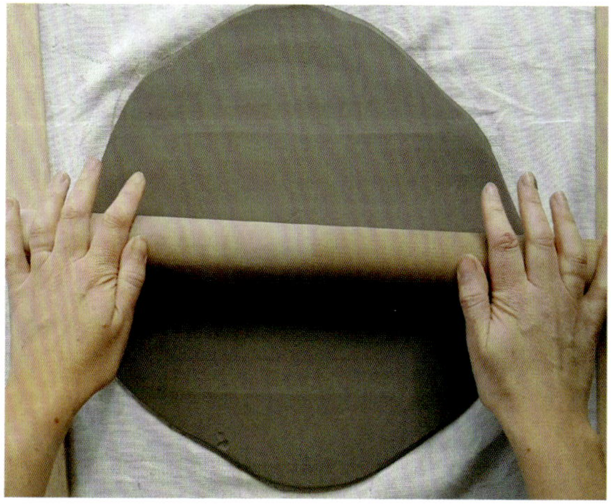

**2** Auf einem untergelegten Stück Leinwand den Ton gleichmäßig in alle Richtungen (damit er sich später nicht verwirft) zu einer Platte ausrollen. Mit Hilfe der seitlich angelegten Leisten wird diese einheitlich gut 6-7 mm stark. Den Tonbatzen zunächst mit dem Tonroller kräftig flachschlagen, damit Sie später beim Rollen nicht mehr zu viel Kraft benötigen. Das untergelegte Gewebe macht es leichter, die fertige Tonplatte in die Gipsform zu übertragen.

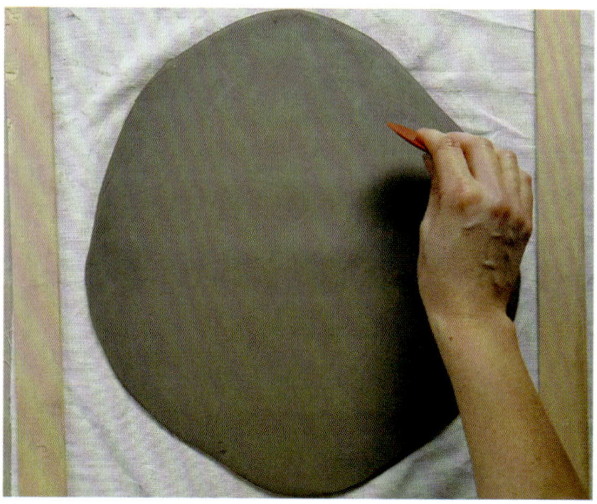

**3** Die Tonplatte mit einer flexiblen Gumminiere glätten. Die Oberseite liegt später nach unten in der Gipsform. Nutzen Sie also die Gelegenheit, diese Partie zu vollenden, solange sie noch einfach zugänglich ist.

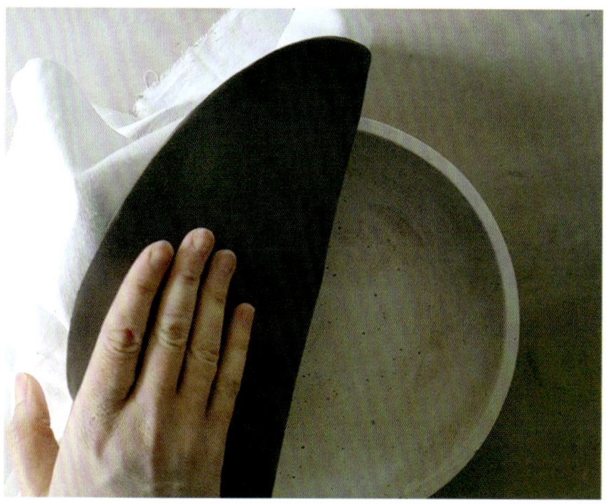

**4** Heben Sie die Tonplatte mitsamt der Leinwand vorsichtig von der Arbeitsfläche. Dabei von unten unterstützen, damit sie sich nicht weiter dehnt. Das Ganze vorsichtig umstülpen und kopfüber mit der Tonfläche nach unten in die Gipsform einpassen.

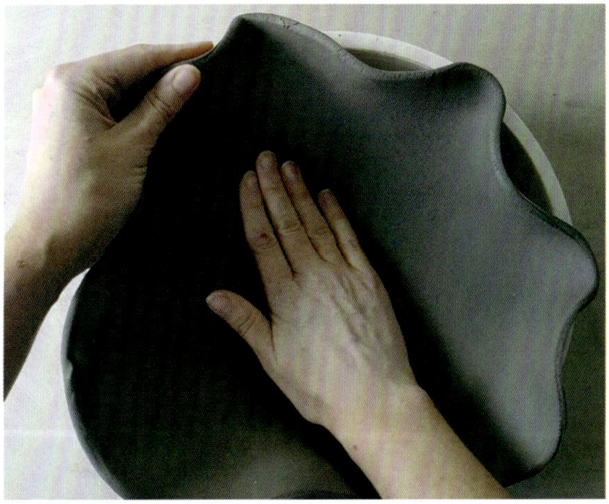

5 Ziehen Sie die Leinwand vorsichtig ab und drücken Sie die Tonplatte rundum an die Gipswandung an. Dazu die Kanten leicht anheben und immer von der Mitte her nach außen streichen. Dabei dürfen keine Lufteinschlüsse unter der Tonfläche gefangen werden.

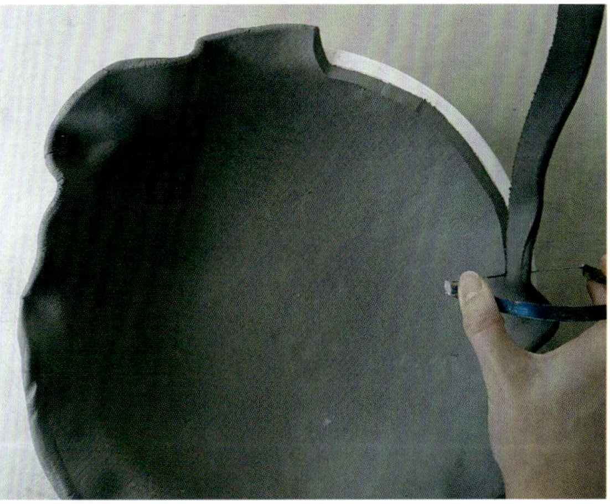

6 Wenn der Ton überall fest in der Form anliegt, wird der Überschuss rund um die Randkante mit dem Schneidedraht weggeschnitten. Mit diesem Gerät ist es sehr leicht, eine einheitliche Schnittkante zu erhalten.

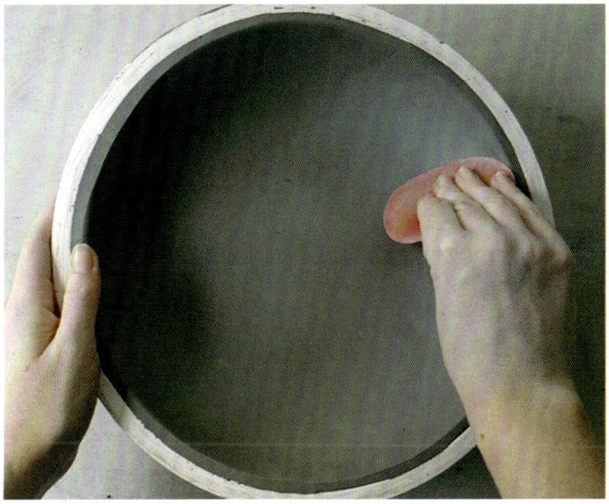

7 Mit der Gumminiere die gesamte Tonoberfläche glätten. Den Rohling anziehen lassen, bis er lederhart ist. Die Gipsform absorbiert die Feuchtigkeit aus der Masse, er trocknet also schneller als auf der Scheibe gedrehte oder mit der Hand modellierte Werkstücke.

# KERBTECHNIK

Sobald der Rohling trocken genug ist, können Sie mit dem Strukturieren anfangen. Falls Sie sich nicht sicher sind, beginnen Sie zunächst in einem sehr kleinen Bereich. Wenn der Ton beim Kerben noch pappig wirkt oder sich leicht klebrig anfühlt, ist er meist noch zu feucht. Die Tonspäne sollten sich leicht und glatt ablösen und nicht haften bleiben.

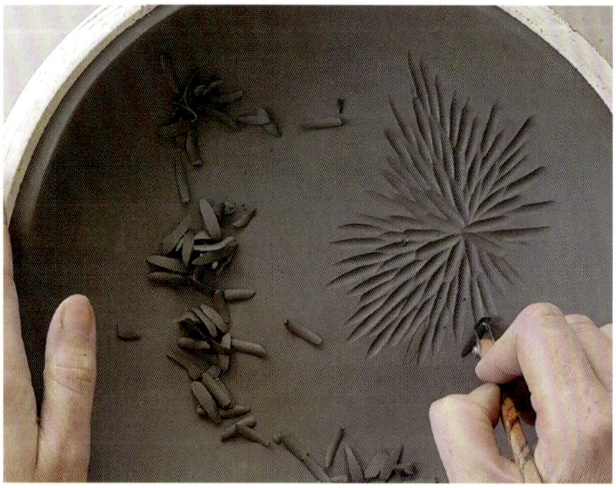

**1** Bei diesem Werkstück habe ich an einem Punkt angefangen und mich langsam nach außen gearbeitet. Ich bevorzuge eine leicht asymmetrische Optik, also begann ich nicht im Mittelpunkt, sondern leicht seitlich versetzt. Wenn Sie die Gipsform auf einer Ränderscheibe platzieren, tun Sie sich leichter.

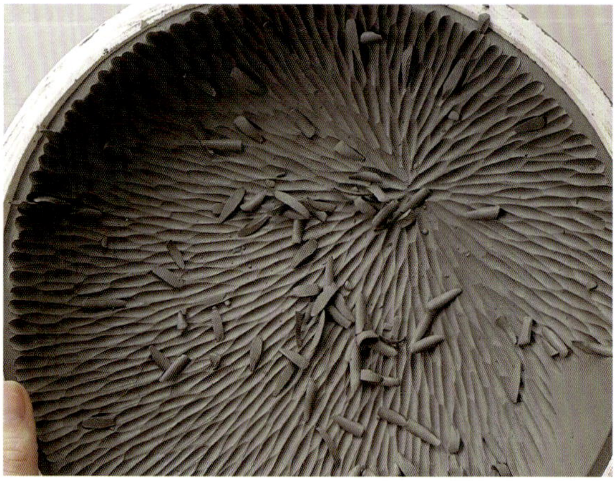

**2** Bauen Sie das Muster sorgfältig auf. Die Schnitte müssen dennoch nicht allzu exakt geplant werden. Es geht mehr darum, spannungsreiche Texturen statt genau wiederholte Schnittfolgen zu erschaffen.

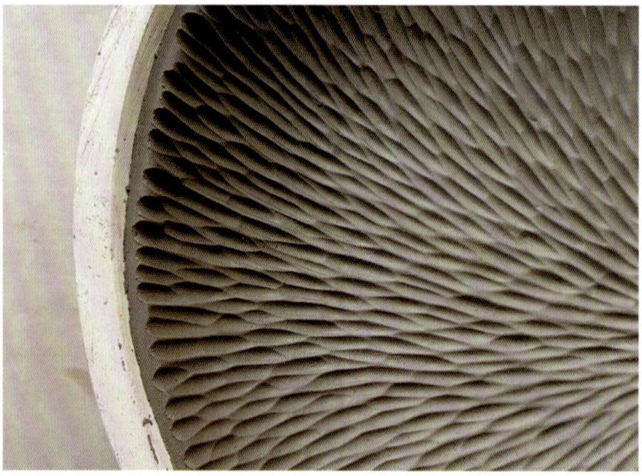

**3** Arbeiten Sie sich langsam rundum über die gesamte Innenfläche der Schale vor. Am Rand schneide ich direkt bis über die Kanten hinaus, um einen rauen, organisch wirkenden Gesamteindruck zu erhalten.

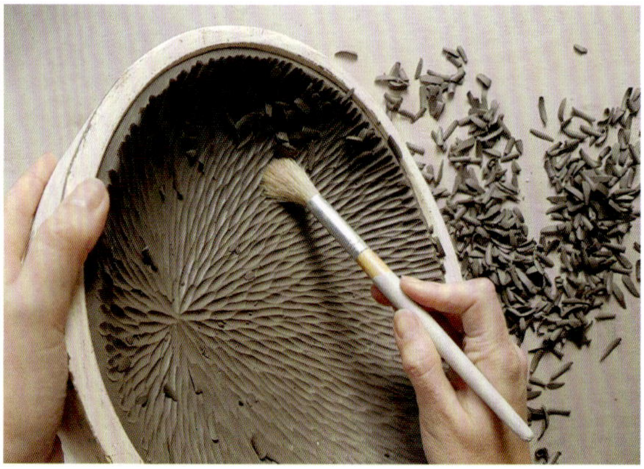

**4** Entfernen Sie lose Tonspäne zwischendurch mit dem Pinsel und glätten Sie die Struktur mit einem feuchten Schwamm. Dabei längs in Kerbrichtung streichen, um die scharfen Stege leicht zu brechen. Die abgenommenen Tonspäne nicht entsorgen, sondern in einem Gefäß mit Wasser einsumpfen lassen, sie ergeben einen guten Tonschlicker.

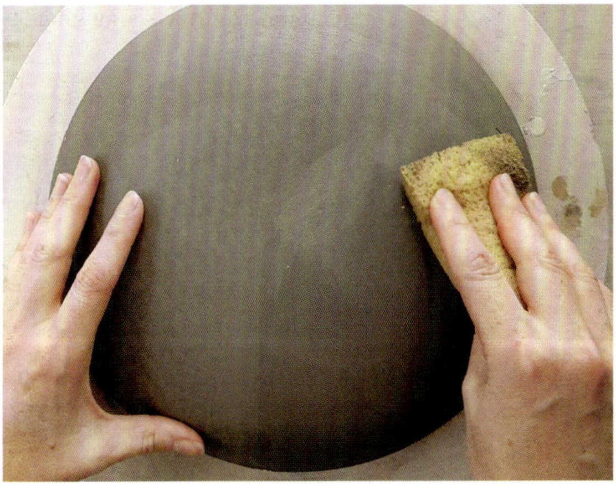

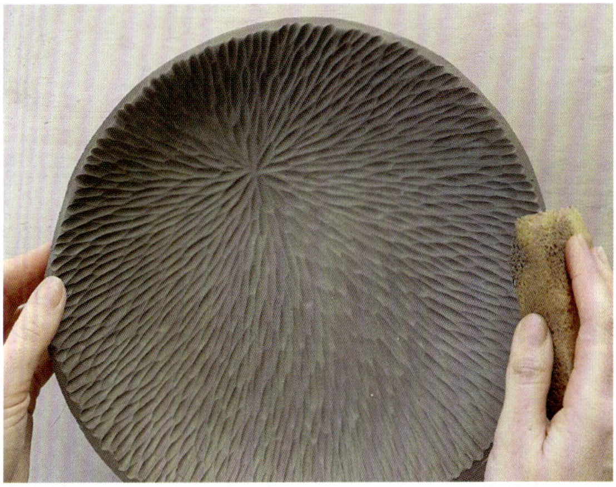

**5** Nehmen Sie die fertige Schale vorsichtig aus der Gipsform, indem Sie diese umstülpen. Die Schalenunterseite mit dem feuchten Schwamm nochmals gut glätten und dabei eventuelle Schadstellen ausbessern.

**6** Abschließend auch noch die Außenkante mit dem Schwamm leicht ebnen und abrunden. Das Werkstück gut durchtrocknen lassen, bevor es in den Schrühbrand kommt.

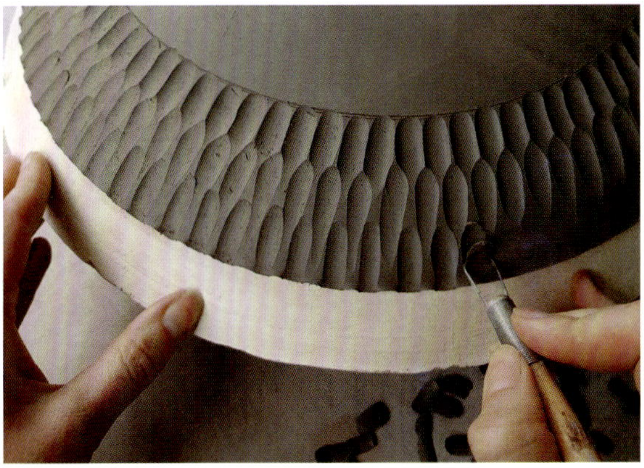

Konkave Gipsformen eignen sich hervorragend für Werkstücke, deren Innenseiten strukturiert werden sollen. Möchten Sie dagegen die Außenwand einer Schale verzieren, benutzen Sie eine Buckelform, bei der die Tonplatte von außen aufgepresst wird und später beim Trocknen von außen gemustert werden kann.

### FERTIGSTELLUNG

*Für diese Schale stellte ich mir statt einer dicken Glasurschicht, die das Kerbmuster komplett überdeckt, ein sehr dezentes Finish vor, das die Strukturen zusätzlich hervorhebt. Dazu habe ich meine übliche weiße Mattglasur etwa zur Hälfte mit Wasser verdünnt. Etwas Glasurschlicker mit einer Kanne in die Schale gießen und im Inneren bis über die Kante hinaus umherschwenken. Den Überschuss zurück in den Eimer kippen. Den Vorgang zwei- bis dreimal wiederholen. Die einzelnen Überzüge müssen nicht unbedingt ganz perfekt sein, sondern dürfen ruhig etwas Zufälliges haben. Die Glasur sammelt sich in den Vertiefungen und betont sie. Das Äußere der Schale bleibt unglasiert und behält seine wunderbar griffige Erscheinung.*

# Tasse mit Kammstrukturen

Innerhalb meiner Gesamtproduktion finden meine großen Tassen den meisten Anklang. Ich bekomme regelmäßig Rückmeldungen von Kunden, die sich immer wieder darüber freuen, ein solches handgemachtes Lieblingsstück zu besitzen. Selber habe ich über die Jahre hinweg viele (vielleicht zu viele!) Tassen von Töpferkollegen gesammelt.

### TON

Knapp 0,5 kg ledergelbe Steinzeugmasse

### MATERIAL UND WERKZEUG

**Zum Formen**

- Hölzerne Drehschiene mit gerader Kante
- Abdrehschlinge
- Abdreheisen
- Töpfermesser
- Kamm/Zahnspachtel zum Anreißen
- Schlicker
- Kleine Handtonpresse
- Modellierhölzer
- Schmirgelpapier

**Für das Kammmuster**

- Kamm/Zahnspachtel
- Flexible nierenförmige Ziehklinge
- Wachsemulsion (Abdeckwachs)

### BRAND

Schrühbrand bei etwa 980 °C
Glasurbrand bei etwa 1220 °C
im Elektroofen

Es ist schon ein besonderes Gefühl, aus einer handgemachten Tasse zu trinken und dabei zu wissen, wie viel Zeit und Sorgfalt in die Herstellung und Gestaltung geflossen sind. Dadurch wird für mich aus einem ziemlich alltäglichen Vorgang jedesmal ein kleines Ritual.

Ich mag Tassen, die gut in der Hand liegen und bei denen man den Ton richtig sinnlich spürt, wenn man sie umfasst. Bei diesem Projekt bleibt ein Teil der Wandung unglasiert. Ich liebe den Kontrast zwischen dem rauen, rohen Scherben und den glatten glänzenden Partien.

Das hier geschilderte Verfahren ist recht simpel, doch gerade die dezenten Details machen das Ergebnis bemerkenswert. Achten Sie darauf, dass die eingekämmten Rillen perfekt parallel liegen und die Glasur gleichmäßig aufnehmen. Nur so erhalten Sie ein überzeugendes Ergebnis. Eine ruhige Hand und gut geschärfte Werkzeuge sind dafür unerlässlich. Bedenken Sie auch: Je tiefer die Rillen ausgekratzt werden sollen, desto dicker muss vorher die Wandung geformt sein.

Für den Töpfereibedarf sind spezielle Zahnspachtel und gezahnte Ziehklingen erhältlich. Sie können aber auch eigene herstellen, indem Sie beispielsweise wie unten gezeigt Zähne in ausrangierte Kreditkarten schneiden. Die funktionieren meist genauso gut wie gekaufte Werkzeuge.

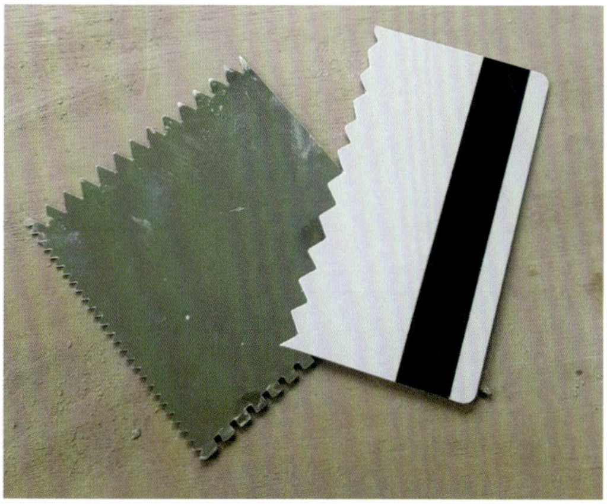

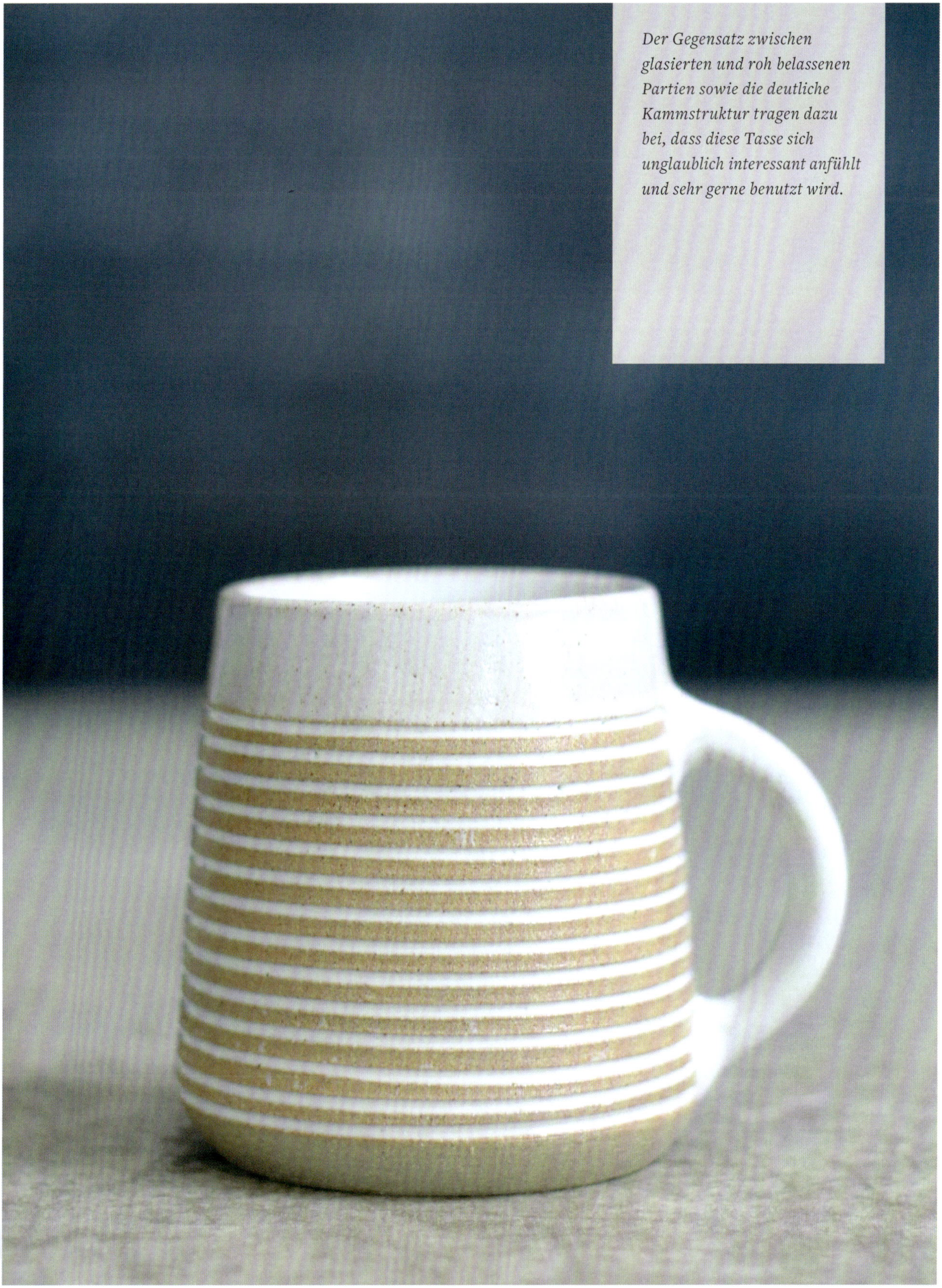

*Der Gegensatz zwischen glasierten und roh belassenen Partien sowie die deutliche Kammstruktur tragen dazu bei, dass diese Tasse sich unglaublich interessant anfühlt und sehr gerne benutzt wird.*

# FORMGEBUNG

Im Beispiel wird eine etwa 10 cm hohe Tasse gestaltet.

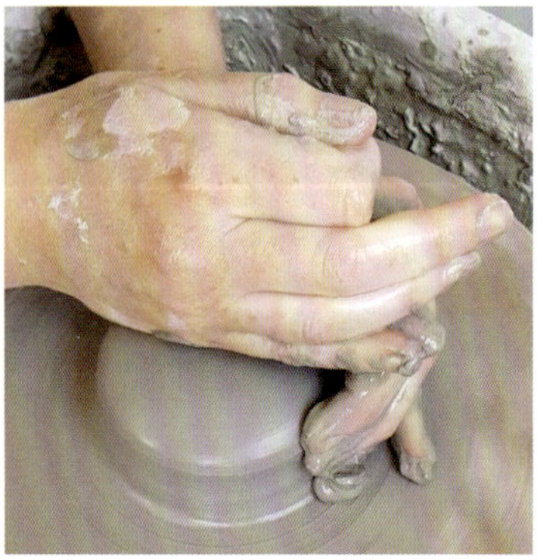

**1** Den Tonbatzen auf dem Scheibenkopf zentrieren. Mit den Handballen nach innen und aufwärts pressen, bis ein Kegel entsteht. Diesen mit der leicht schräg gehaltenen Handfläche („Karategriff“) wieder flach nach unten und gleichzeitig von außen mit der anderen Hand zum Mittelpunkt drücken. Die Ellbogen gegen den Körper stemmen, um den Ton unter Kontrolle zu behalten.

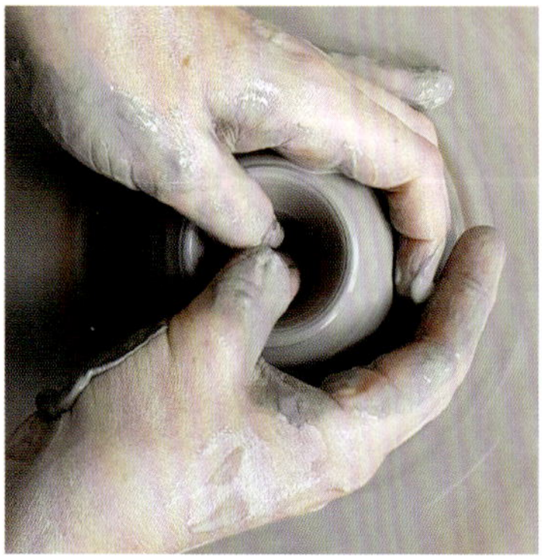

**2** Kegel mit beiden Händen stützend umschließen. Mit beiden Daumen in der Mitte eine Vertiefung in den zentrierten Ton drücken. Bitte darauf achten, dass unten an der Basis genügend Masse bleibt, damit der Gefäßboden später nicht zu dünn ausfällt.

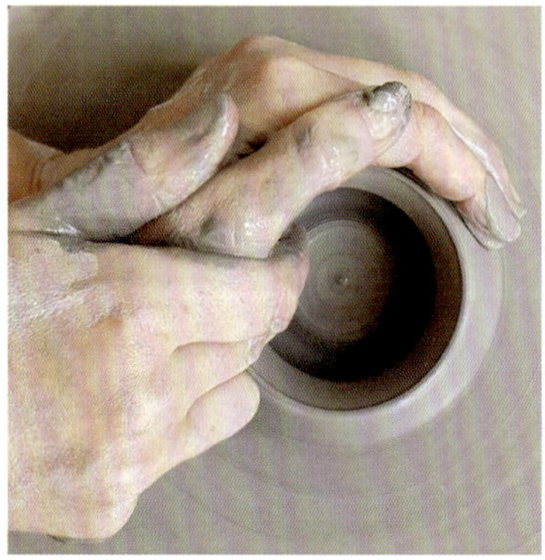

**3** Die Wandung bis zum gewünschten Durchmesser erweitern. Die Finger der rechten Hand liegen innen, die Linke stützt von außen. Die Wandung sachte zum Körper hin ziehen.

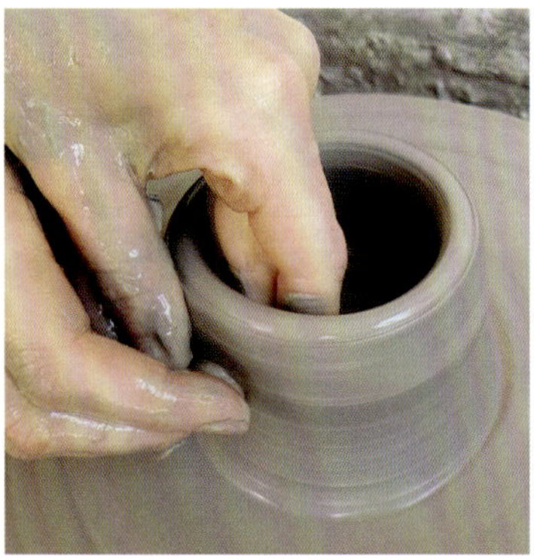

**4** Beim Hochziehen der Wand sollten sich beide Hände möglichst ständig berühren, um sich gegenseitig zu stabilisieren und die Bewegung besser unter Kontrolle zu behalten. Schaffen Sie mit ein paar gleichmäßig fließenden Durchgängen die gewünschte Höhe. Meine Tassen sind etwa 13 cm hoch.

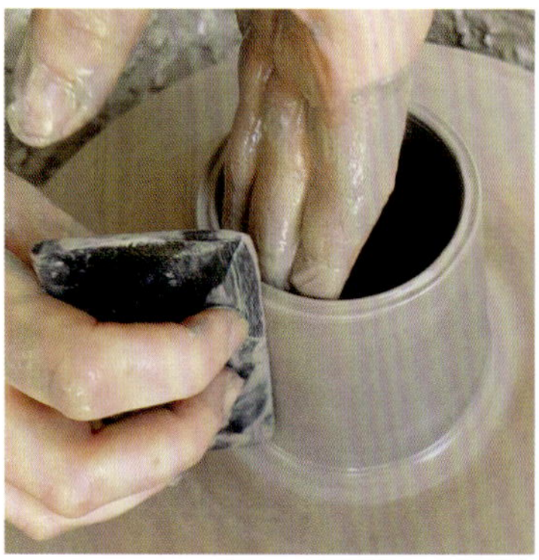

**5** Mit der hölzernen Drehschiene die Wandung außen gleichzeitig begradigen und nochmals glätten.

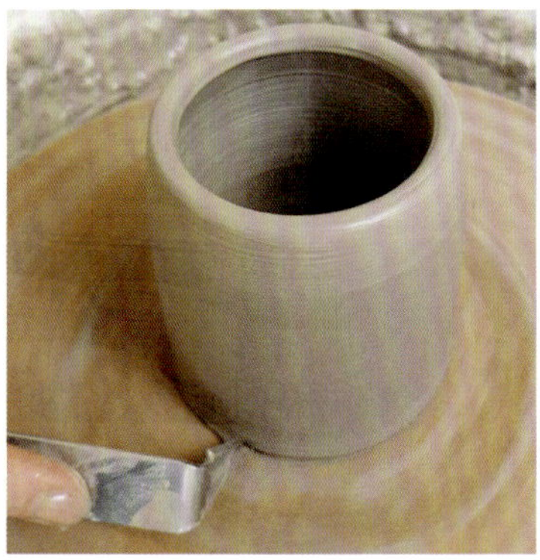

**6** Mit dem Abdreheisen die Bodenkante grob säubern und leicht unterschneiden. Später, wenn alles lederhart ist, können Sie die Kante weiter perfektionieren, es kommt also jetzt noch nicht so sehr auf die Feinheiten an.

# KAMMSTRUKTUREN

Zum Bearbeiten sollte das Werkstück knapp lederhart, also noch vergleichsweise frisch sein.

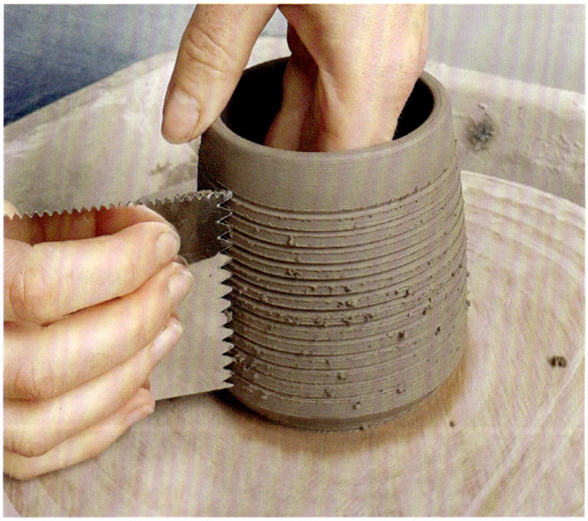

**1** Das Gefäß fest auf den angefeuchteten Scheibenkopf aufsetzen, so dass es gut hält. Die Wandung mit einer Hand innen abstützen, außen fest die gezahnte Ziehklinge dagegen halten. Beide Ellbogen in die Hüfte stemmen, damit die Hände nicht verrutschen. Der Rand bleibt glatt, damit beim Trinken keine rauen Stellen stören.

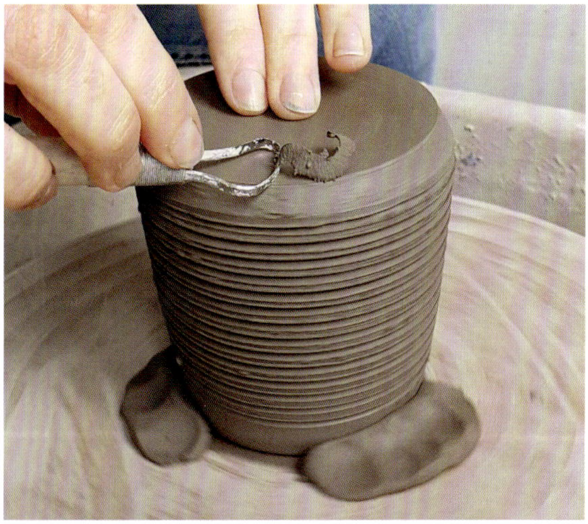

**2** Das Gefäß kopfüber nochmals mittig auf den Scheibenkopf setzen. Mit kleinen Tonbatzen gut fixieren, dann überschüssigen Ton von Boden und Bodenkante abnehmen.

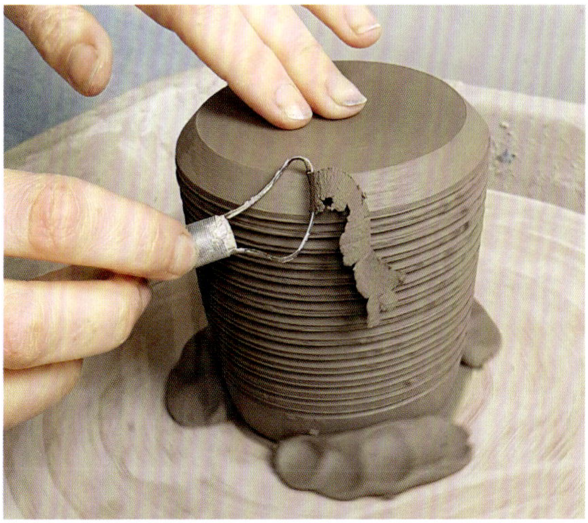

**3** Die glatte Partie zwischen Bodenrand und Kammmuster nochmals extra versäubern, so dass eine schöne deutliche Kante sichtbar wird. Dadurch lässt sich das Stück später leichter glasieren.

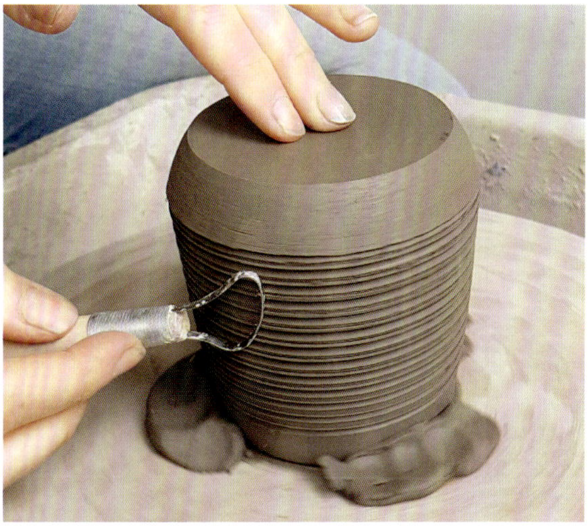

**4** Falls noch kleine Tonbrösel an den Rillen auffallen, können sie in diesem Stadium mit einer Abdrehschlinge versäubert werden.

# HENKEL ANBRINGEN

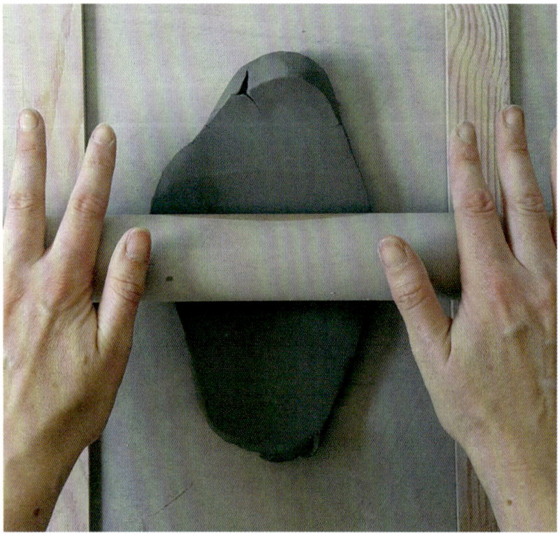

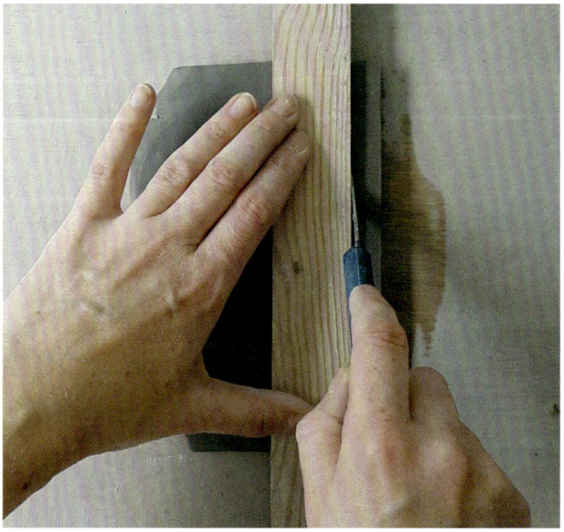

**1** Es gibt viele unterschiedliche Methoden zum Formen und Angarnieren von Henkeln. Für dieses Projekt wird der Griff aus einer Tonplatte ausgeschnitten. Dazu einen Tonrest etwa 12 mm dick ausrollen. Mittels gerader Leiste und Töpfermesser einen etwa 2 cm breiten Streifen zurechtschneiden.

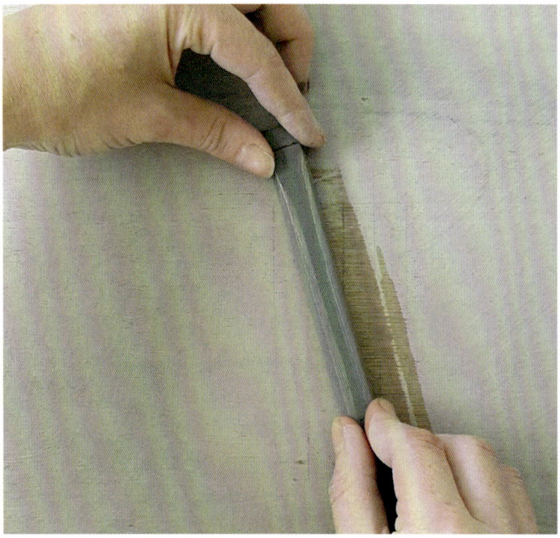

**2** Alle Kanten mit dem feuchten Finger glätten. Den Griff an einem Ende anheben und vorsichtig in Form bringen.

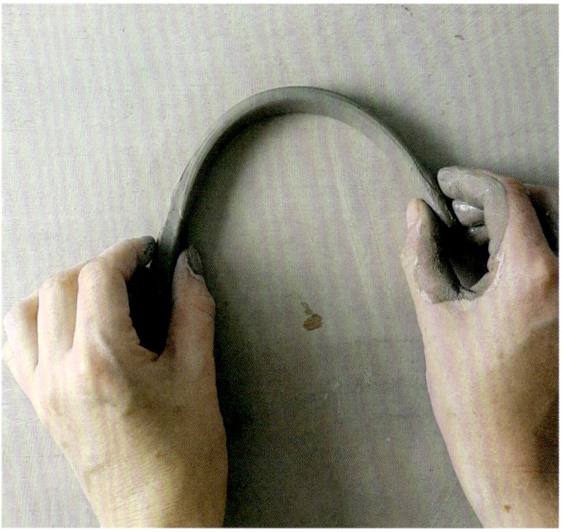

**3** Den Henkel seitlich zu einer gefälligen Schlinge gebogen zurück auf die Unterlage legen. Leicht anziehen lassen, bis er fast steif ist. Das geht schneller, wenn er mit einer Heißluftpistole getrocknet wird.

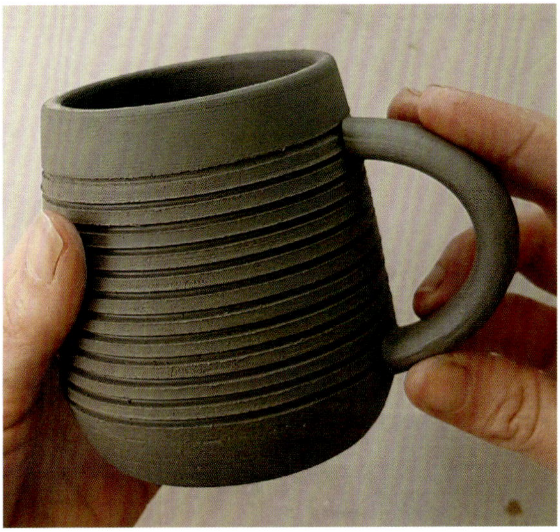

**4** Den Henkel vor dem Anbringen in die gewünschte Größe schneiden. Gegen die Tassenwand halten. Wenn alles passt, die Position auf der Wandung leicht markieren.

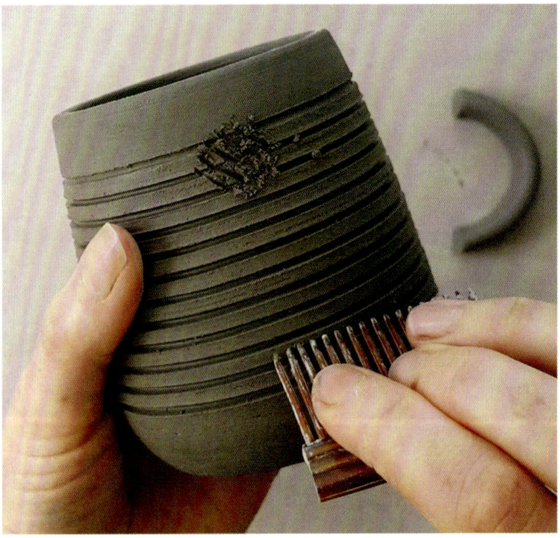

**5** Mit dem Kamm die Markierungen aufrauen, leicht einschlickern und den Henkel fest anpressen.

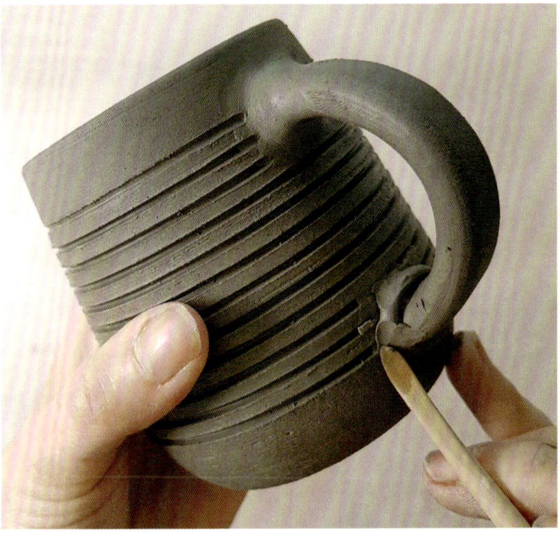

**6** Damit der Henkel wirklich fest sitzt, ein kleines Tonwürstchen auspressen und um die Verbindungsstellen legen. Die Naht mit dem Modellierholz gut versäubern.

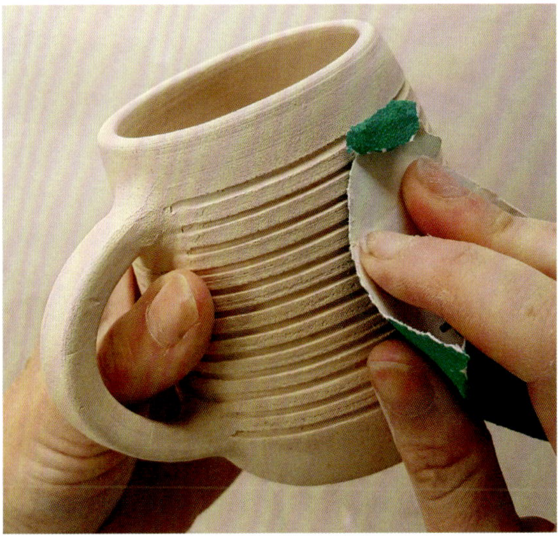

**7** Das Werkstück sehr langsam trocknen lassen, damit sich der Henkel nicht wieder löst. Ich wickle meine Produktion meist ein bis zwei Tage in Plastikfolie, damit der Ton länger feucht bleibt. Nach dem Schrühbrand bei Bedarf die letzten Unebenheiten abschmirgeln.

## FERTIGSTELLUNG

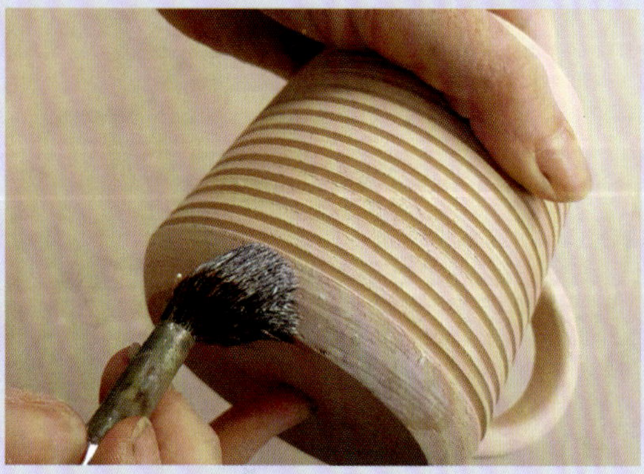

*In diesem Beispiel habe ich die tiefen Rillen mit weißer Glanzglasur gefüllt. Die abgerundete Basis der Tasse bleibt unglasiert. Um sie zu schützen, Abdeckwachs auftragen. Dabei auch gleich die Unterseite mit behandeln. Die Emulsion gut trocknen lassen.*

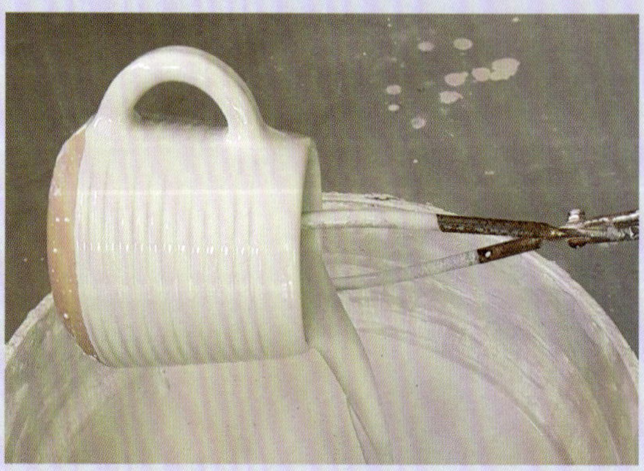

*Da die ganze Tasse weiß glänzend glasiert werden soll, ist es am einfachsten, sie komplett in den Eimer mit Glasurschlicker zu tauchen. Mit einer Glasurzange hineinhalten und Überschuss wieder ausgießen. Die Zange verhindert Fingerspuren.**

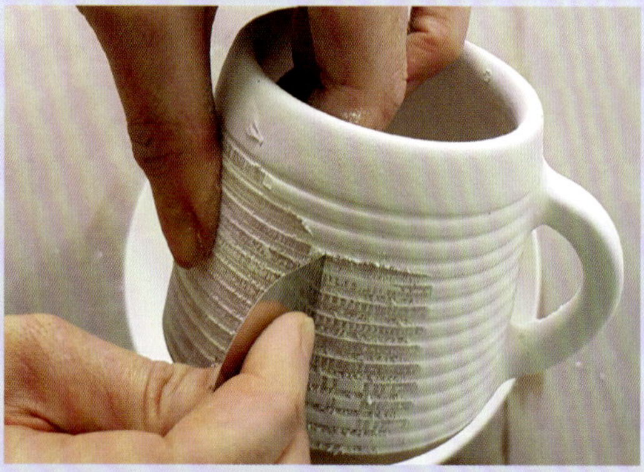

*Wenn der Glasurschlicker trocken ist, die Oberfläche vorsichtig mit der flexiblen Ziehklinge abschaben. Die Glasur bleibt nur in den Rillen und entlang der Oberkante stehen.*

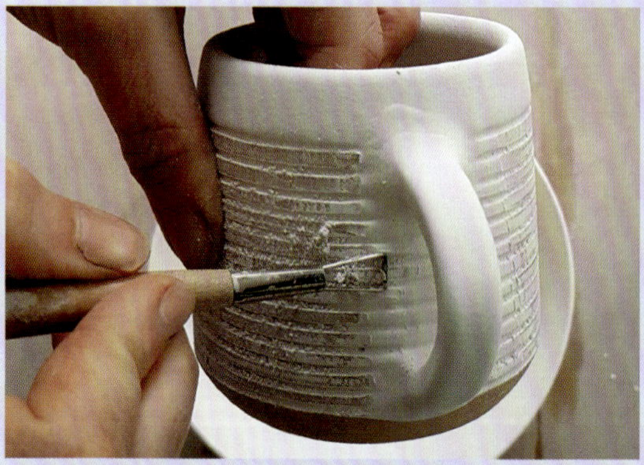

*Eine scharfe rechteckige Modellierschlinge ist sehr hilfreich, um oben eine scharfe Linie zu schaffen. Mit dieser die Glasur auch noch aus dem Bereich unter dem Griff abschaben.*

**An manchen Werkstücken finde ich Fingerspuren allerdings sogar sehr reizvoll (beispielsweise an der Vase auf Seite 60-65), da sie die handwerkliche Qualität betonen. Bei der hier vorgestellten Tasse dagegen habe ich großen Wert auf eine exakte Ausführung gelegt. Fingerspuren würden den Linienfluss nur stören.*

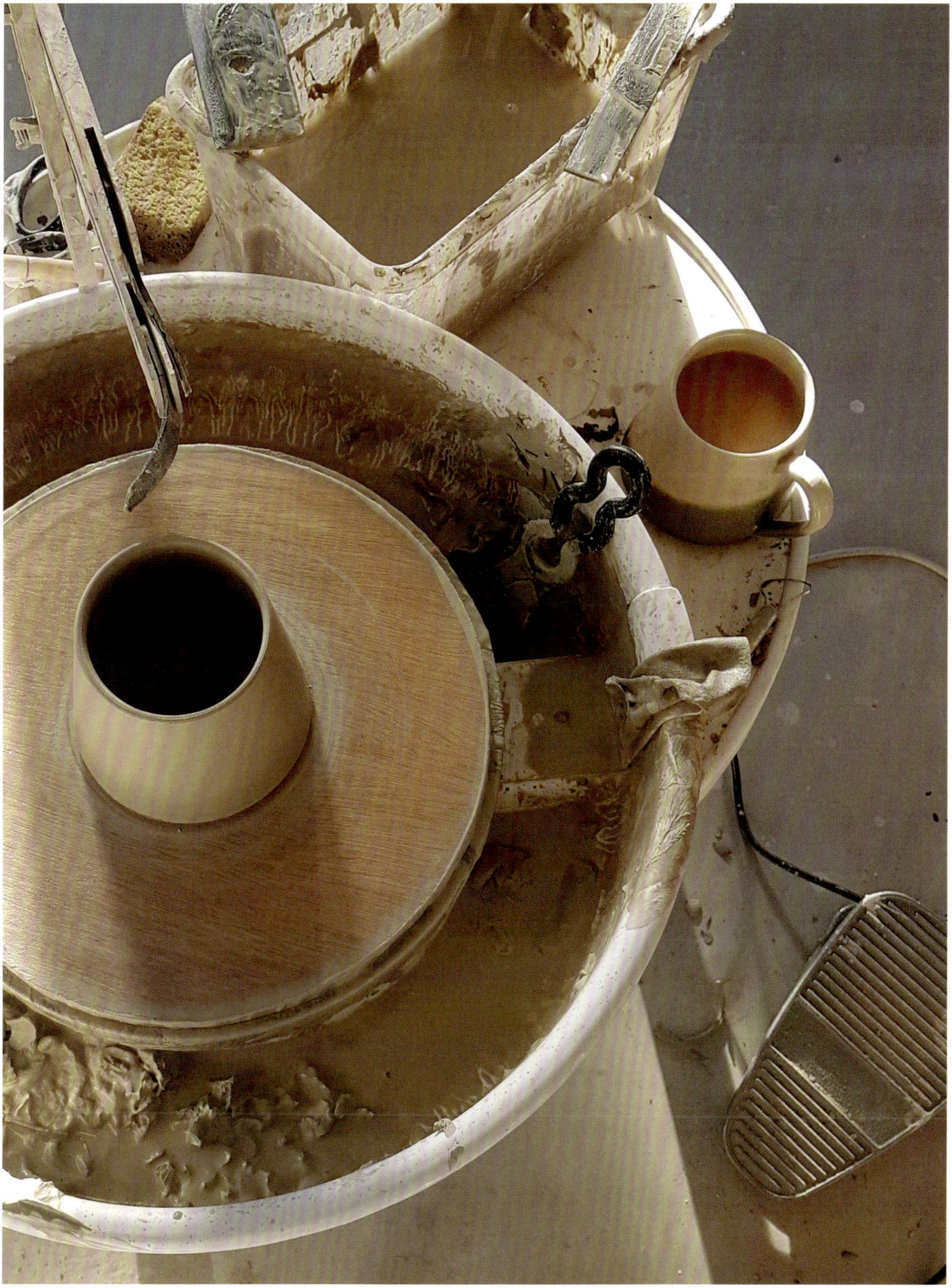

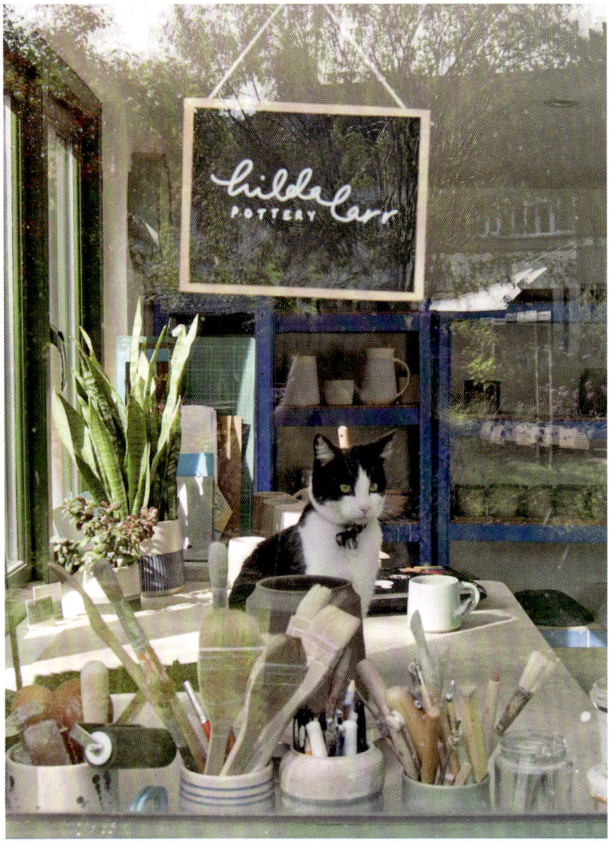
hilda carr
POTTERY
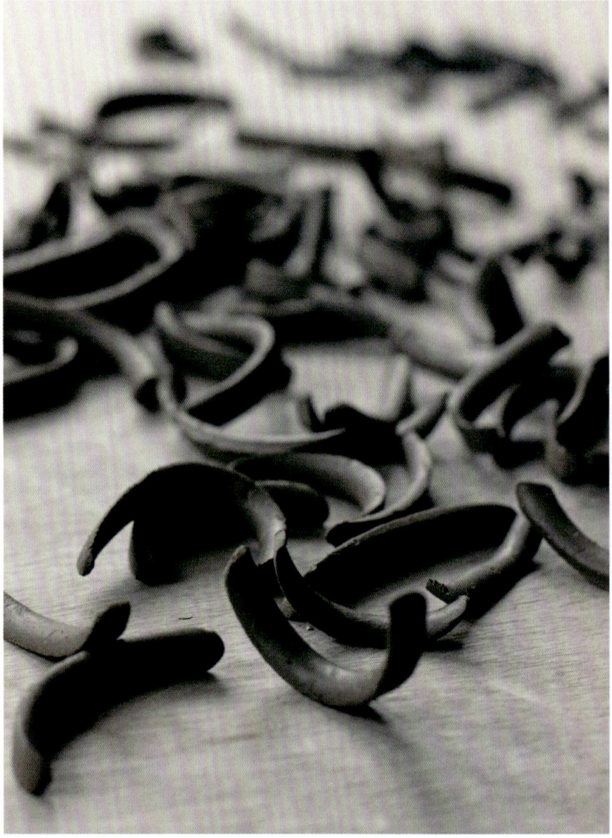
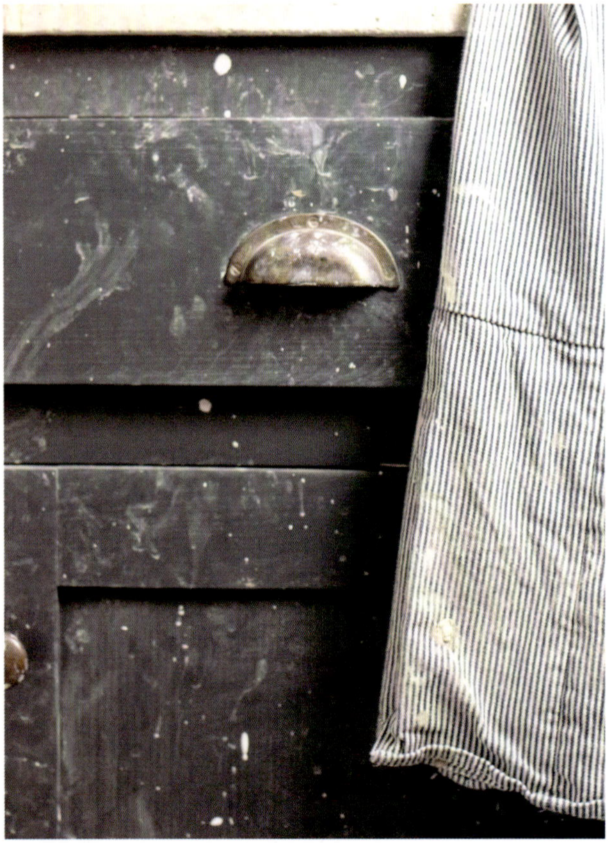
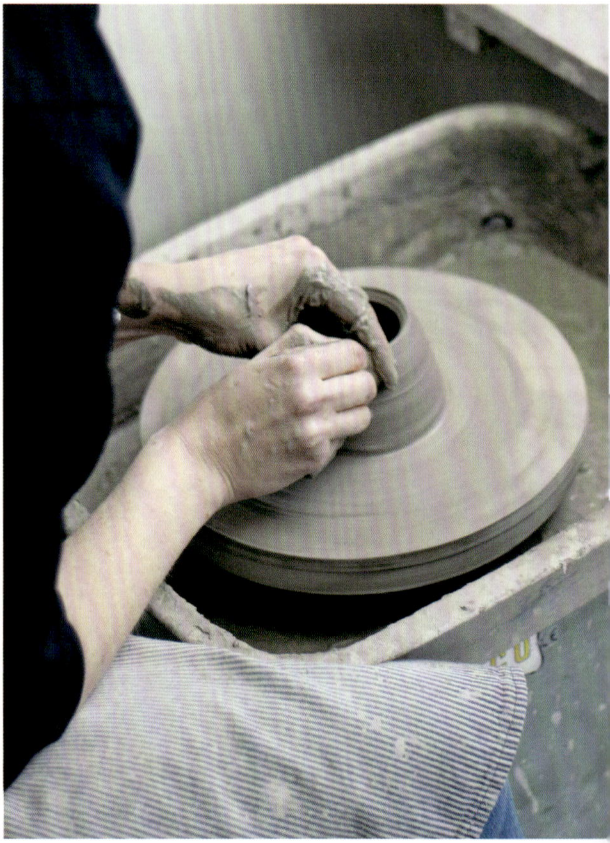

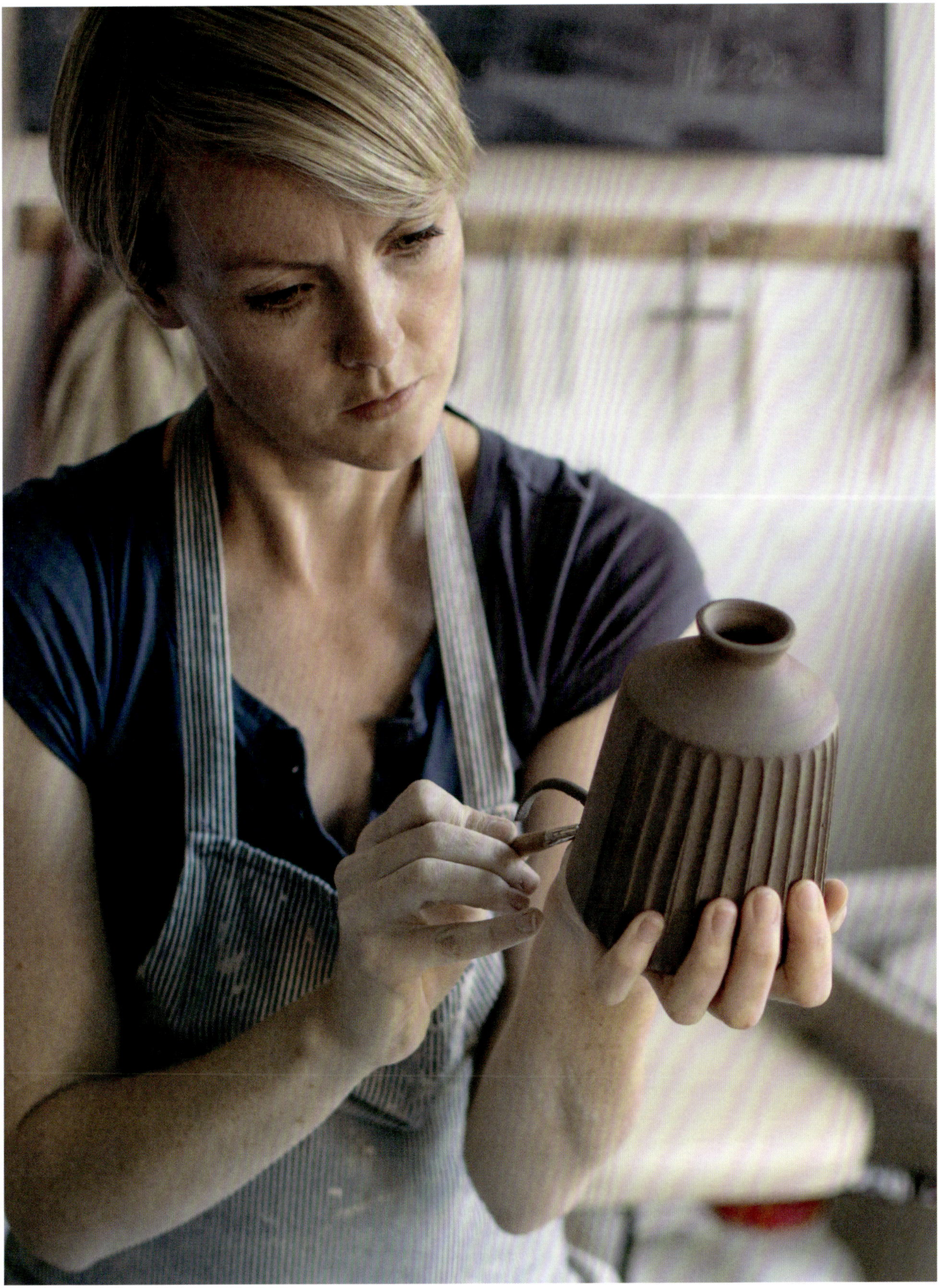

# Kontrastreiche Pflanzschale

Die Pinch- oder Daumendrucktechnik ist die älteste Formmethode beim Töpfern. Das Modellieren per Hand braucht viel mehr Zeit als das Drehen an der Töpferscheibe. Es hat dadurch den Vorteil, dass Sie den Umgang mit dem Werkstoff Ton und sein Verhalten unmittelbar erleben.

### TON

Etwa 1 kg fein schamottierte schwarze Steinzeugmasse

### MATERIAL UND WERKZEUG

**Zum Formen**

- Ränderscheibe
- Handhobel
- Schwamm

**Zum Kerben**

- Modellierschlinge
- Latexemulsion (Abdeckflüssigkeit)
- Flexible nierenförmige Ziehklinge

### BRAND

Schrühbrand bei etwa 980 °C
Glasurbrand bei etwa 1220 °C im Elektroofen

Bei diesem Projekt kommt eine schwach schamottierte schwarz brennende Steinzeugmasse zum Einsatz. Ich finde, mit der absichtlich unregelmäßigen Gefäßform und den durch die Pinchtechnik bedingten Herstellungsspuren erhält das Ergebnis eine zeitlose Ausstrahlung. Ich verwende hier eher feine als grob schamottierte Massen. So zeigt die Wandung die von mir angestrebte zusätzliche Textur, lässt sich aber dennoch problemlos beschneiden. Zu grobe Schamottepartikel würden das Muster stören und beim Schneiden behindern.

Die Strukturierung auf dem Pflanzgefäß wird einfach mit überlappenden Linien eingekerbt. Die markante Wirkung ergibt sich aus den stark kontrastierenden Elementen – der raue erdige schwarze Scherben und andererseits die glatte weiße Hochglanzglasur, die die Musterkonturen besonders schön hervorbringt.

Ich bin ganz begeistert von der optischen Spannung der weißen Glasur auf dem schwarzen Ton. Das Design ist wirklich bemerkenswert. Sie können bei Pflanzschalen auch mit anderen Kerbmustern experimentieren. Selbst wenn nur ganz wenig vom schwarzen Scherben sichtbar bleibt, ergeben sich ähnlich spektakuläre Effekte.

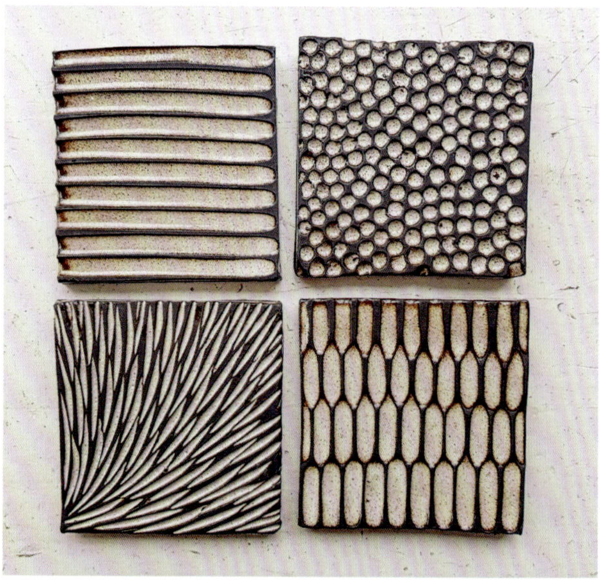

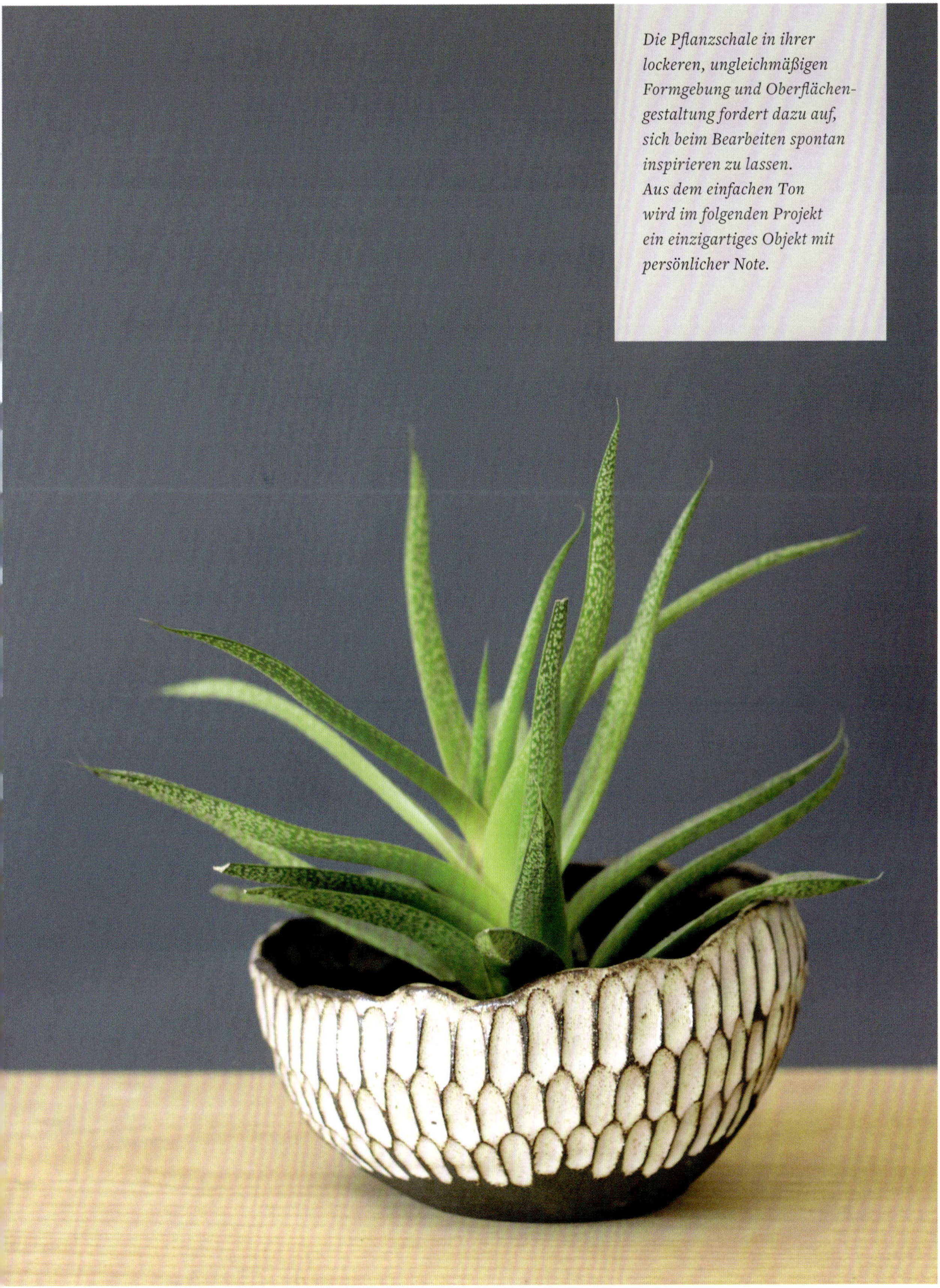

*Die Pflanzschale in ihrer lockeren, ungleichmäßigen Formgebung und Oberflächengestaltung fordert dazu auf, sich beim Bearbeiten spontan inspirieren zu lassen. Aus dem einfachen Ton wird im folgenden Projekt ein einzigartiges Objekt mit persönlicher Note.*

# FORMGEBUNG

Mit der folgenden Anleitung entsteht ein Pflanzgefäß von etwa 18 cm Durchmesser.

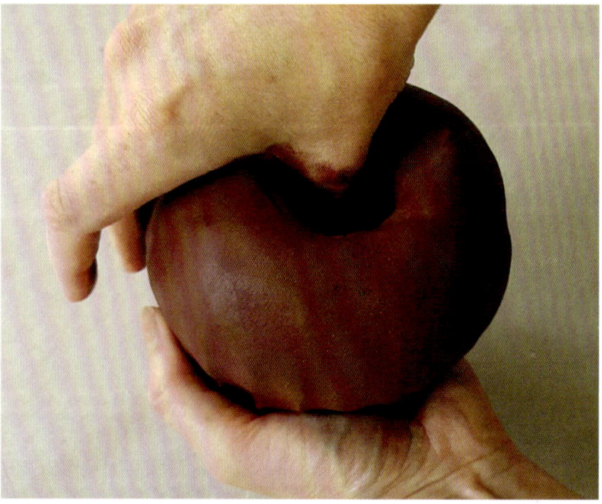

**1** Grundlage ist ein Daumenschälchen. Dazu die Tonkugel in einer Hand halten und mit dem Daumen der anderen Hand eine Vertiefung in der Mitte eindrücken. Diese vergrößern, bis durch die Bodenpartie die andere Hand zu spüren ist. So merken Sie, wann der Boden die passende Stärke hat.

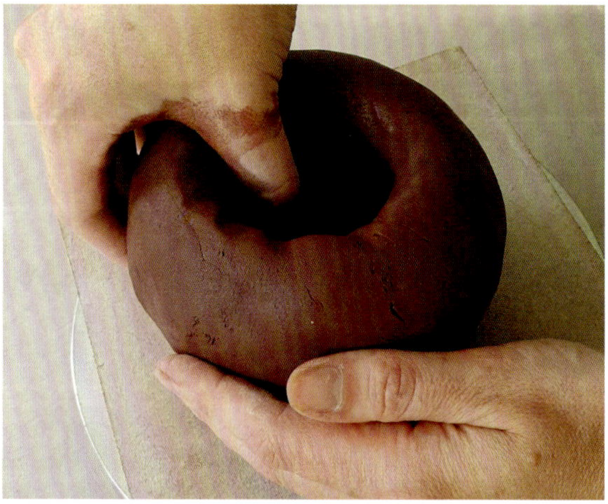

**2** Zuerst die Basis innen erweitern. Beim Arbeiten den Daumen und die äußeren Finger leicht gegeneinander pressen, immer im Kreis. Wenn der Innenboden den gewünschten Durchmesser hat, den Rohling auf eine Ränderscheibe aufsetzen.

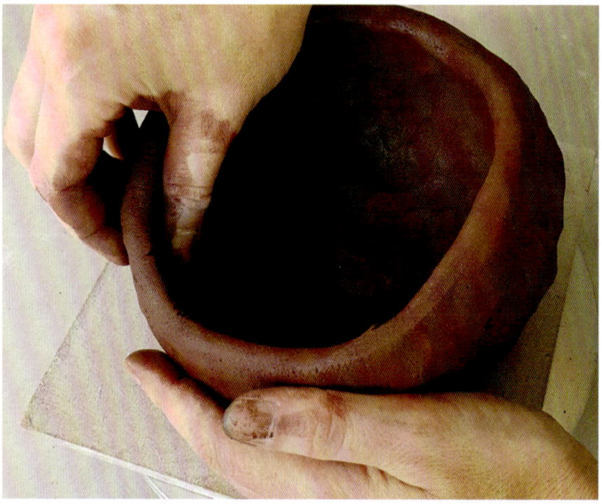

**3** Mit gleichmäßigem Druck zwischen Daumen und Fingern einer Hand langsam die Wandung rundum bearbeiten. Die Ränderscheibe mit der anderen Hand langsam mitdrehen. Beginnen Sie unten am Boden, dann spiralförmig an der Wandung nach oben. Wenn Sie innen nur mit der Daumenspitze drücken, baucht sich die Wand nicht zu sehr nach außen.

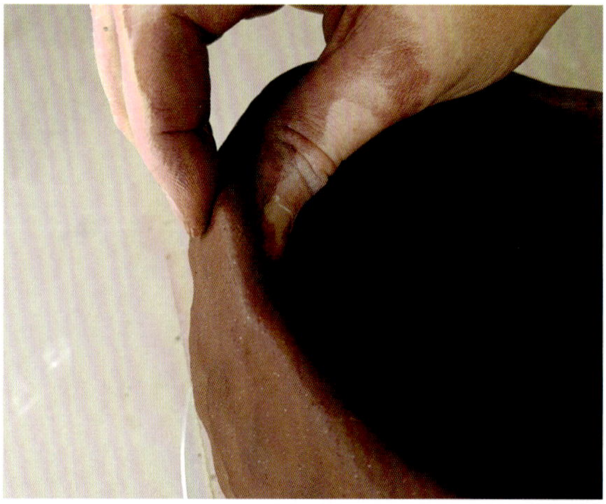

Bitte beachten: Zwischendurch sollte der Ton eventuell einmal etwas anziehen, damit der Rohling stabil bleibt. Die hier verwendete schamottierte Modelliermasse mit sehr fester Konsistenz ist ideal. Falls Ihr Ton sich zu weich anfühlen sollte, lassen Sie ihn erst eine halbe Stunde ruhen. Danach können Sie die Wandung viel leichter dünner pressen, ohne großes Risiko, dass sie in sich zusammenfällt.

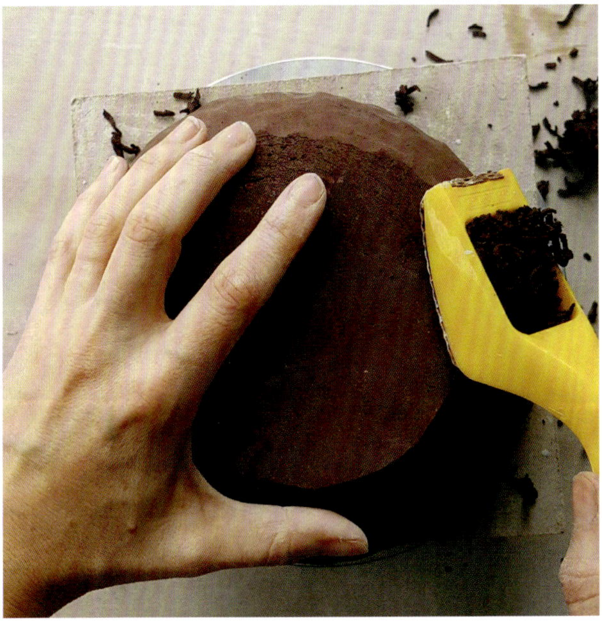

**4** Wenn der Ton lederhart ist, können Sie einen Handhobel (er erinnert etwas an eine Käsereibe) einsetzen, um die Wölbung der Bodenpartie abzurunden. Bei Daumenschälchen fällt der Gefäßrand meist etwas unregelmäßig aus. Diesen können Sie ebenfalls glatt abschneiden, um eine perfekte Kante zu erhalten. Ich persönlich finde allerdings die natürliche Wellung interessanter. Sie betont wiederum den handwerklichen Charakter.

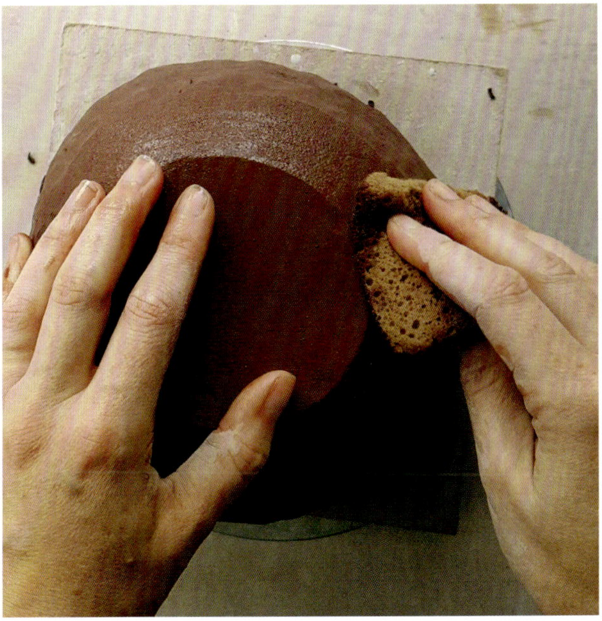

**5** Abschließend wird die Oberfläche sanft mit dem feuchten Schwamm geglättet. Achten Sie darauf, dass Sie dabei nicht sämtliche Fingerspuren beseitigen, da auch diese zur „handgemachten" Optik beitragen.

# KERBMUSTER EINSCHNEIDEN

Das handgeformte Gefäß wirkt erheblich rustikaler als auf der Scheibe gedrehte Ware. Daher messe ich beim Dekorieren die Musteranordnung nicht exakt aus und bin auch beim Schneiden nicht so genau. Ich mag besonders diesen spontanen Eindruck – aber Sie haben natürlich selbst die Wahl.

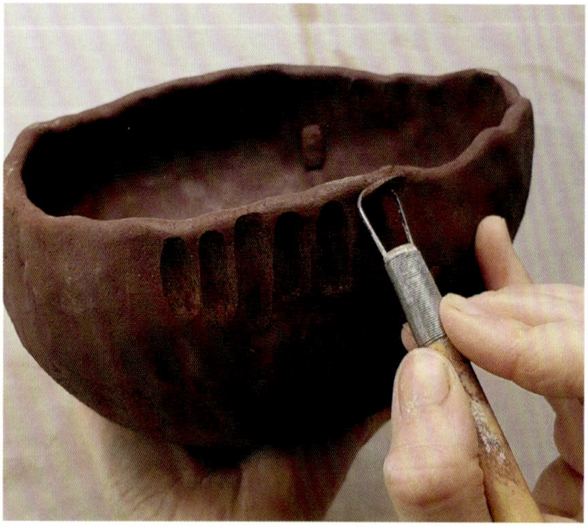

**1** Direkt unterhalb der Randkante beginnend kerben Sie mit der runden Modellierschlinge ein kleines längliches Oval. Rund um den ungleichmäßig gewellten Rand fortfahren. Jeden Tonspan abheben, so dass er eine saubere Vertiefung hinterlässt.

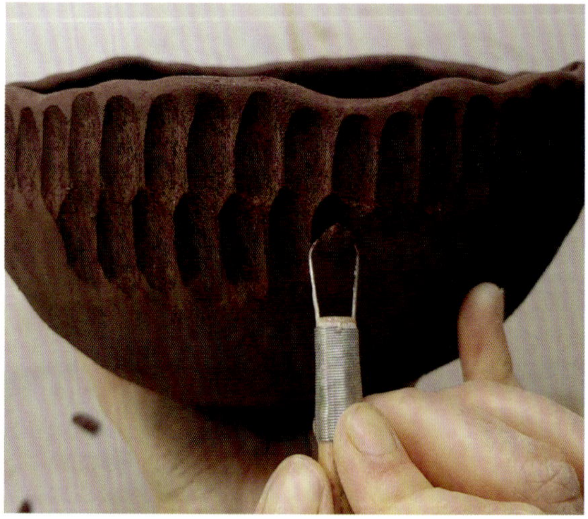

**2** In der zweiten Runde überlappen die Einkerbungen die Unterkanten der oberen Reihe leicht. Außerdem werden sie versetzt zu den oberen Rillen in die Zwischenräume eingepasst.

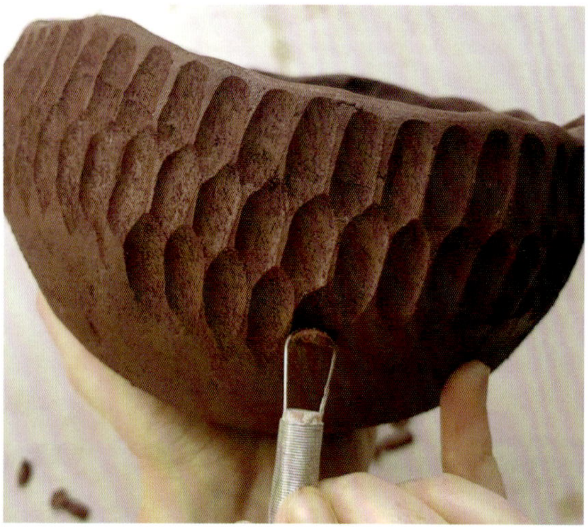

**3** Auf dieselbe Weise noch eine dritte Reihe darunter kerben.

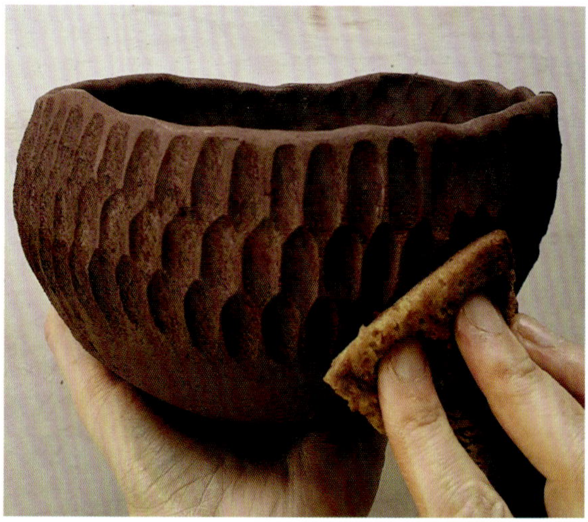

**4** Das gesamte Muster abschließend mit dem Schwamm leicht glätten, um scharfe Grate zu entfernen und ein insgesamt etwas weicheres Erscheinungsbild zu kreieren.

## FERTIGSTELLUNG

*Die Bodenpartie der Pflanzschale soll unglasiert bleiben. Der Ton hat eine so raue, griffige Struktur, dass ich gerne einzelne Partien völlig unbehandelt lasse. Für den Rest habe ich eine schlichte weiß glänzende Glasur gewählt.*

*Die Flächen, die unglasiert bleiben sollen, werden vorab mit Latexemulsion überzogen. Ich finde, diese Flüssigkeit funktioniert bei schamottierten Massen besser als Abdeckwachs, da sie noch stärker in kleinste Vertiefungen kriecht.*

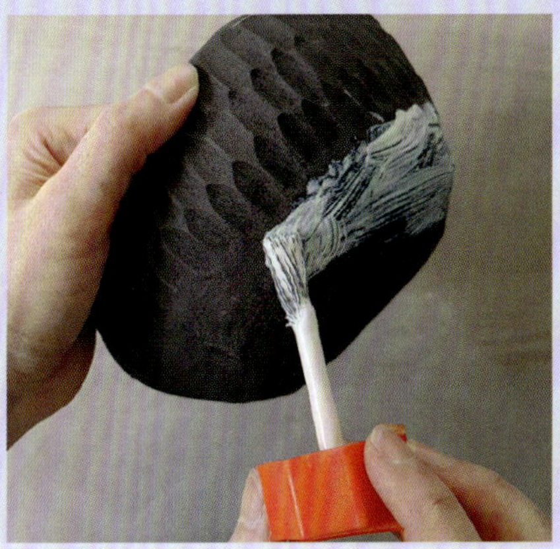

*1. Die Latexemulsion auf den gesamten gewölbten Bodenbereich auftragen, dabei mit dem Pinsel der welligen Musterung folgen.*

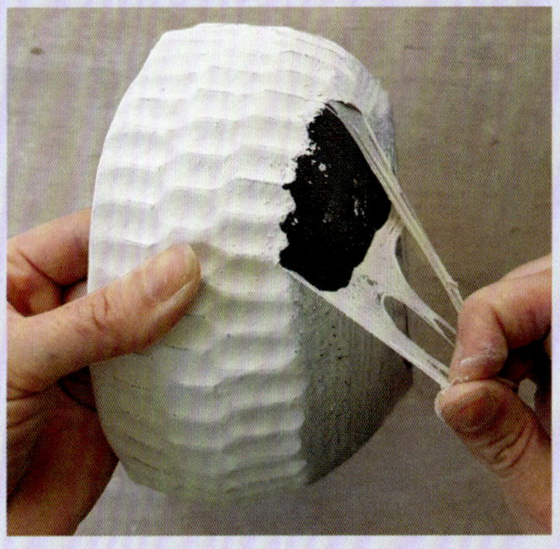

*2. Wenn das Latex getrocknet ist, das gesamte Gefäß in den Glasurschlicker tauchen. Herausheben und ein paar Minuten trocknen lassen. Dann die Latexbeschichtung abziehen.*
*Bitte beachten: Beim Hantieren mit trockenem, staubendem Glasurpulver eine Atemschutzmaske tragen.*

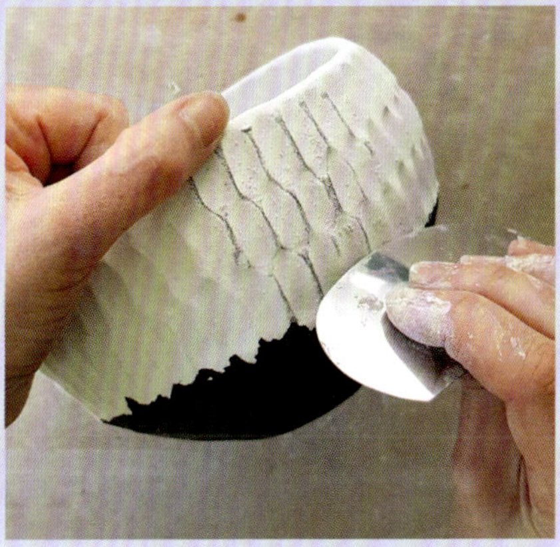

*3. Um die Kerblinien noch deutlicher hervorzubringen, wird die rohe Glasurlage mit einer scharfen Ziehklinge vorsichtig von den erhabenen Partien abgeschabt.*

# Kannelierte Blumenvase

Die folgende Technik ist wirklich einfach und war einer meiner ersten Versuche, als ich mit dem Töpfern begann. Wie bei allen Schneidemethoden ist es sehr wichtig, dass der Ton die passende Konsistenz hat. Ist er zu weich, dellt sich die Wandung beim Pressen schnell ein. Ist er zu fest, zerkratzt das Werkzeug die Oberfläche nur, statt sie glatt zu schneiden. Um genau den richtigen Zeitpunkt zu erwischen, ist Erfahrung nötig. Mit etwas Übung und der Bereitschaft zum Experimentieren, ist dies jedoch bald kein Problem mehr.

### TON

Etwa 1 kg fein schamottierte ledergelbe Steinzeugmasse

### MATERIAL UND WERKZEUG

**Zum Formen**

- Drehschiene
- Schwamm/ Chamoisleder
- Stielschwamm
- Abdrehschlinge

**Zum Kannelieren**

- Ränderscheibe
- Markierwerkzeug/ Nadel
- Modellierschlinge
- Schwamm

### BRAND

Schrühbrand bei etwa 980 °C
Glasurbrand bei etwa 1220 °C im Elektroofen

Durch ihren engen Hals eignet sich diese Vase ausgezeichnet für einzelne Blumen. Ich benutze solche Modelle laufend für alles, was in meinem Garten so blüht. Mehrere Varianten in unterschiedlichen Größen wirken auch als Gruppe attraktiv. Eine tolle Methode, mit nur wenigen Blüten ein geschmackvolles Arrangement zu schaffen.

Für das Beispiel habe ich eine rundliche Schlinge verwendet. Es sind aber alle möglichen Größen und Formen von Schlingen verfügbar. Mit einem rechteckigen Werkzeug werden oben an der Vase scharfkantigere Linien eingekerbt, um die Optik leicht zu variieren. Probieren Sie für schmalere und breitere Steifen größere oder kleinere Schlingen aus (siehe unten).

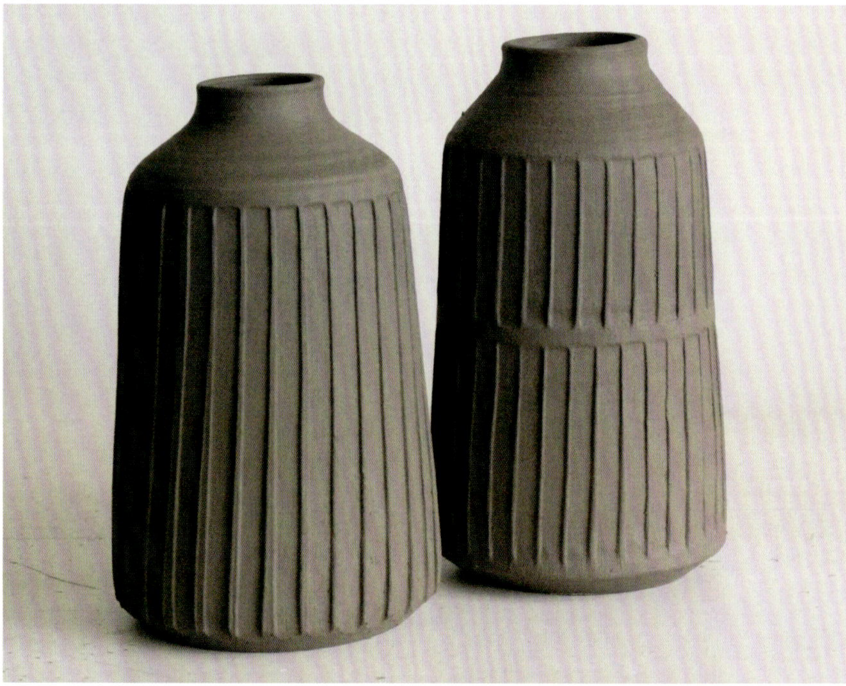

*Diese Vasen sind leicht herzustellen und sehen in einer Gruppe arrangiert einfach fantastisch aus. Warum also nicht gleich eine ganze Serie in unterschiedlichen Größen kreieren? Durch das schlichte, aber sehr wirkungsvolle Kanneliermuster werden sie zu einer optischen Einheit.*

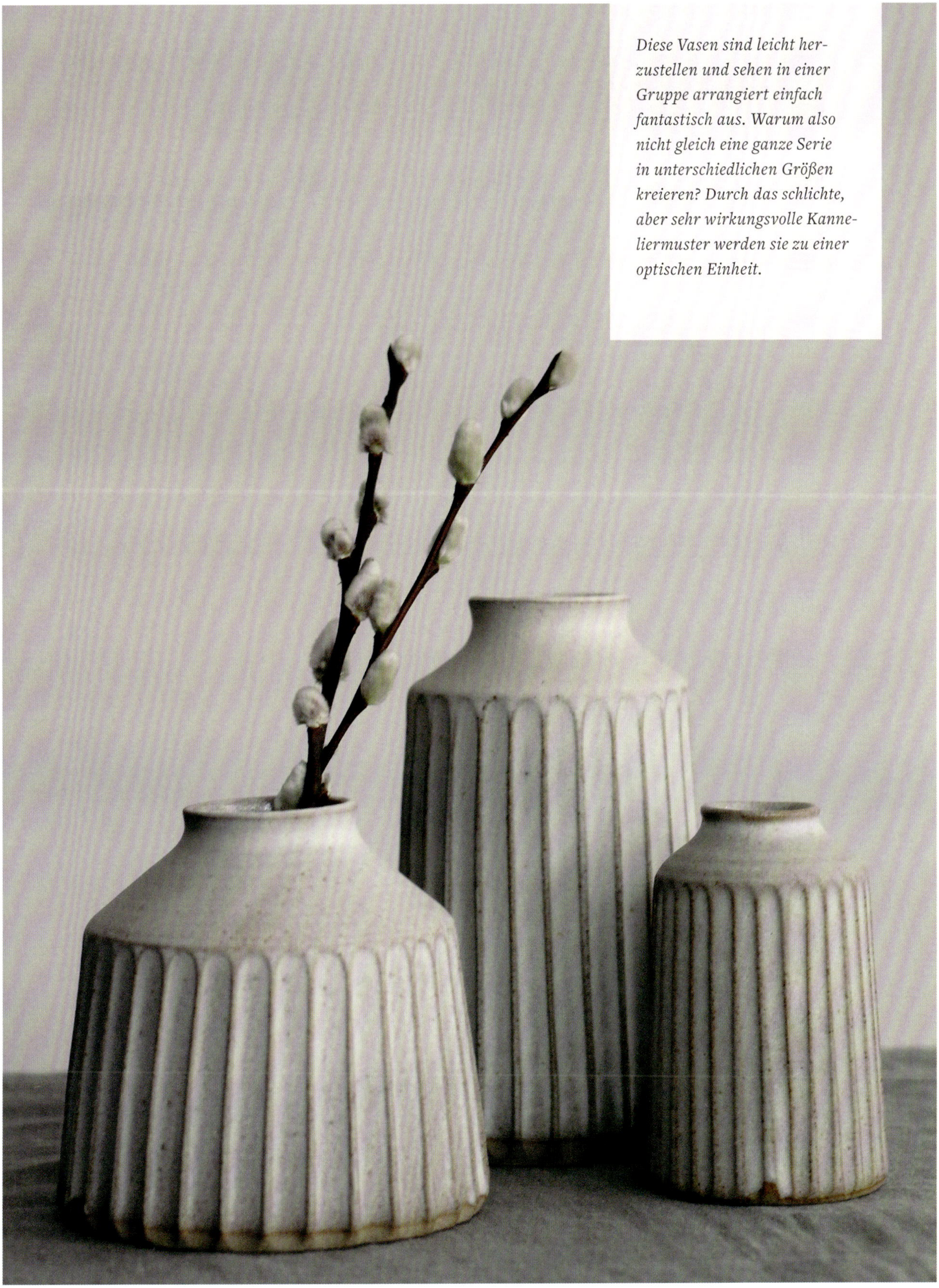

# FORMGEBUNG

In diesem Projekt entsteht eine kleine enghalsige Vase mit etwa 13 cm Höhe.

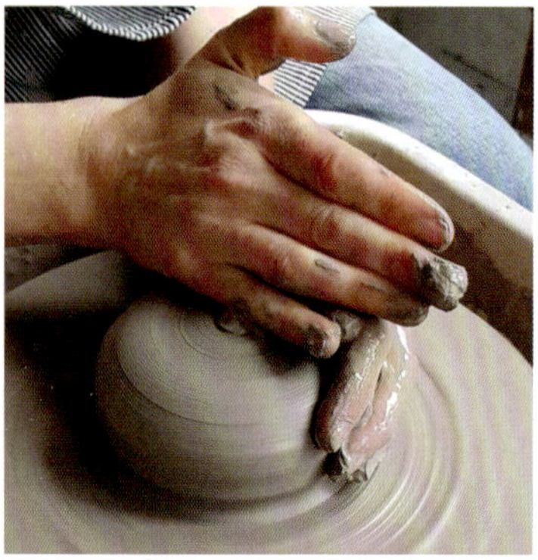

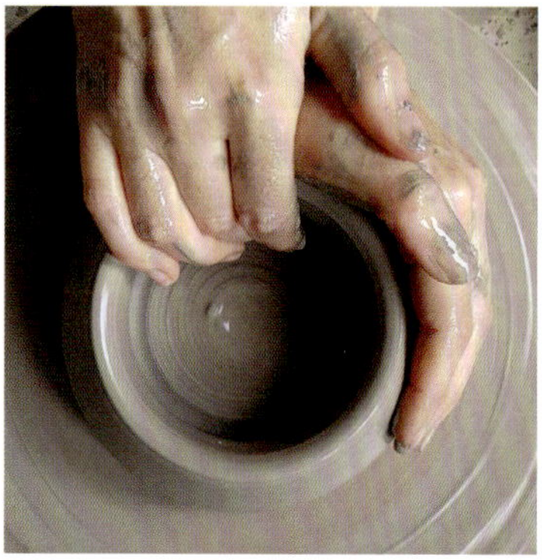

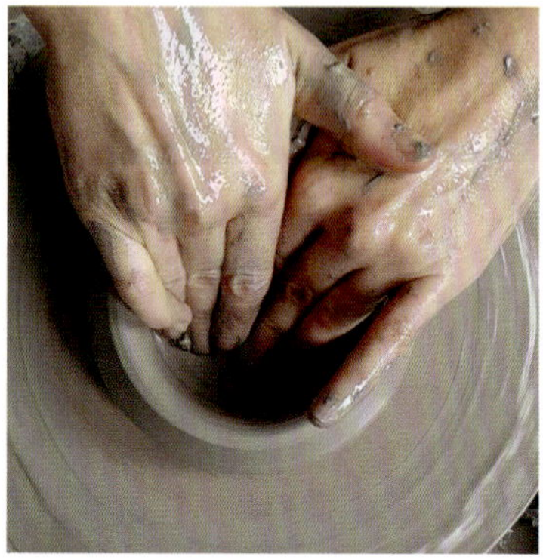

**1** Zentrieren Sie den Tonbatzen auf der Scheibe, indem Sie ihn kegelförmig hochziehen und wieder abflachen.

**2** Mit den Daumen wird die Kuppelform in der Mitte aufgebrochen und innen an der Basis zu einem Boden mit dem gewünschten Durchmesser erweitert.

**3** Mit den Fingern oder einem Schwamm den Boden weiter verfestigen. So bricht oder reißt er später beim Trocknen weniger leicht.

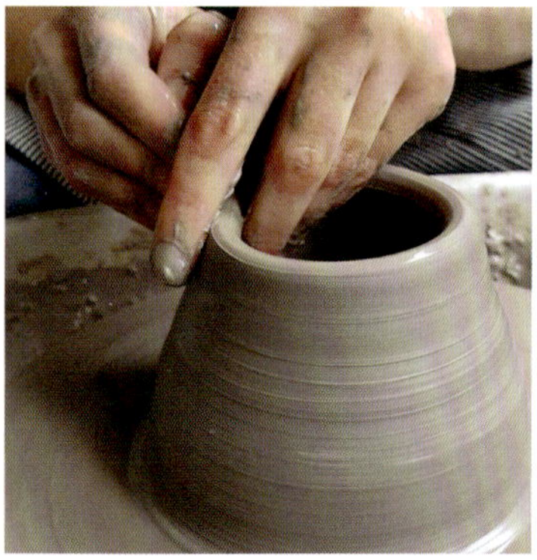

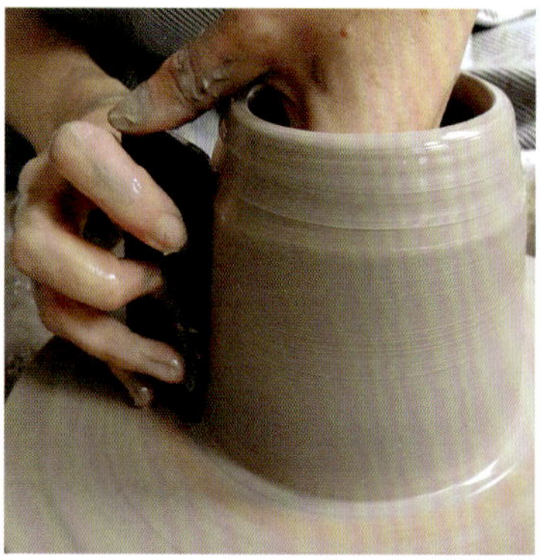

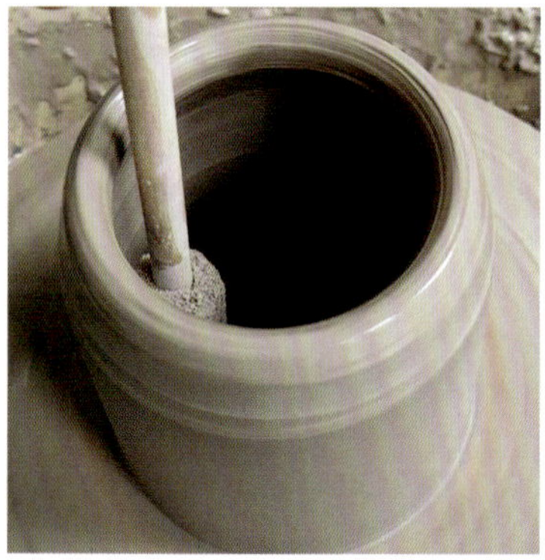

**4** Beginnen Sie die Wandung hochzuziehen. Von außen mehr Kraft anwenden, damit sie sich nicht nach außen wellt. Die Wandung muss etwas stärker als üblich ausfallen, so dass genügend Masse zum Beschneiden bleibt.

**5** Wenn die gewünschte Höhe erreicht ist, die Wandung mit der Drehschiene glätten. Ich drehe am liebsten leicht konische Formen.

**6** Bevor Sie die Halspartie einschnüren, muss der gesamte feuchte Schlicker von der Bodenpartie entfernt werden. Dazu eignet sich gut ein Stielschwamm.

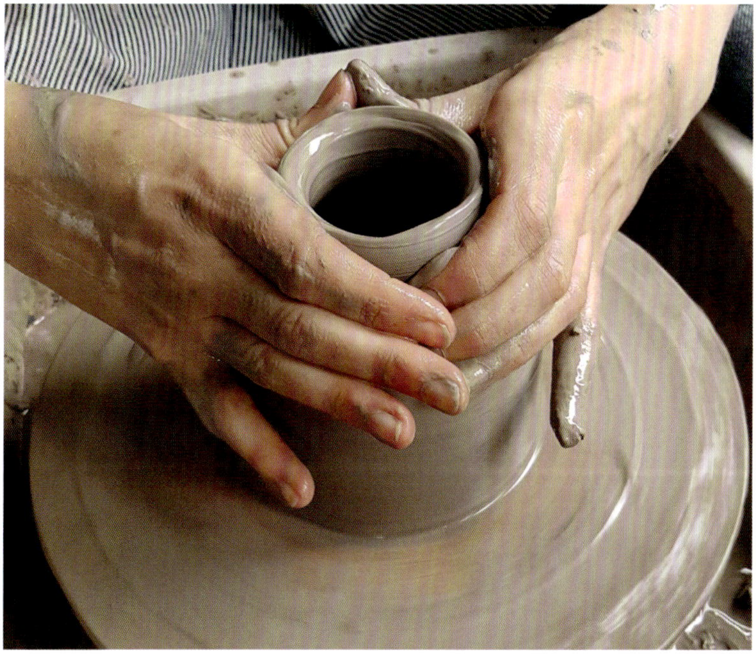

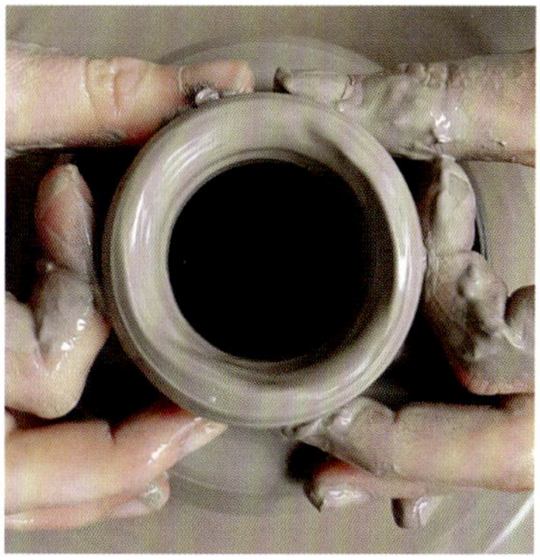

**8** Zum Vervollkommnen der Form gleichzeitig beide Daumen, beide angewinkelten Zeigefinger und beide Mittelfinger um den Hals legen und weiter einschnüren. Durch die vielen Auflagepunkte verzieht sich die fragile Vase nicht so schnell, die Silhouette bleibt perfekt.

**7** Um den Hals zu verengen, pressen Sie ihn ein paar Zentimeter unterhalb der Oberkante leicht zusammen und bewegen die Hände beim Arbeiten sachte aufwärts. Vorsichtig zwei bis drei Durchgänge drehen, ohne dass die Wandung sich dabei wellt.

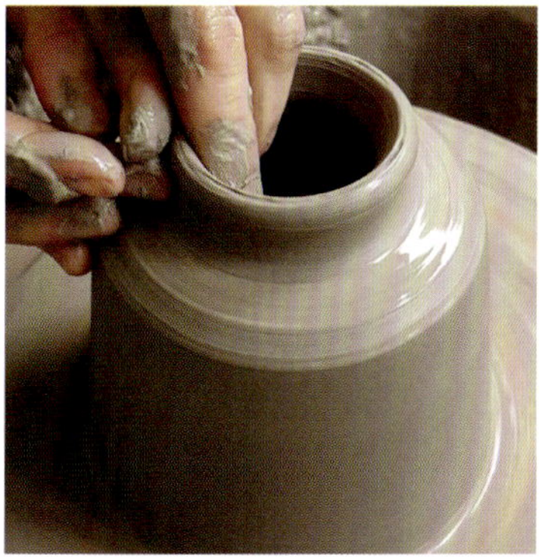

**9** Dadurch, dass der Ton am Hals zusammengepresst wurde, bleibt etwas zusätzliche Masse. Diese wird zu einem verstärkten Rand nach oben gezogen. Ich lasse diesen gern leicht nach außen wandern. Probieren Sie selber eigene Gestaltungsvarianten aus.

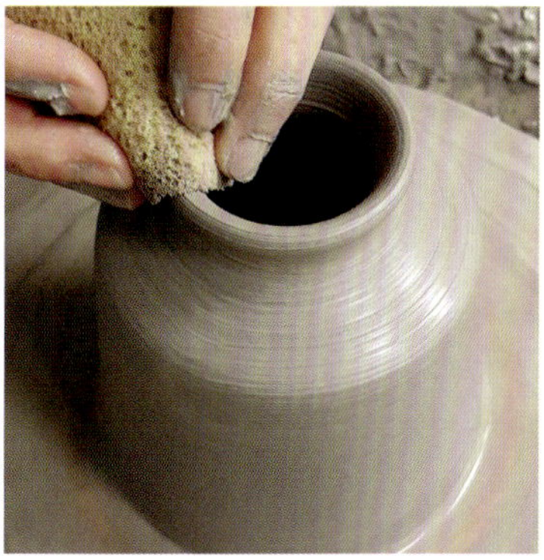

**10** Den Rand mit einem Schwamm oder Lederstück perfekt abrunden und glätten. Anschließend das ganze Werkstück lederhart antrocknen lassen, bis es für die weitere Bearbeitung stabil genug ist.

## ABDREHEN

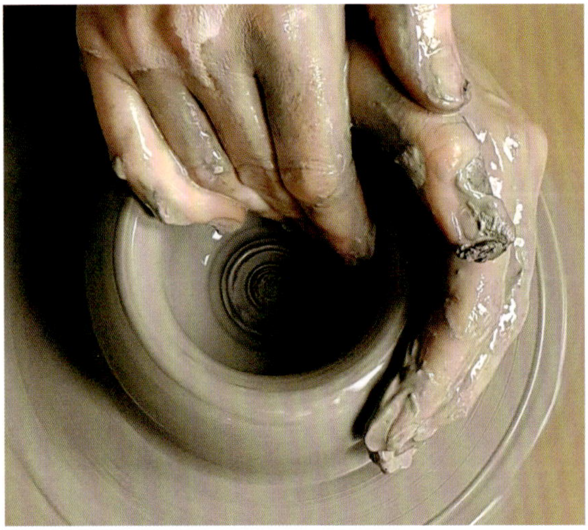

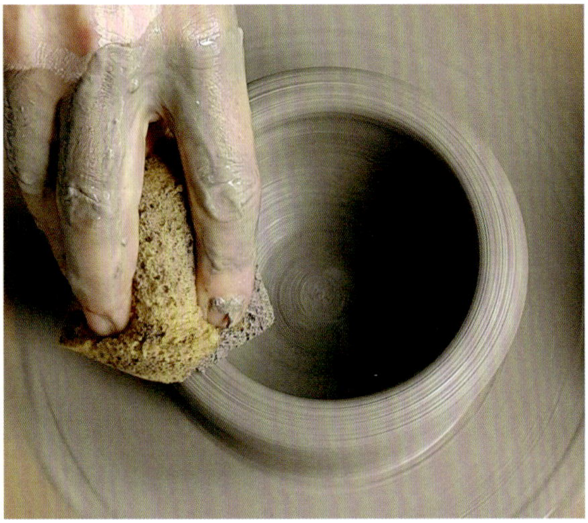

**1** Um enghalsige Gefäße abzudrehen, wird am einfachsten zunächst eine Abdrehstütze (Donsel) konstruiert. Dazu einen massigen flachen Zylinder drehen, auf den die lederharte Vase später kopfüber aufgesteckt wird, ohne dass der empfindliche Hals den Scheibenkopf berührt. Überschüssiges Wasser und Schlicker mit dem Schwamm abnehmen.

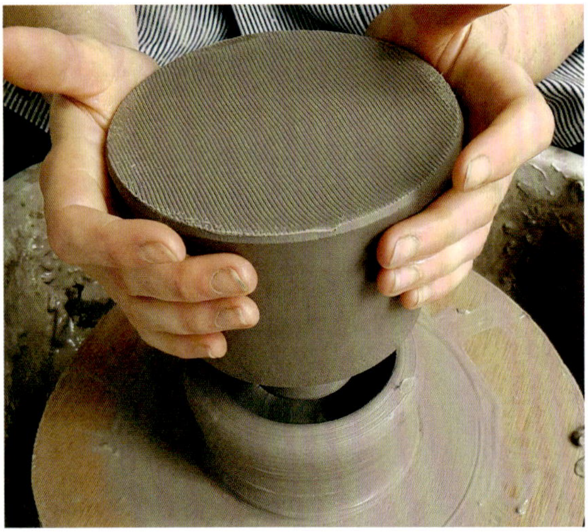

**2** Mit sauberen, trockenen Händen die Vase umgedreht in den Zylinder einpassen. Gut zentrieren und anschließend vorsichtig, aber kräftig nach unten pressen, bis sie fest aufsitzt.

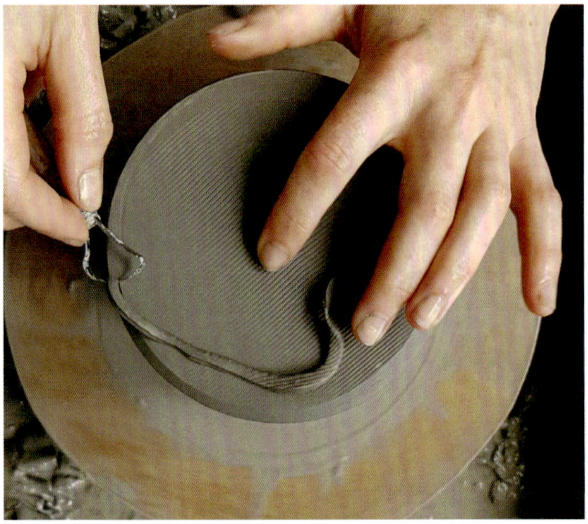

**3** Einen Finger am Mittelpunkt des Bodens auflegen, um die Vase zu stabilisieren. Mit der Abdrehschlinge überschüssige Masse von Boden und Kante abheben.

# KANNELIEREN

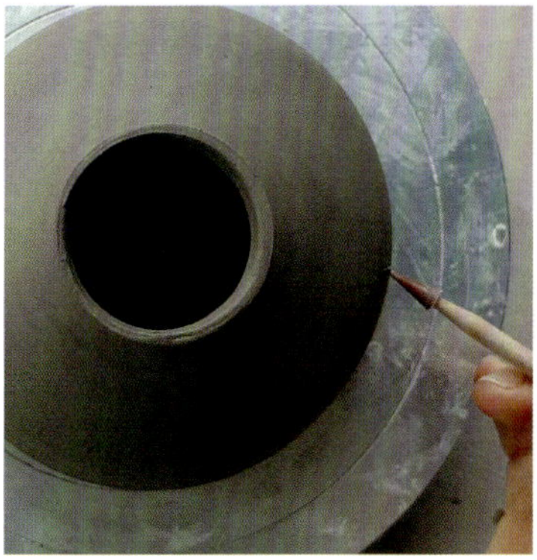

**1** Die lederharte Vase lässt sich leicht einkerben. Stellen Sie sie auf eine Ränderscheibe und markieren Sie eine hauchfeine waagrechte Linie, wo die Musterung beginnen soll.

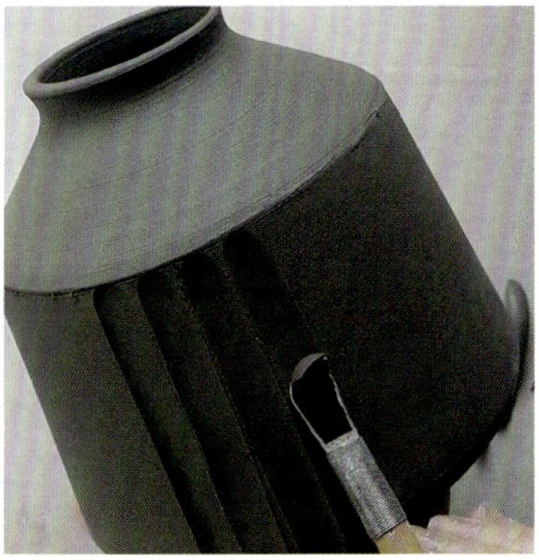

**2** Halten Sie die Vase ganz entspannt. Oft ist es praktisch, Werkstücke auf ein Schwamm- oder Stoffstück zu platzieren. Diese kleine Vase lässt sich meiner Meinung nach aber am besten kannelieren, wenn man sie einfach mit der Hand festhält. Arbeiten Sie sich rundum, indem Sie mit der Modellierschlinge kräftige, gleichmäßige Furchen von oben nach unten einziehen. Ein einziger beherzter Schnitt wirkt gelungener als ein mehrfach zögerlich überarbeiteter. Trauen Sie sich! Bei den letzten Schnitten bitte auf den verbleibenden Wandrest achten. Falls es sich nicht genau ausgeht, die Furchenbreite leicht variieren, damit nicht zum Schluss eine unbearbeitete Lücke bleibt.

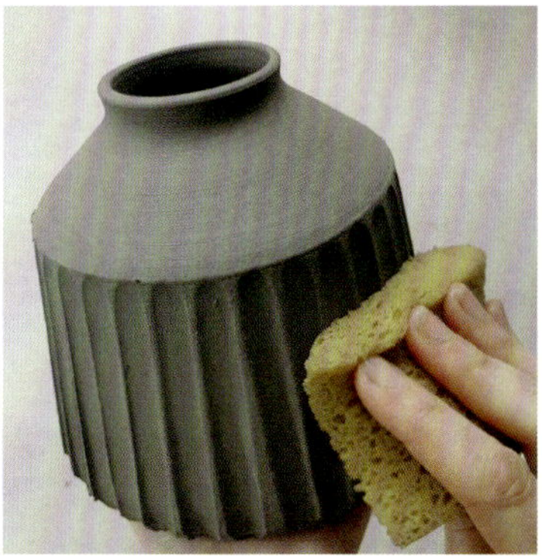

**3** Wischen Sie mit dem feuchten Schwamm über die gesamte Fläche, um raue Stellen zu glätten und Hilfsmarkierungen zu entfernen.

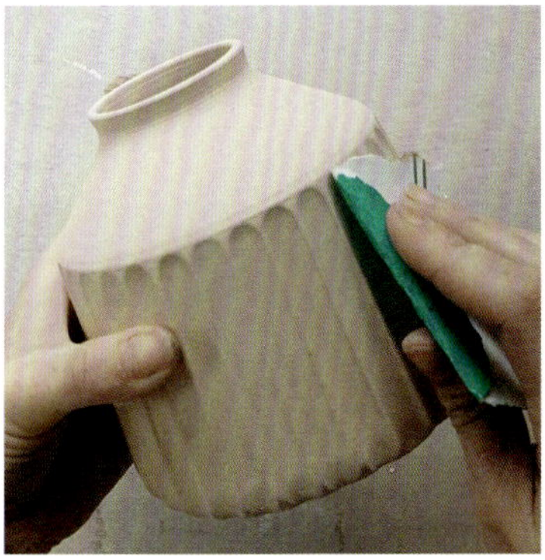

**4** Nach dem Schrühbrand die gesamte Musterung nochmals mit Schmirgelpapier glätten, bis keine Grate mehr zu spüren sind.

**FERTIGSTELLUNG**

*Ich finde es sehr attraktiv, wenn der Ton beim fertigen Objekt noch durchscheint. Daher appliziere ich stets sehr einfache Glasuren – in diesem Fall ein durchscheinendes mattes Weiß. Darunter ist noch die dezente Sprenkelung und erdige Farbe der Steinzeugmasse zu erkennen und die Oberfläche fühlt sich gleichzeitig interessanter an.*

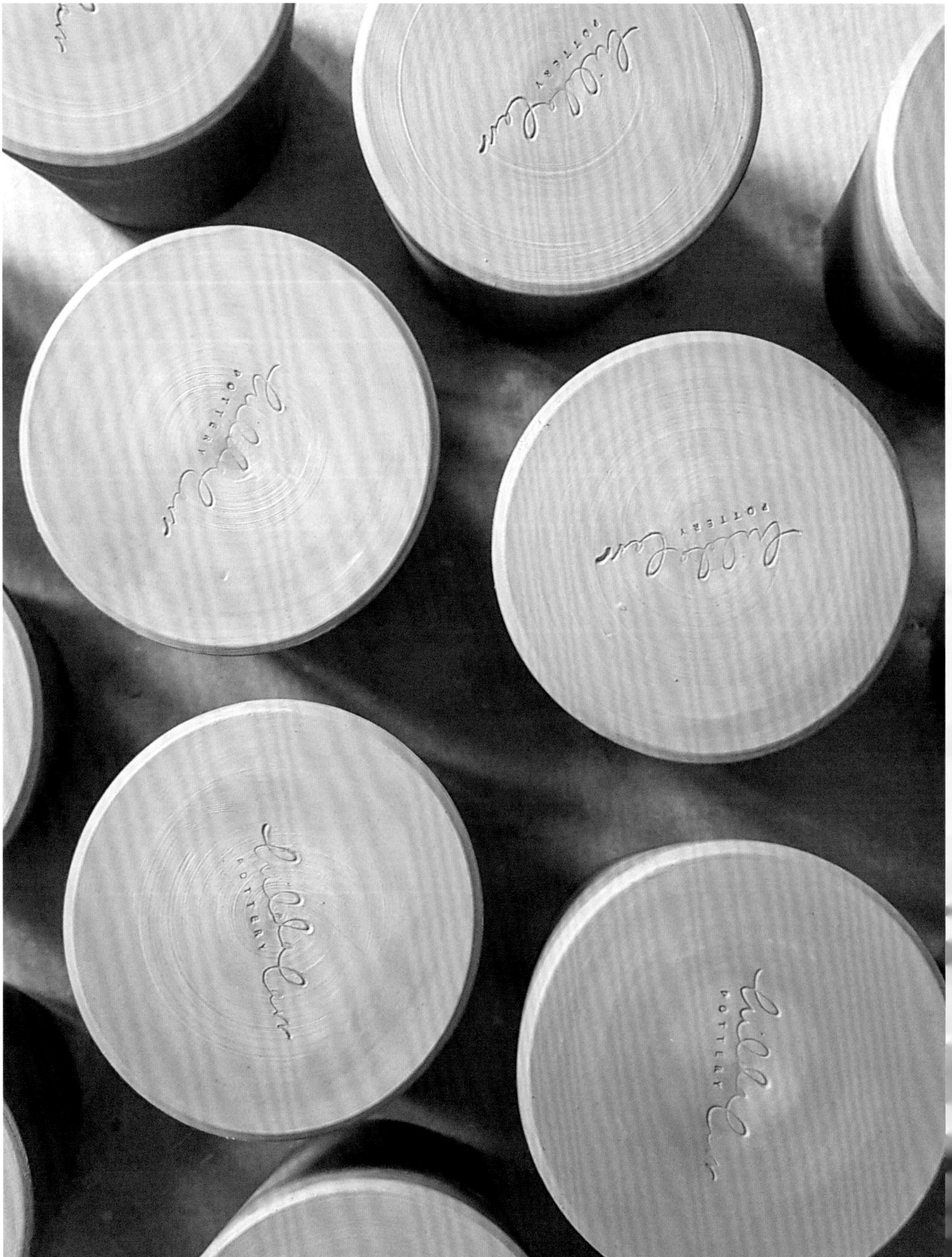
POTTERY

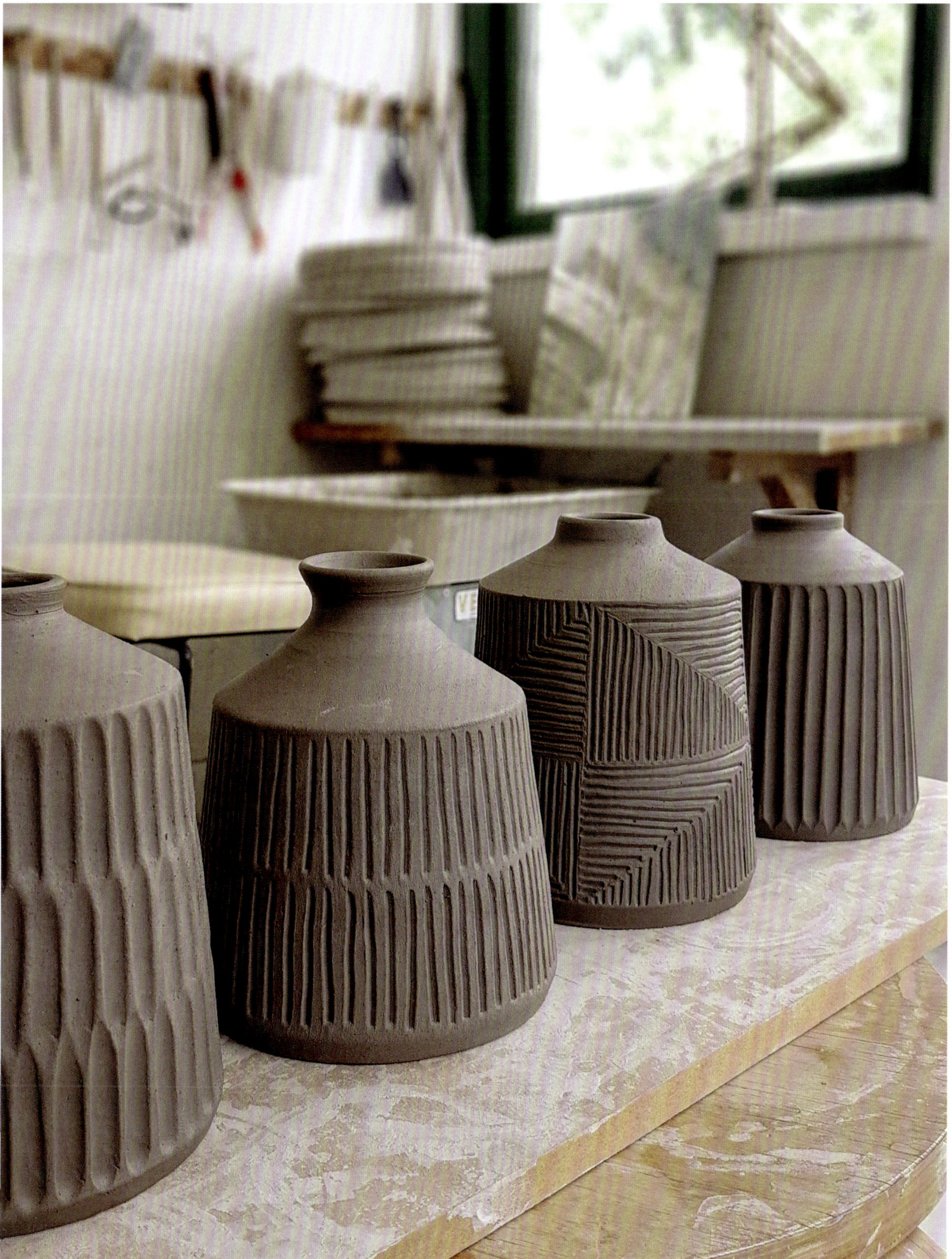

# Windlicht mit Perforationen

Statt nur Oberflächen einzukerben, wird bei diesem Projekt die Wandung komplett durchschnitten. Die Fenster bilden das Muster. Das Gefäß eignet sich ausgezeichnet als Windlicht, da die Ornamente durch die Kerzenflamme im Inneren schöne Schatten nach außen werfen und eine gemütliche Stimmung verbreiten.

### TON

Etwa 1,5 kg ledergelbe Steinzeugmasse

### MATERIAL UND WERKZEUG

**Zum Formen**

- Drehschiene
- Schwamm
- Chamoisleder
- Spitzes Abdreheisen
- Schneidedraht
- Abdrehschlinge

**Zum Perforieren**

- Kleines Arbeitsbrett
- Ränderscheibe
- Quadratische Schablone
- Markierwerkzeug (Gummispitze)
- Töpfermesser
- Pfeifenputzer
- Schwamm
- Töpfernadel

### BRAND

Schrühbrand bei etwa 980 °C
Glasurbrand bei etwa 1220 °C
im Elektroofen

Bei diesem Projekt zeigen die Öffnungen weder exakt die gleichen Dimensionen noch sind sie perfekt parallel. Kleine Unregelmäßigkeiten geben zusätzlichen Charakter – der bei Fabrik- und Massenproduktion niemals zu erreichen wäre. Machen Sie sich also keine Gedanken, wenn die Linien ein bisschen schief geraten. Freuen Sie sich eher darüber.

Weil ein erheblicher Teil der Wandung ausgeschnitten wird, ist das Objekt beim Trocknen erheblich zerbrechlicher als massive Formen. Daher empfehle ich, es auf ein kleines Arbeitsbrett zu setzen, bevor Sie zu schneiden beginnen. Darauf lässt es sich später ohne Schaden zu nehmen umplatzieren. Am besten beim Trocknen so wenig wie möglich damit hantieren.

Unten sind einige Designvarianten für eigene Experimente zu sehen. Für die runden Fenster habe ich einen Lochschneider benutzt. Ein kleines Stielschwämmchen ist sehr praktisch, um die Kanten größerer Öffnungen zu versäubern.

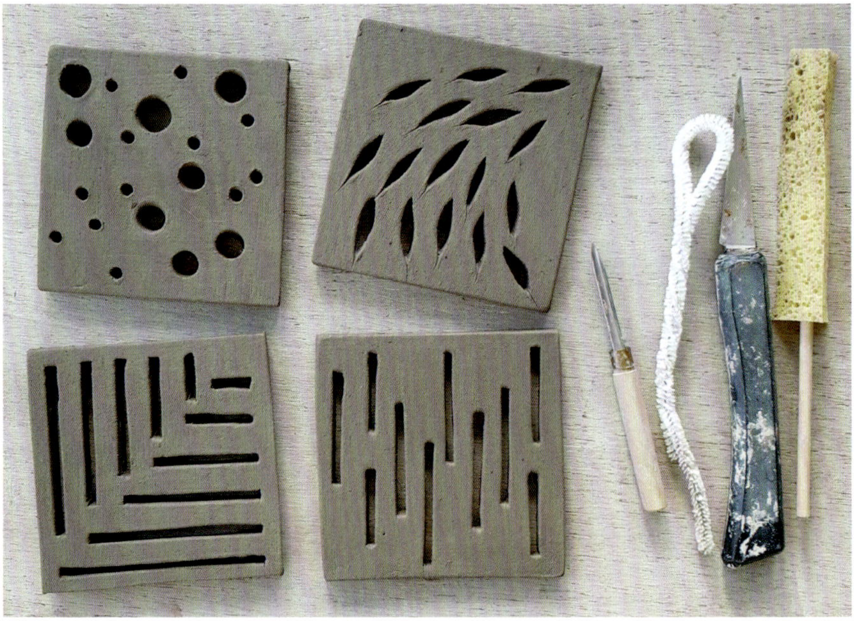

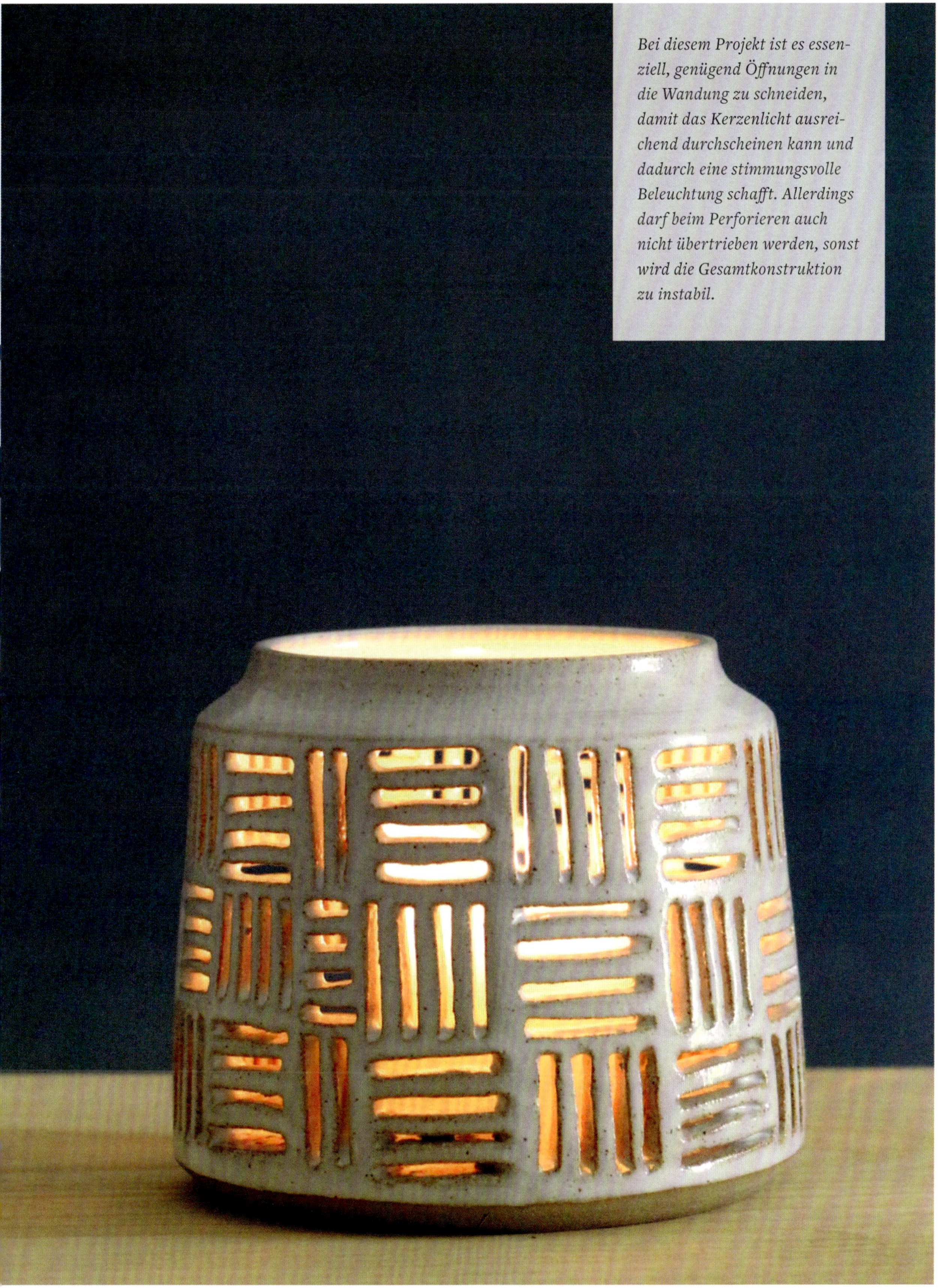

*Bei diesem Projekt ist es essenziell, genügend Öffnungen in die Wandung zu schneiden, damit das Kerzenlicht ausreichend durchscheinen kann und dadurch eine stimmungsvolle Beleuchtung schafft. Allerdings darf beim Perforieren auch nicht übertrieben werden, sonst wird die Gesamtkonstruktion zu instabil.*

# FORMGEBUNG

Im Beispiel entsteht ein etwa 13 cm hohes Windlicht.

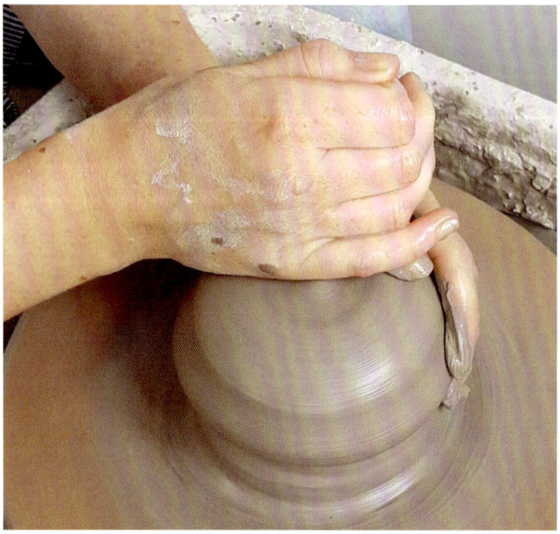

**1** Zentrieren Sie den Ton wie gewohnt auf der Drehscheibe zu einem abgeflachten Kegel.

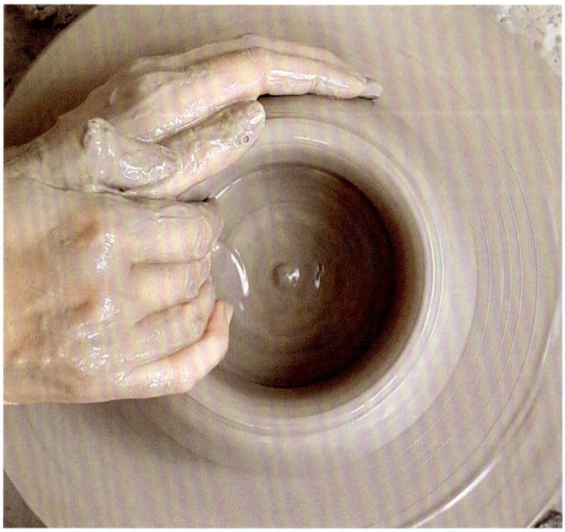

**2** Mit den Daumen eine Vertiefung in die Mitte drücken und aufbrechen. Bodenfläche vergrößern. Ich drehe einen relativ großzügigen Boden, damit das Ergebnis auch für eine große Kerze gut ausreicht.

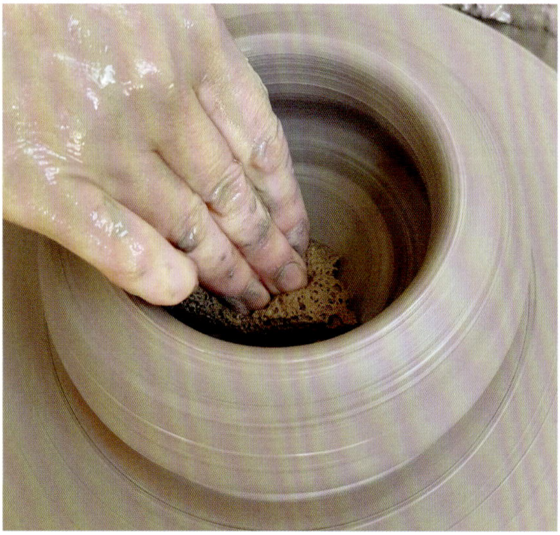

**3** Verdichten Sie den Boden, indem Sie mit den Fingern ein Schwämmchen nach unten pressen. So reißt oder bricht er später weniger leicht.

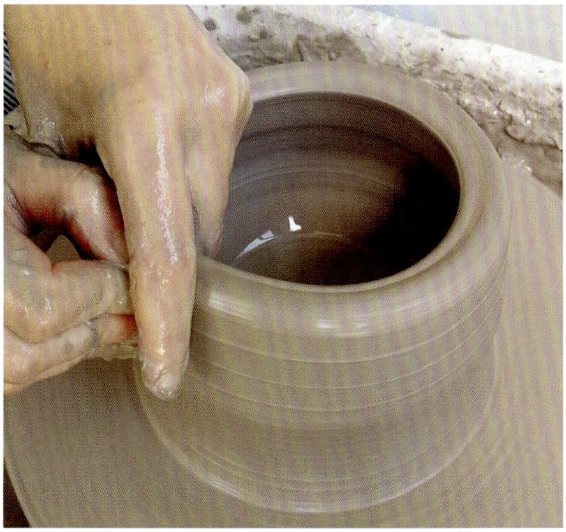

**4** Ziehen Sie die Wandung hoch. Beim Drehen an der Außenseite mehr Druck anwenden als innen, damit sie nicht nach außen entgleitet.

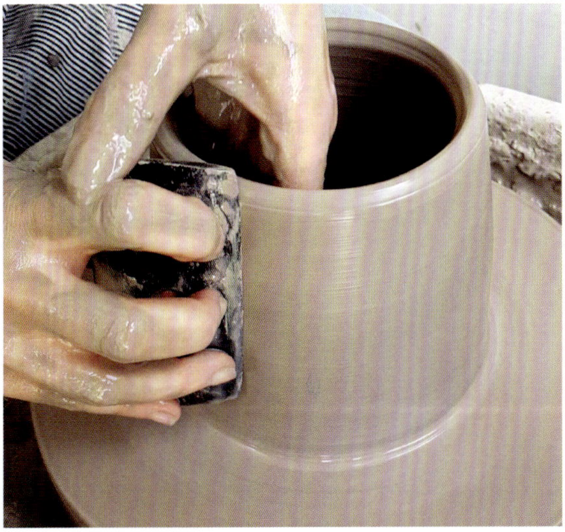

**5** Wenn die gewünschte Höhe erreicht ist, die Wände mit der gradkantigen Drehschiene exakt senkrecht glätten. Ich lasse meine „Zylinder“ sich gern nach oben hin einen Hauch verjüngen.

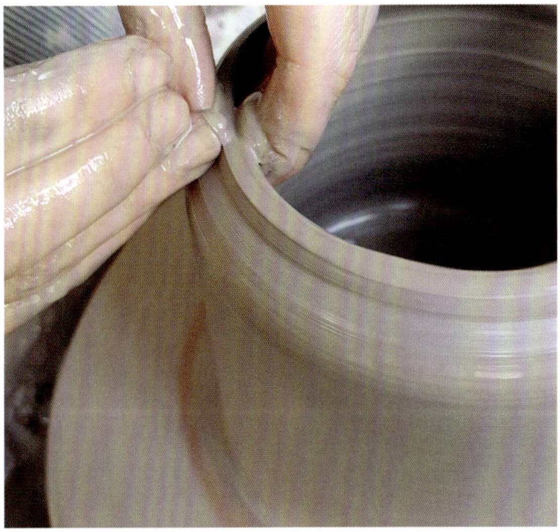

**6** Für die recht schmale Randpartie den Ton mit beiden Händen leicht nach innen pressen und aufwärts schieben. Hier habe ich eine weite Öffnung gelassen, damit die Kerze sich leicht hineinstellen und gefahrlos anzünden lässt.

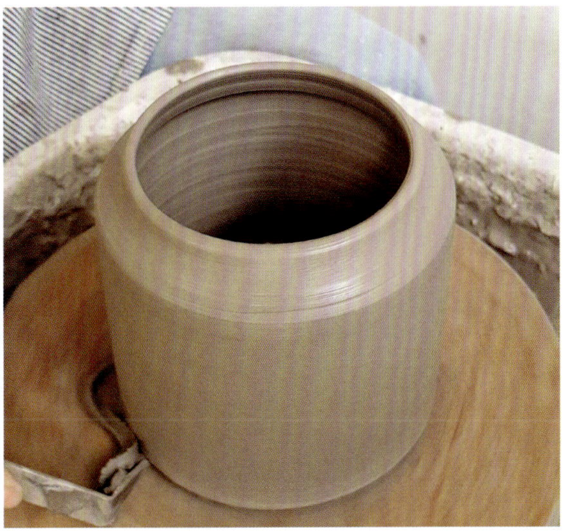

**7** Die Kante mit einem Schwamm oder Lederstück glätten. An der Gefäßbasis mit dem spitzen Abdreheisen eine leichte Unterschneidung abdrehen. Den Schneidedraht unter dem Boden durchziehen und das Gefäß ruhen lassen, damit der Ton noch etwas anzieht.

Sobald das Gefäß lederhart ist, kopfüber zurück auf den Scheibenkopf setzen, mit der Schlinge überschüssigen Ton abnehmen und eine schön gebrochene Unterschneidungskante abdrehen.

# PERFORIEREN

Der noch lederharte Ton lässt sich gut einschneiden. Es ist etwas heikel, den passenden Zeitpunkt zu treffen. Er muss noch so weich sein, dass die Klinge ihn leicht durchtrennt, andererseits aber stabil seine Form halten, während einzelne Partien entfernt werden. Ist die Masse noch zu feucht, kleben die ausgeschnittenen Tonreste einfach an. Das macht es schwierig, ein sauberes Endergebnis zu erhalten. Am besten ermitteln Sie den optimalen Bearbeitungszeitpunkt durch Ausprobieren. Beginnen Sie, wenn der Ton noch einen Hauch zu weich erscheint, und warten Sie ab, wie er sich verhält. Falls er pappig ist oder zusammenzusacken droht, lassen Sie ihn für ein bis zwei Stunden ruhen, bevor Sie es erneut versuchen. Schon bald haben Sie genau im Gefühl, wann die Konsistenz passt.

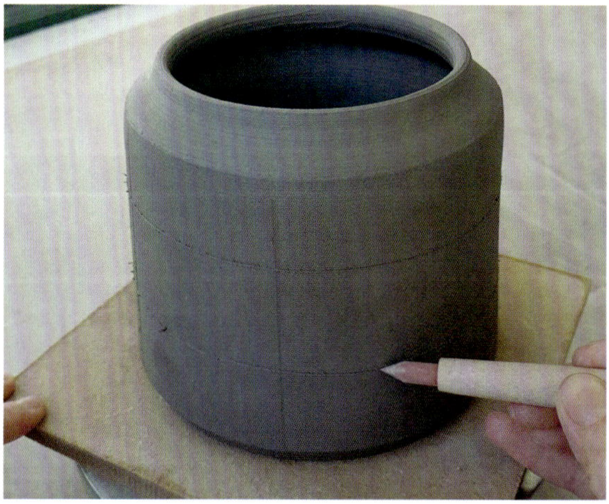

**1** Das Werkstück auf ein kleines Brett setzen, dieses auf die Ränderscheibe stellen. Meine Perforationen sollen eher „handgemacht" ausfallen, aber dennoch zum Schluss nicht irgendwie schräg versetzt enden. Als groben Anhaltspunkt verwende ich daher eine quadratische Schablone und ein feines Versäuberungswerkzeug (Gummispitze), um ein paar senkrechte Hilfslinien rund um die Wand zu skizzieren. Indem Sie die Scheibe mit einer Hand drehen und mit der anderen die Spitze fest in Position halten, reißen Sie zusätzlich mehrere waagrechte Hilfslinien für ein grobes Raster an. Erst dann beginnt das Schneiden.

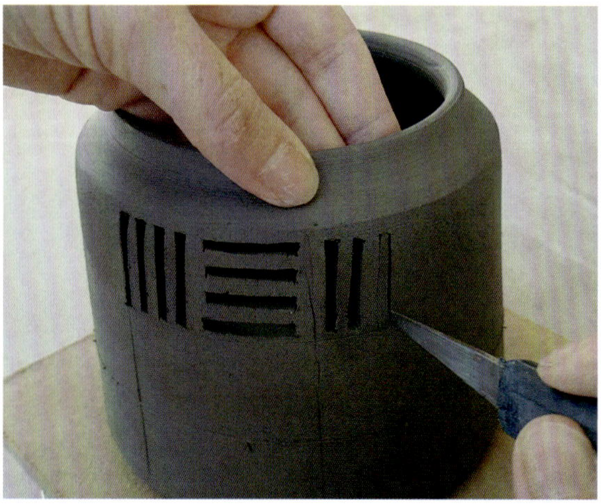

**2** Eine Hand innen halten (sehr vorsichtig!), um zu fühlen, wann die Messerspitze die Wand durchdrungen hat. Wenn beide Hände die Schnitte kontrollieren, werden sie gleichmäßiger.

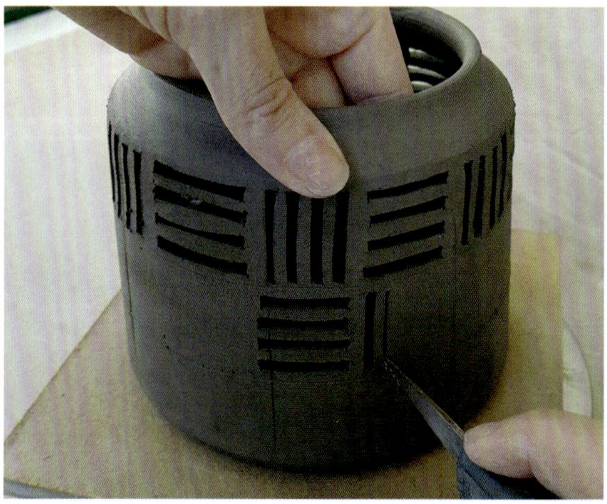

**3** Gestalten Sie entspannt die ganze Wandung. Oft ist die obere Gefäßhälfte eher bereit zum Perforieren, da sie schneller trocknet als die untere. In dem Fall zuerst die oberen Partien ausführen, das Werkstück etwas nachtrocknen lassen und anschließend die unteren fertig stellen.

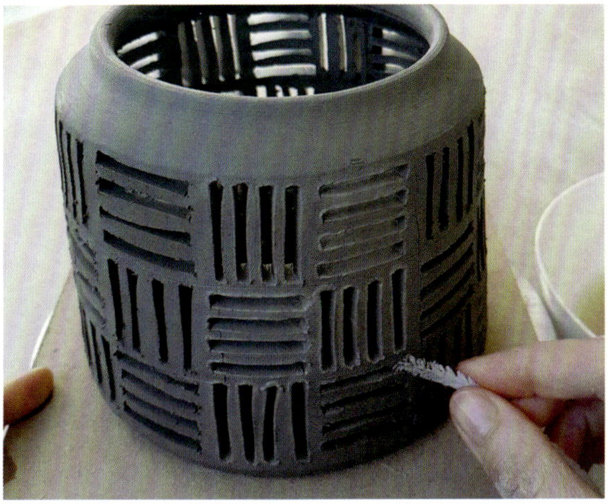

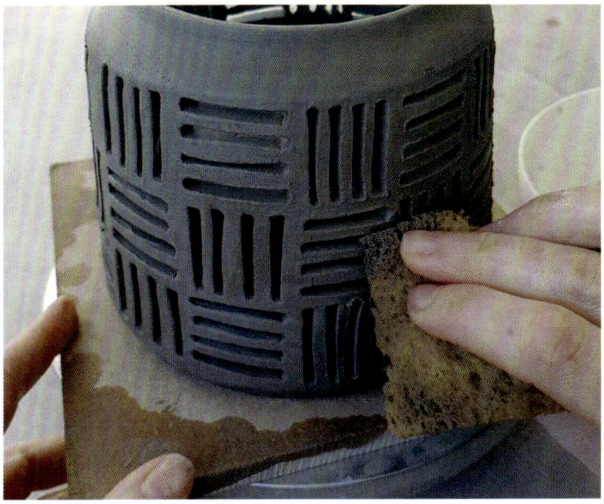

**4** Um die scharfen Schneidegrate zu entfernen, muss man zwischen die Öffnungen hineingelangen. Ich habe dabei schon diverse Hilfsmittel ausprobiert und herausgefunden, dass für sehr enge Fenster ein Pfeifenputzer am besten funktioniert. Eine Schale mit Wasser bereitstellen und mit dem immer wieder angefeuchteten Pfeifenputzer ganz rund um das Gefäß arbeiten. Dieser Schritt ist ziemlich zeitaufwändig, macht aber den ganzen Unterschied. Erst dadurch wirkt das Windlicht richtig gelungen.

**5** Zum Abschluss wird die ganze Oberfläche mit dem Schwamm vorsichtig geglättet. Achten Sie dabei darauf, auch die feinen Hilfslinien der Rasterung vollkommen mit abzuwischen.

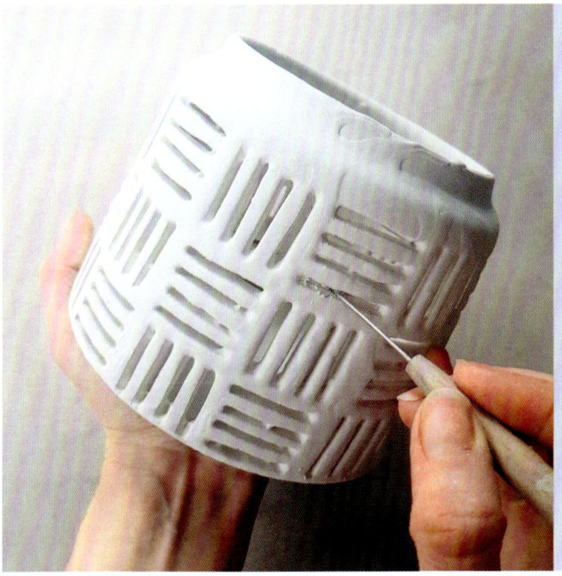

**FERTIGSTELLUNG**

*Ich liebe diese weiße Hochglanzglasur. Sie rollt an den Schnittkanten leicht ab und darunter kommt die gesprenkelte Masse zum Vorschein. Außerdem reflektiert sie wunderschön das Licht der Kerzenflamme.*
*Nachdem Sie das Werkstück in den Glasurschlicker getaucht haben, sollten Sie mit der Töpfernadel sämtliche Glasurklumpen entfernen, die sich vielleicht in den schmalen Schnitten gefangen haben, damit sie diese später nicht verstopfen.*

# Facettierter Krug

Hier stelle ich eine weitere Technik vor, die mich besonders begeistert – vom Schneidegefühl her bis zum Geräusch, wenn das Messer durch die Tonwandung gleitet. Auch diesmal ist die passende Tonkonsistenz für schöne Ergebnisse ausschlaggebend. Beginnen Sie, wenn die Masse noch einen Hauch weicher als lederhart ist. Beim Schneiden der Facetten sollte das Arbeitsgerät die Wandung ungehindert durchdringen und scharf abgesetzte Flächen hinterlassen.

### TON

Knapp 2 kg Steinzeugmasse, Mischung aus ledergelb und gesprenkelt

### MATERIAL UND WERKZEUG

**Zum Formen**
- Hölzerne Drehschiene mit gerader Kante
- Stielschwamm
- Modellierholz mit feiner Spitze
- Skizzierwerkzeug/Nadel
- Engobe

**Zum Facettieren**
- Käsehobel
- Abdrehwerkzeuge

### BRAND

Schrühbrand bei etwa 980 °C
Glasurbrand bei etwa 1220 °C im Elektroofen

Facetten sind nicht besonders schwer zu bewerkstelligen, da der Balken am Käsehobel verhindert, dass man zu tief in den Ton eindringt. Es ist nur wichtig, die Wandung sehr gleichmäßig und etwas massiger als gewöhnlich zu drehen, damit genügend Spiel zum Schneiden bleibt.

Im Beispiel habe ich glatten Draht verwendet. Probieren Sie für interessante Effekte gern auch Spiraldraht aus (siehe unten). Während des Schneidens von oben nach unten können Sie sogar die Richtung ändern und dadurch Zickzack- oder Wellenbewegungen mit sehr organischer Wirkung erzeugen.

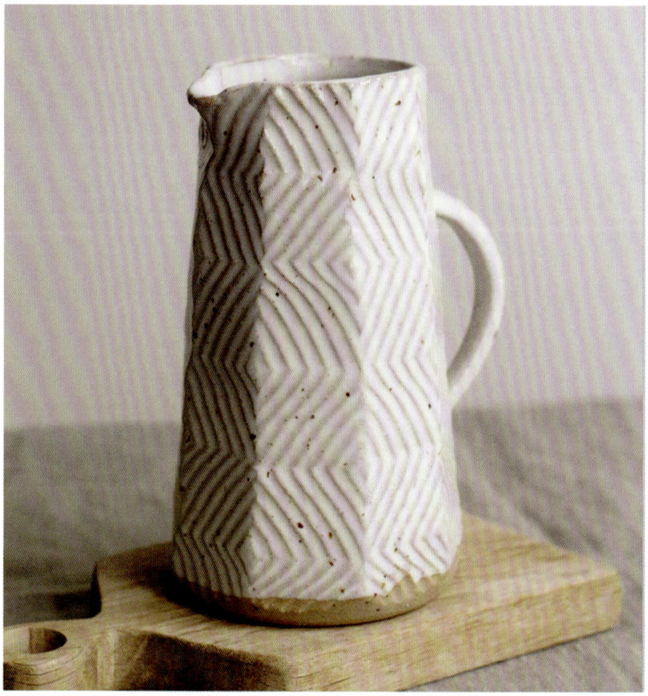

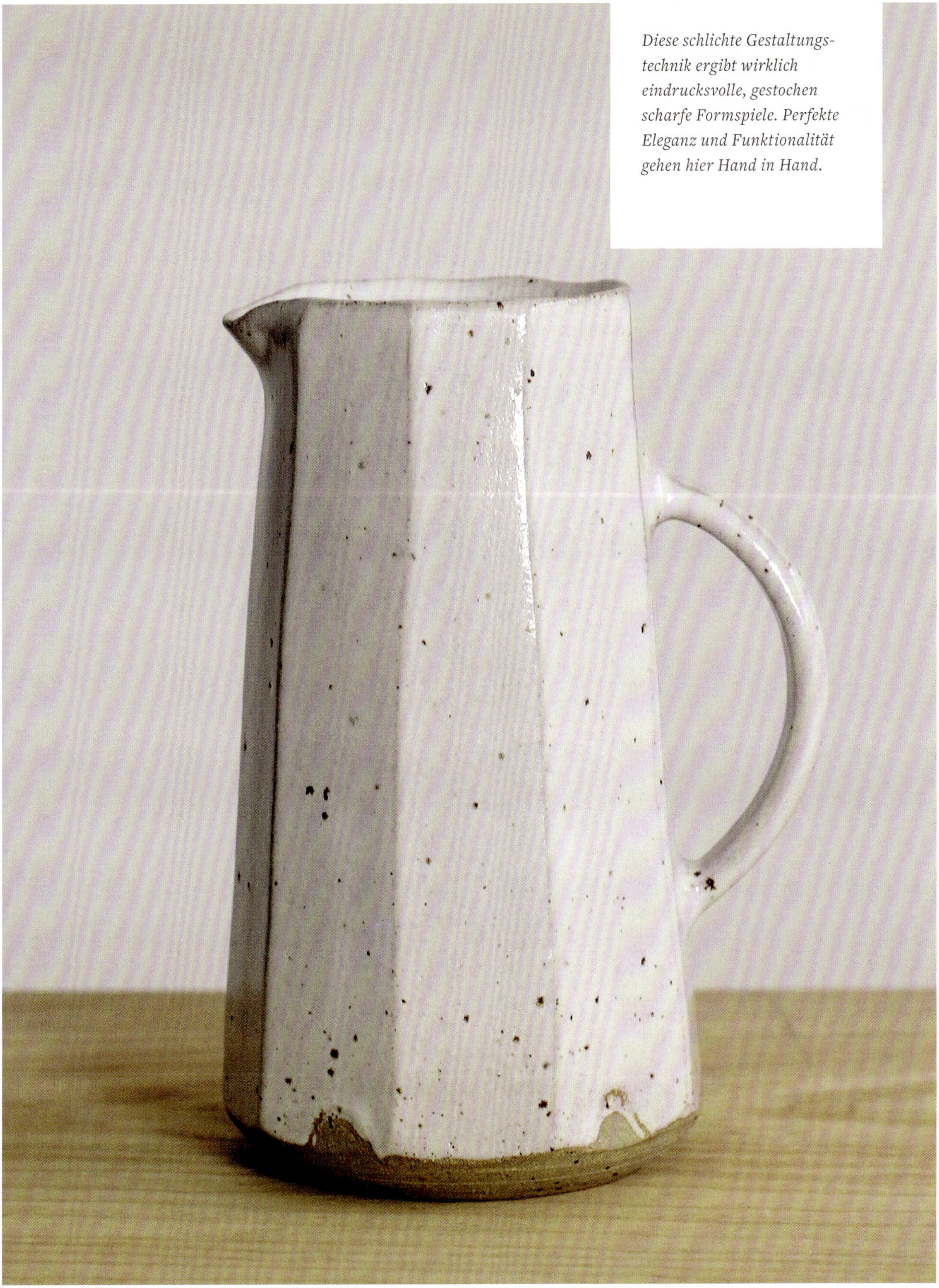

*Diese schlichte Gestaltungstechnik ergibt wirklich eindrucksvolle, gestochen scharfe Formspiele. Perfekte Eleganz und Funktionalität gehen hier Hand in Hand.*

# FORMGEBUNG

Bei diesem Projekt entsteht ein etwa 25 cm hoher Krug mit facettierten Wänden.

Für eine dezente Sprenkelung habe ich zwei unterschiedliche Steinzeugmassen miteinander vermengt: eine ledergelbe und eine mit Spots. Da der Scherben nur leicht gepunktet erscheinen soll, enthält die Mischung 20 % gesprenkelten und 80 % einfarbigen Anteil. Experimentieren Sie mit anderen Ausgangsmassen für ähnliche Effekte.

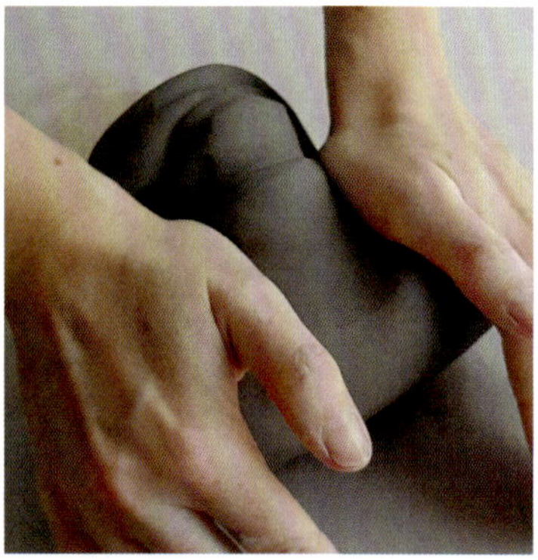

**1** Vermengen Sie beide Tonsorten ganz intensiv miteinander zu einer homogen wirkenden Masse.

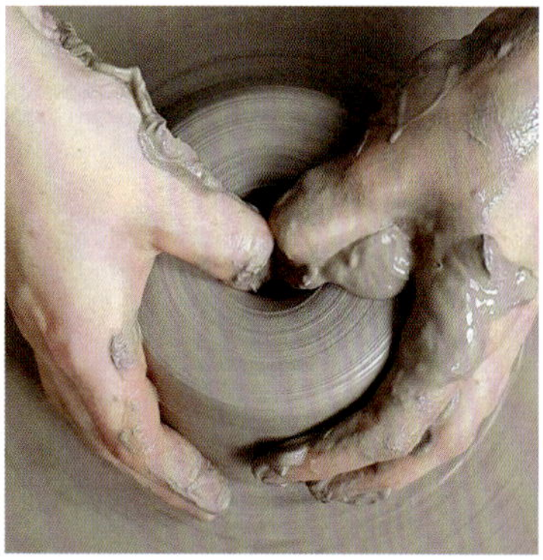

**2** Den Tonbatzen wie gewohnt zu einem Kegel drehen und zentrieren, dann mit den Daumen in der Mitte aufbrechen und bis zur Basis hin erweitern. Der Boden sollte relativ eng bleiben.

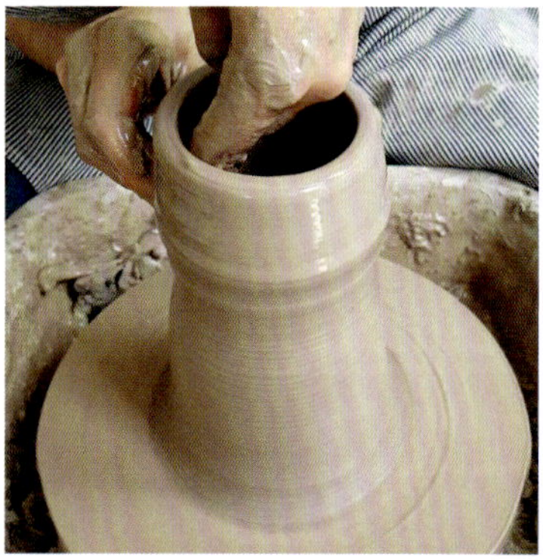

**3** In einem ersten Durchgang die Wandung hochziehen. Mehr Kraft von außen als von innen anwenden, damit sie sich nicht nach außen wölbt.

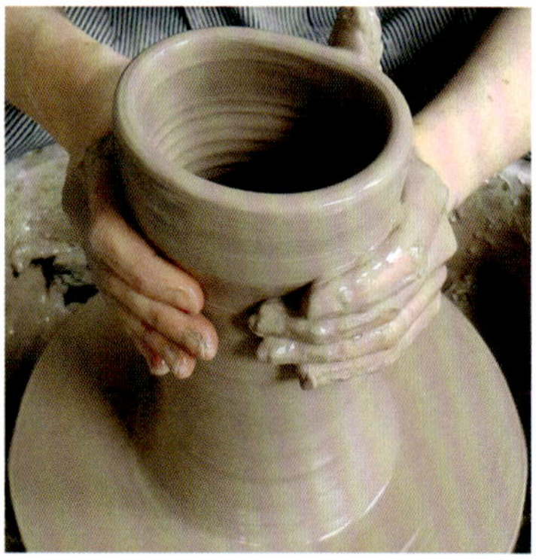

**4** Falls die Wandung sich doch zu stark erweitert, beide Hände um die Basis legen und sehr vorsichtig zur Mitte hin pressend leicht einschnüren. Die Bewegung mit etwas verstärktem Druck aufwärts fortsetzen.

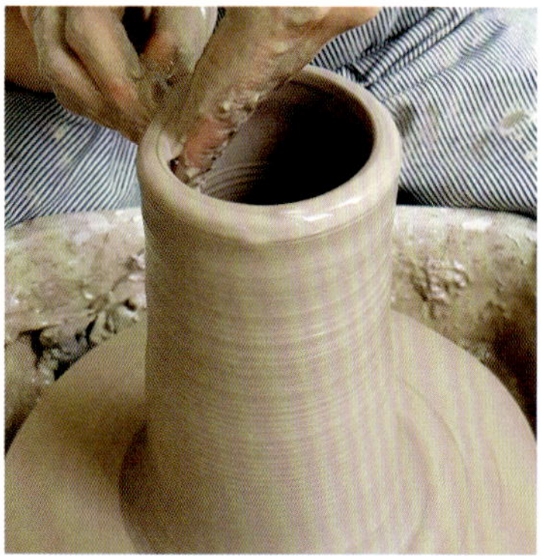

**5** Die Wandung relativ dick lassen, damit genügend Masse zum Schneiden der Facetten bleibt.

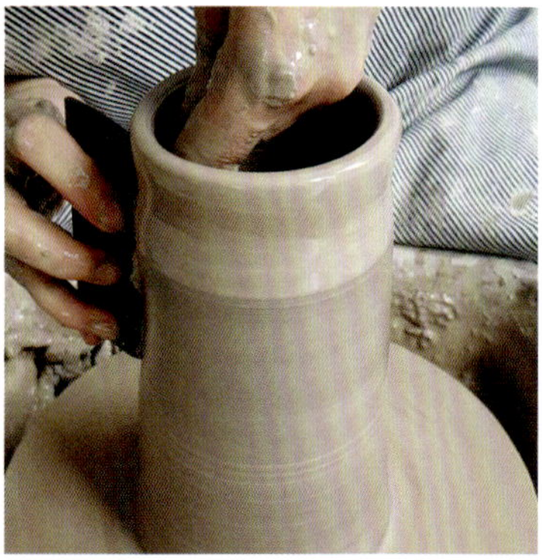

**6** Das Äußere mit der Drehschiene glätten und begradigen. Mit dem Stielschwamm auch aus dem Inneren überschüssige Feuchtigkeit und Schlicker entfernen.

# FACETTIEREN

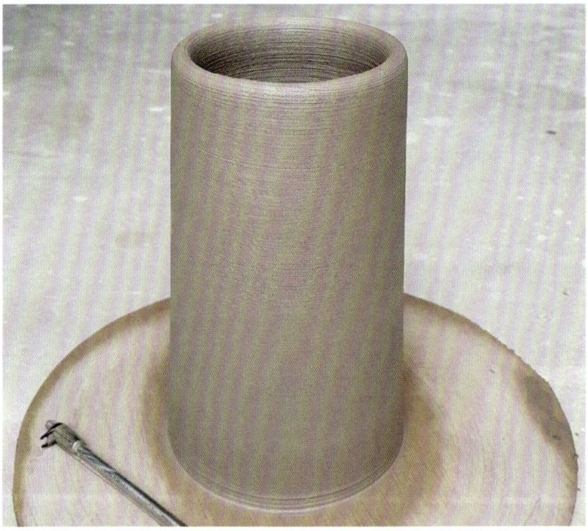

**1** Das Gefäß zunächst etwas anziehen lassen. Es soll sich leicht beschneiden lassen, aber andererseits noch plastisch genug bleiben, um später Rand und Lippe zu vollenden. Normalerweise wird die Lippe direkt nach dem Drehen geformt. Bei diesem Projekt beschneide ich aber erst die gesamte Oberfläche und widme mich zum Schluss der Oberkante.

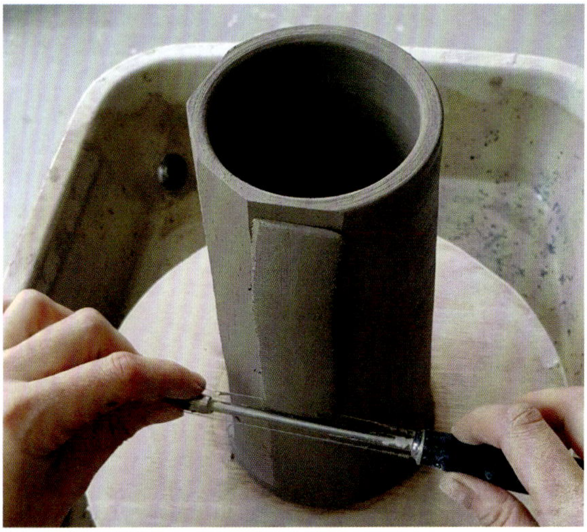

**2** Den Käsehobel mit beiden Händen führen. An der Oberkante beginnend vorsichtig, aber zügig den Draht bis zum Boden durchziehen. Weitere Schnitte rund um das ganze Gefäß ergänzen. Ich finde es am geschicktesten, es dabei auf die Töpferscheibe zu stellen.

Der Ton hat die passende Konsistenz, wenn er sich glatt und ohne zu kleben schneiden lässt und an den Schnittkanten nicht pappig und ausgefranst wirkt.

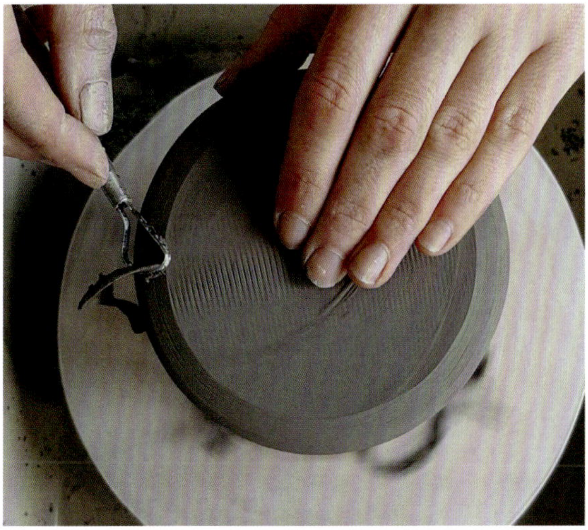

**3** Um den Unterboden zu versäubern und dem Gefäß eine elegante Form mit schön unterschnittener Unterkante zu verpassen, wird es auf der Scheibe kopfüber mit der Abdrehschlinge abgedreht.

**WEITERE OPTIONEN**

*Eine variierte Optik erreichen Sie mit Spiraldraht. Die Schneidetechnik bleibt gleich, doch die Ergebnisse sind kaum zu vergleichen. Sie können die Spirale für parallele Linien entweder gerade von oben nach unten oder, wie hier zu sehen, schräg laufen lassen.*

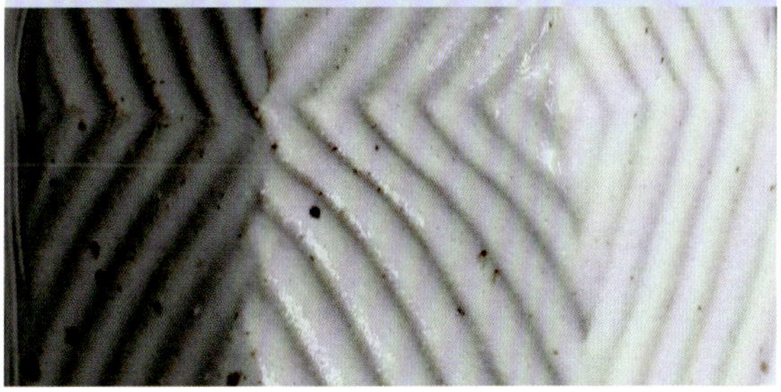

## FORMEN DER LIPPE

Vor dem Anbringen der Lippe legen Sie zunächst fest, wo der Henkel sitzen wird. Beides muss sich gegenüberliegen. Die Lippe wird dementsprechend auf der entgegengesetzten Krugseite genau gegenüber einer Facettenfläche, die genügend Raum für den Henkel bietet, angebracht.

**1** Zum Ausziehen der Lippe den gewählten Randbereich zunächst anfeuchten. Mit Daumen und Mittelfinger die Wandung leicht nach oben streifen und gleichzeitig etwas dünner ziehen.

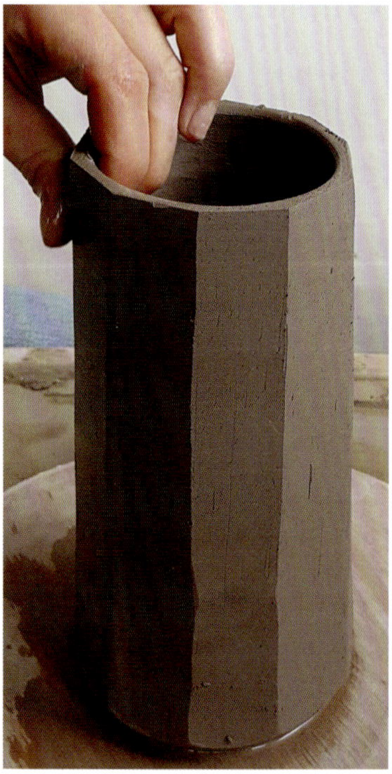

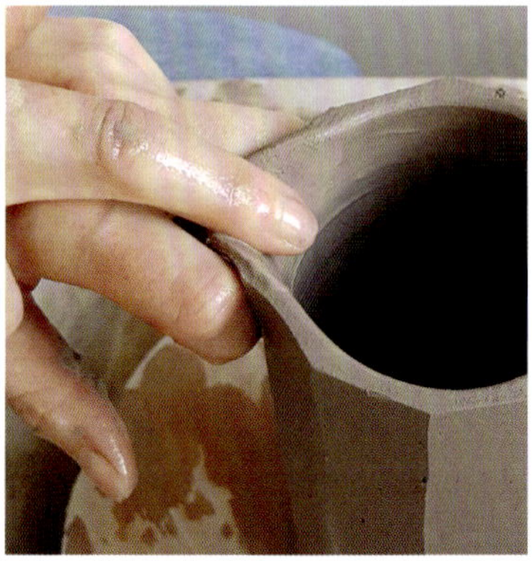

**2** Mit angewinkeltem Zeige- und Mittelfinger der linken Hand ein „V" bilden, um die Lippe abzustützen. Dann mit dem rechten Zeigefinger die Lippe zwischen den beiden „V"-Fingern vorsichtig von innen nach außen streifen.

## HENKEL ANBRINGEN

**1** Einen Tonbatzen in einer Hand halten und mit der anderen sanft, aber fest nach unten ziehen und streifen. Die Hand gut anfeuchten, damit der Ton problemlos gleitet. Den Handgriff mehrmals wiederholen, bis der Tonstreifen dünn genug ist. Lassen Sie ihn etwas länger als letztlich benötigt. Auf ein Arbeitsbrett legen und den dicken Knauf am oberen Ende abschneiden.

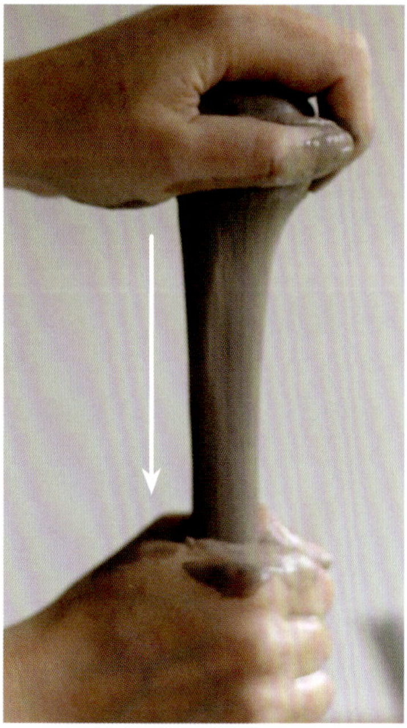

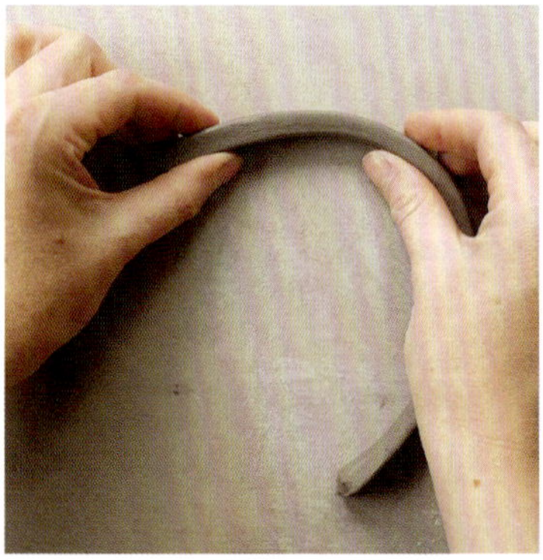

**2** Wenn der Tonstreifen etwas angezogen hat, wird er seitlich zu einer schön geschwungenen Henkelform gelegt.

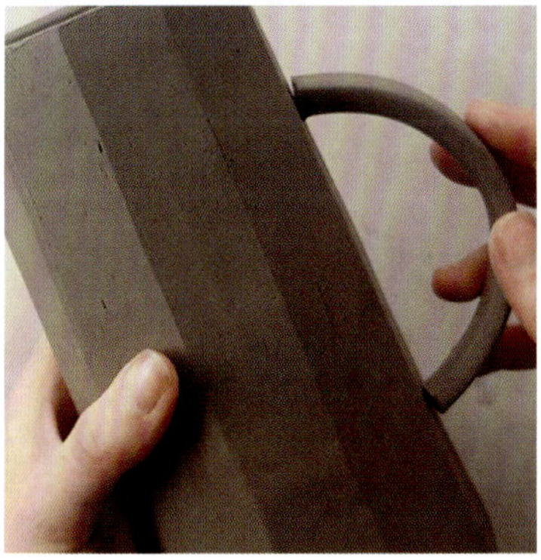

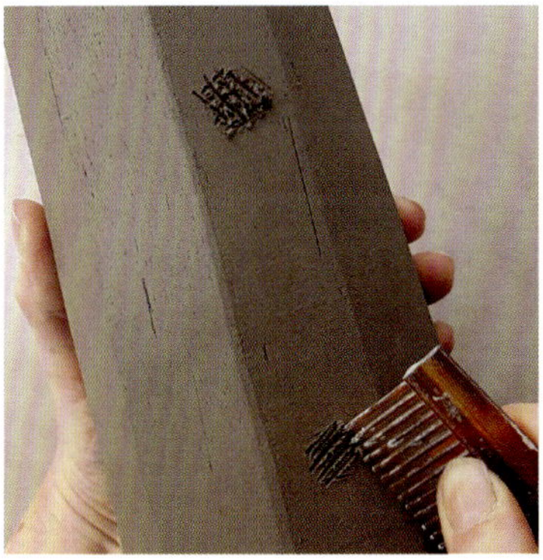

**3** Den Henkel auf die endgültige Länge einkürzen, bevor er angarniert wird. Probehalber gegen den Krug halten. Wenn Sie mit der Position zufrieden sind, die Verbindungsstellen markieren.

**4** Die Verbindungsstellen mit einem Kamm aufrauen, einschlickern und den vorgeformten Henkel gut anpressen.

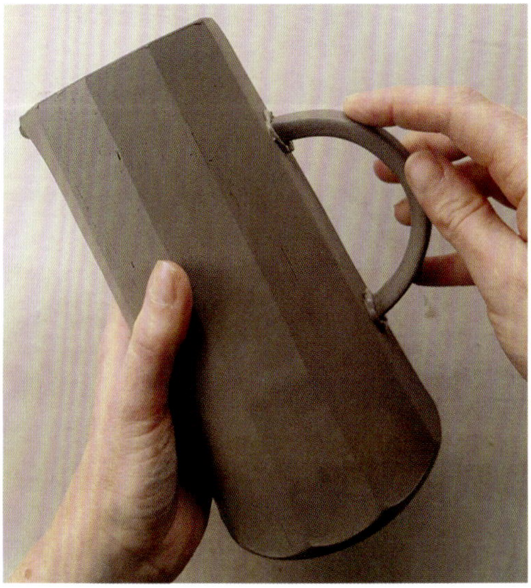

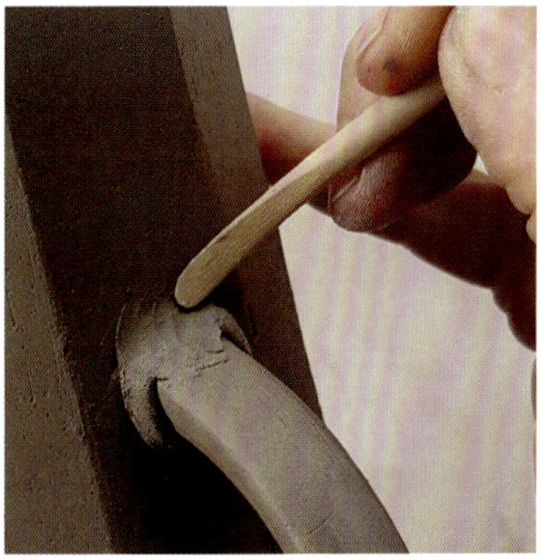

**5** Damit er fest sitzt, ein kleines Tonwürstchen auspressen und rund um die Nahtstellen legen. Mit dem Modellierholz glatt versäubern.

**6** Den Krug sehr langsam trocknen lassen, damit der Henkel nicht abplatzt. Ich wickle meine Rohlinge meist für ein bis zwei Tage in Plastikfolie, um sie etwas feuchter zu halten.

### FERTIGSTELLUNG

*Bei diesem Projekt habe ich eine schlichte weiß glänzende Glasur gewählt. Sie lässt die größeren Eisenpartikel der Steinzeugmasse leicht durchbrennen, so dass die Oberfläche reizvolle Sprenkelungen zeigt. Dennoch wirkt das Ergebnis dezent und hat eine leicht rustikale Note.*

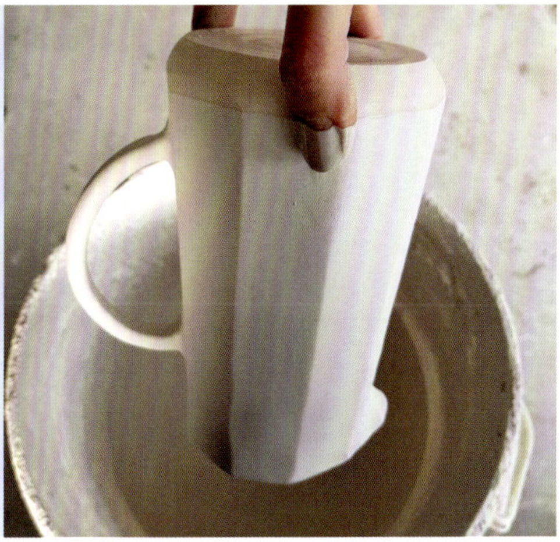

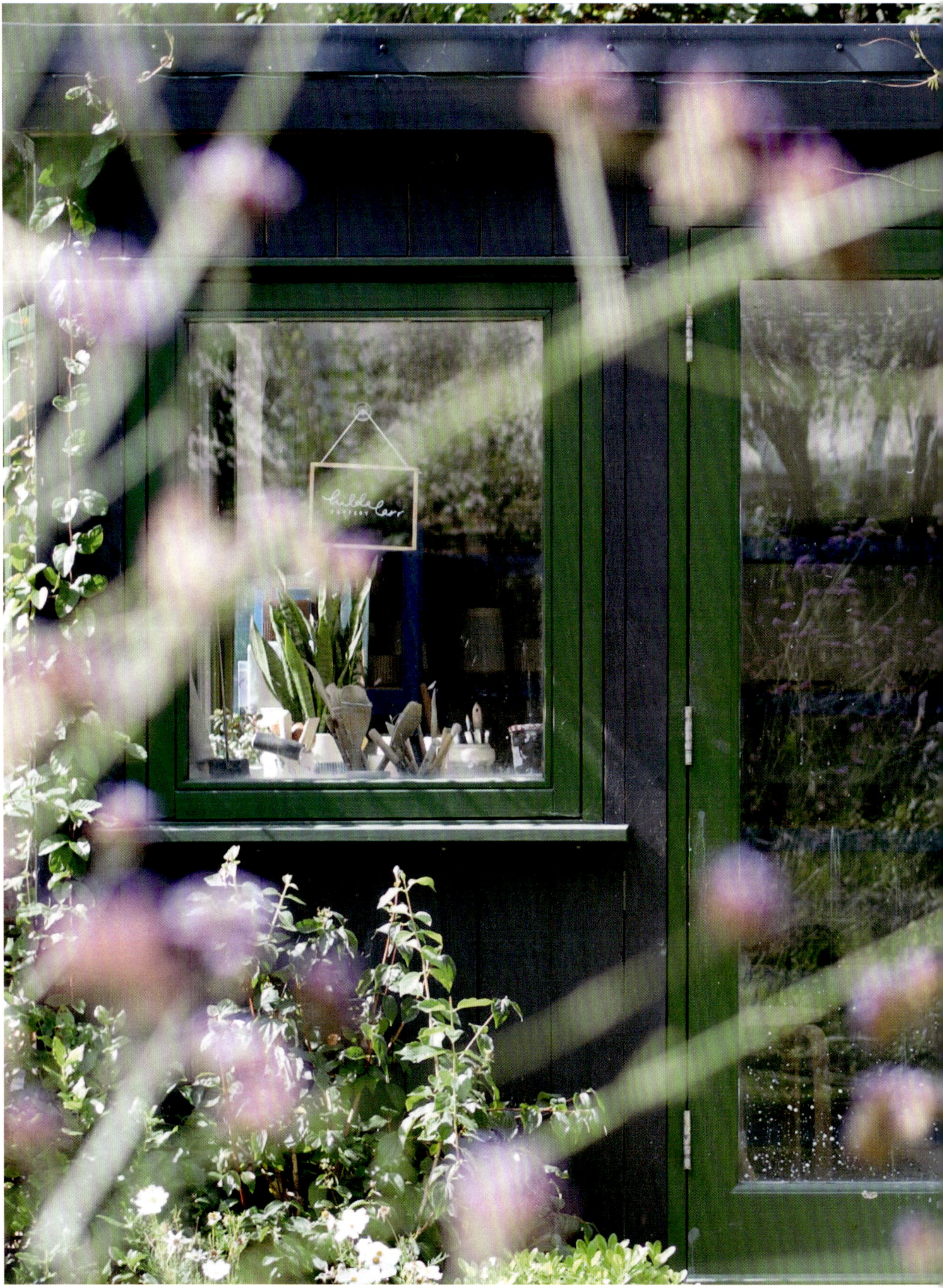

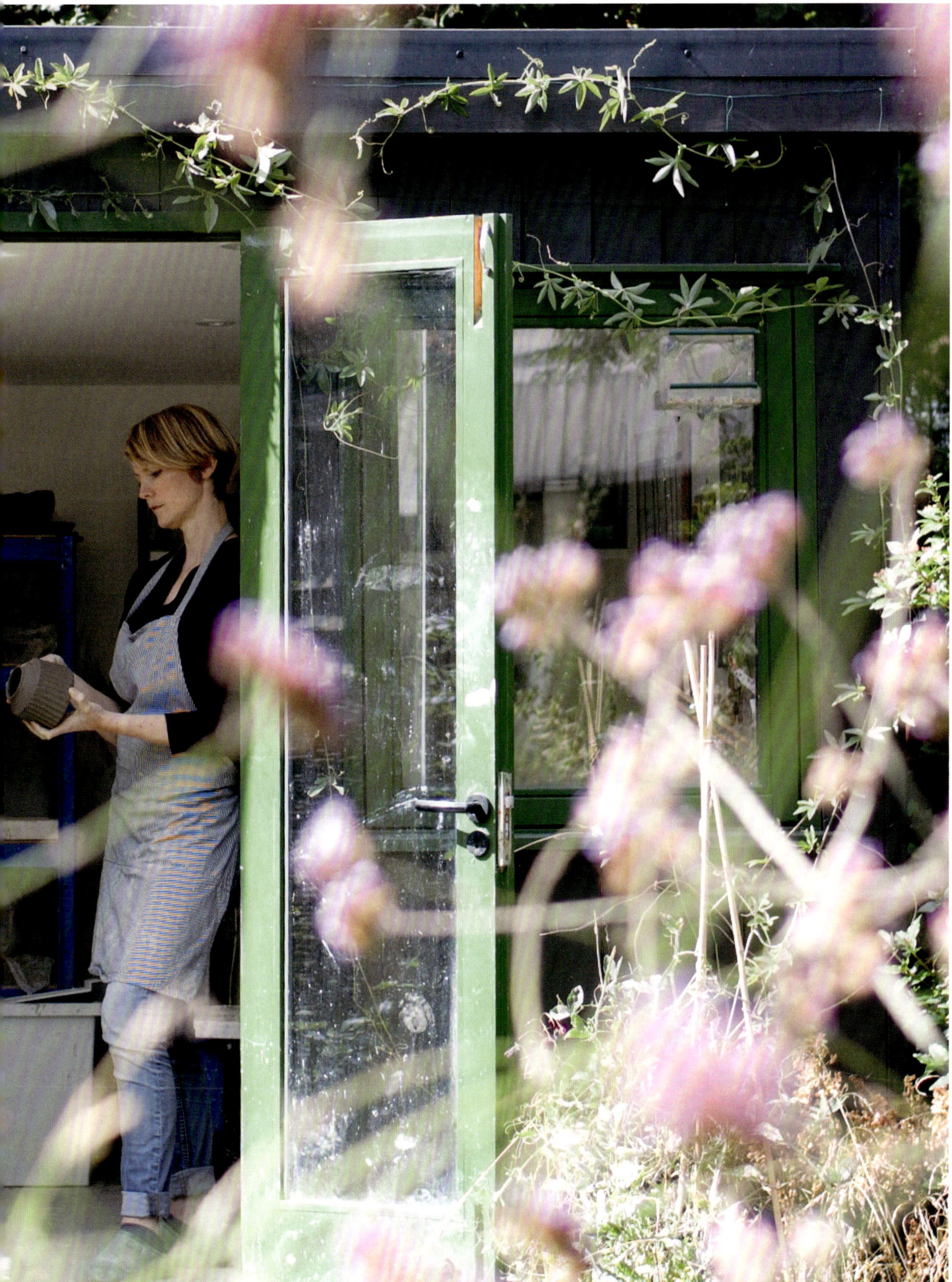

# Kleiner Übertopf mit Stempelmuster

Bei diesem Projekt stelle ich eine weitere grundlegend andere Dekormethode vor. Statt den Ton direkt zu bearbeiten, werden die Muster diesmal in eine Linolplatte geschnitten und wie bei einem Reliefstempel in die Tonplatte gedrückt, aus der das Gefäß entstehen soll. Der Ton muss schön weich sein, damit sich alle Feinheiten gut übertragen.

### TON

Etwa 1 kg weiche ledergelbe Steinzeugmasse

### MATERIAL UND WERKZEUG

**Zum Formen**

- Linoldruckplatte
- Metalllineal
- Skalpell
- Quadratische Schablone
- Linolschneidewerkzeuge
- Leinwand
- Tonroller
- Leisten
- Gumminiere
- Stärkemehl
- Linoldruckwalze
- Töpfermesser
- Zylindrische Form, z. B. aus starrem Karton
- Kamm
- Schlicker
- Modellierholz
- Arbeitsbrett
- Markierwerkzeug/Nadel
- Handhobel
- Ränderscheibe
- Abdrehschlinge
- Schwamm

### BRAND

Schrühbrand bei etwa 980 °C
Glasurbrand bei etwa 1220 °C
im Elektroofen

Die Methode erlaubt unzählige Mustervariationen. Persönlich wähle ich am liebsten schlichte, geometrische Ornamentik, doch Sie können wirklich alles realisieren, was Ihnen in den Sinn kommt. Spielen Sie auf ein paar kleinen Linolquadraten herum und gestalten Sie damit Proben (siehe unten). Was einmal aus dem Linoleum herausgeschnitten ist, ist nicht mehr rückgängig zu machen. Quadratische Musterkacheln lassen die Wirkung der Entwürfe sehr gut erkennen.

Für meinen Blumentopf habe ich eine sehr einfache Form gewählt. Durch einen zusätzlich angebrachten Henkel wird daraus eine Tasse. Selbstverständlich können Sie mit veränderten Dimensionen alle möglichen ähnlichen Gefäße herstellen, etwa hohe Vasen.

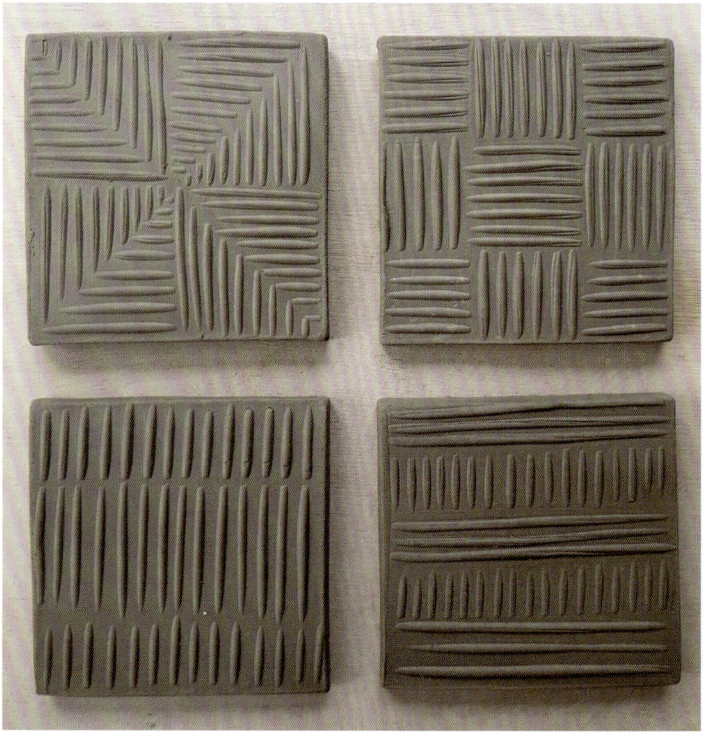

*Sobald Sie etwas Übung mit der Technik haben, können Sie sich an jede Art von Gefäßen und zahllose Designvarianten wagen. Die fertig geschnittenen Linolstempel lassen sich wieder und wieder verwenden, um ganze Objektserien zu gestalten.*

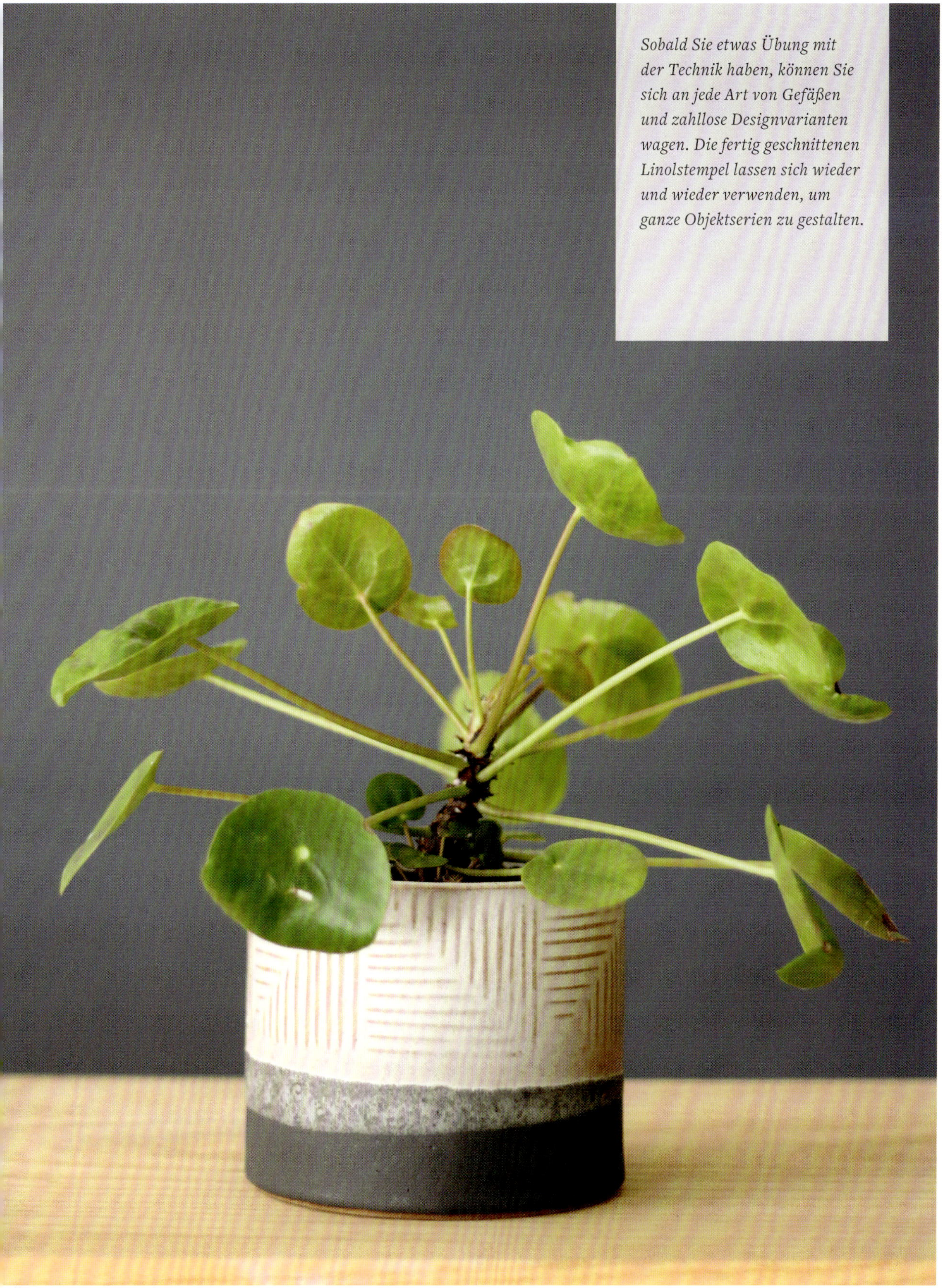

# FORMGEBUNG

Nach der folgenden Anleitung entsteht ein kleiner Blumenübertopf mit etwa 6 cm Höhe.

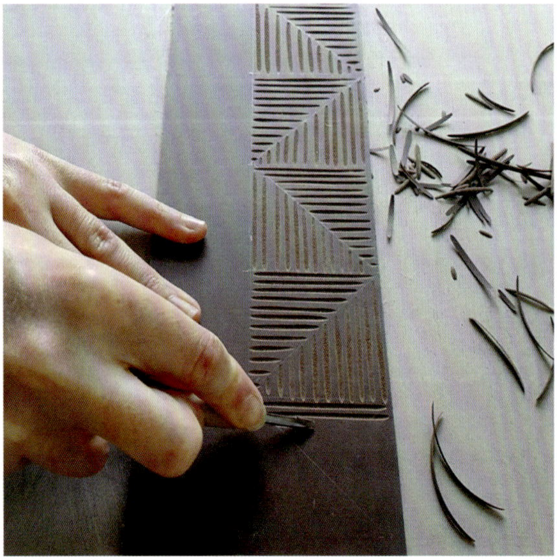

**1** Mittels Skalpell und Metalllineal wird die Linolplatte genau in der Größe der Tonplatte zugeschnitten, aus der Sie später den Übertopf formen möchten. Mein Beispiel ist 10 x 38 cm groß. Es hängt ganz von den Dimensionen ab, die Ihr fertiger Topf haben soll.

Geben Sie sich eine grobe Leitlinie zum Arbeiten vor, indem Sie die Musterung mit Bleistift auf dem Linoleum skizzieren. Verwenden Sie die quadratische Schablone, damit die Muster gut parallel liegen. Mit dem Linolschneidemesser kerben Sie nun die Ornamentlinien aus. Das hier verwendete Werkzeug hat eine kleine V-förmige Schneide. Bitte Vorsicht mit dem scharfen Messer, auf die Hände achten und immer vom Körper weg schneiden.

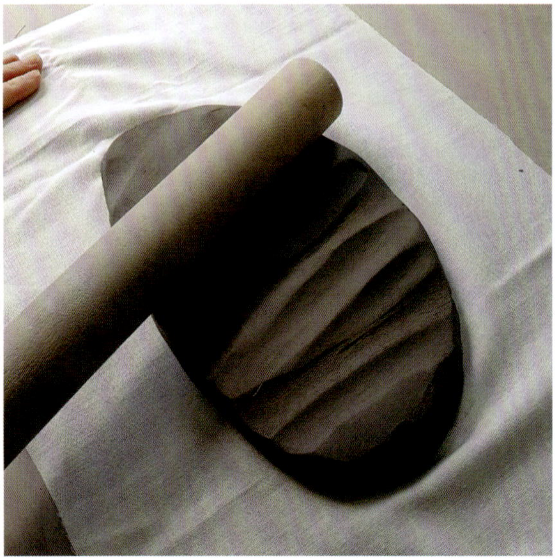

**2** Den Tonbatzen auf die Leinwand legen. Durch die Unterlage lässt er sich später leichter umlagern. Ton mit dem Tonroller kräftig beklopfen. Dadurch wird er schon abgeflacht und ist später erheblich einfacher zu einer Platte zu rollen.

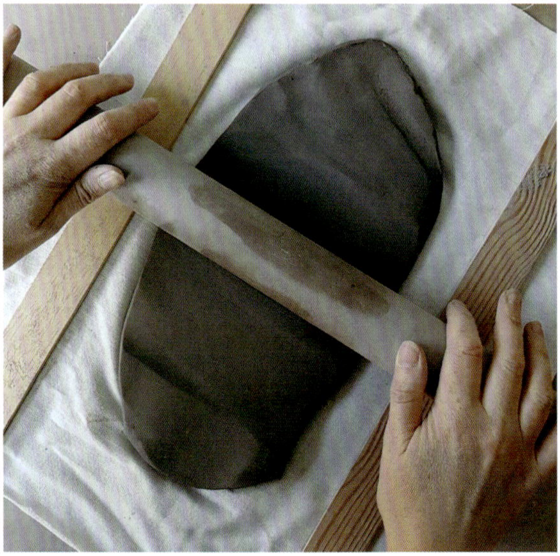

**3** Zwischen den zu beiden Seiten angelegten Hilfsleisten die Tonplatte 6-7 mm stark ausrollen. Die Platte dabei zwischendurch ein- bis zweimal wenden und gleichmäßig in alle Richtungen auswalzen, damit sie sich später nicht verzieht.

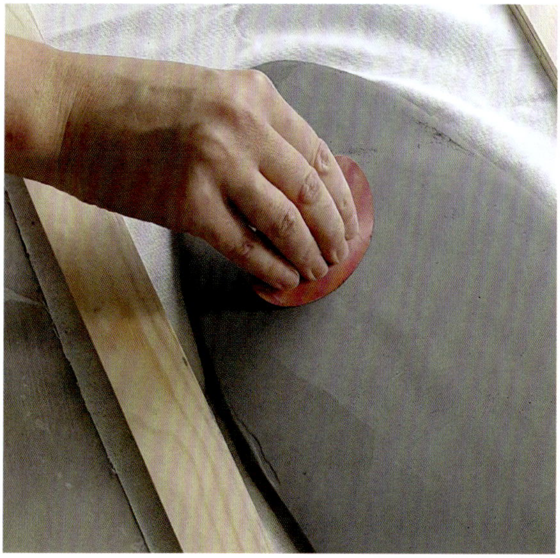

4 Damit die Oberfläche sich später gut dekorieren lässt, wird sie mit der Gumminiere gleichmäßig geglättet.

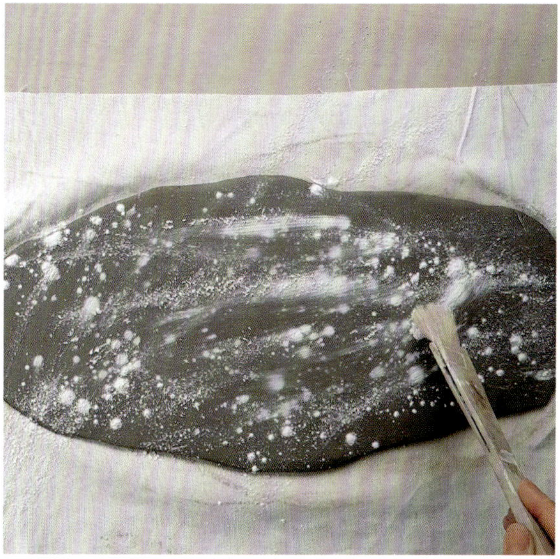

5 Linoldruckplatten kleben am feuchten Ton an. Um das zu verhindern, wird die Tonoberfläche mit etwas Stärkemehl bestäubt. Das Pulver mit einem Pinsel einheitlich dünn verteilen. Diese Zwischenschicht nimmt überschüssige Feuchtigkeit auf und brennt später im Ofen vollständig weg.

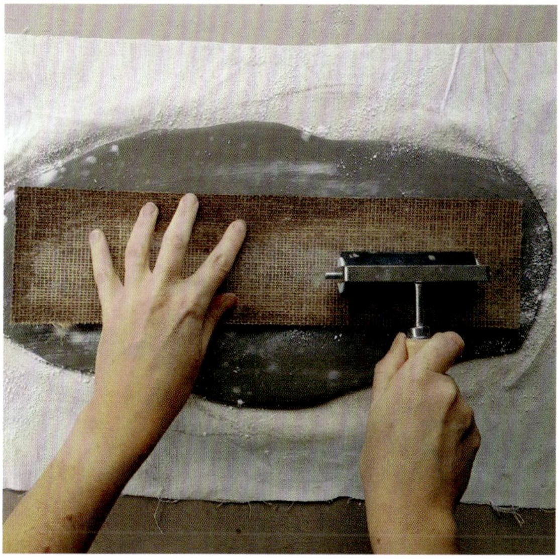

6 Legen Sie die Linolplatte mit der gemusterten Seite nach unten auf die Tonplatte. Mit der Linoldruckwalze gleichmäßig überrollen. Die Rolle dabei relativ fest aufdrücken, damit sich alle feinen Stempeldetails gut auf den Ton übertragen.

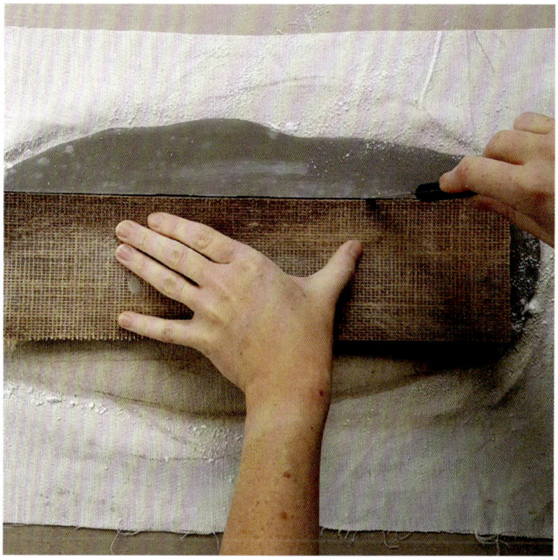

7 Die Umrisse der Linolplatte mit dem Töpfermesser nachschneiden und die Tonreste an den Seiten entfernen.

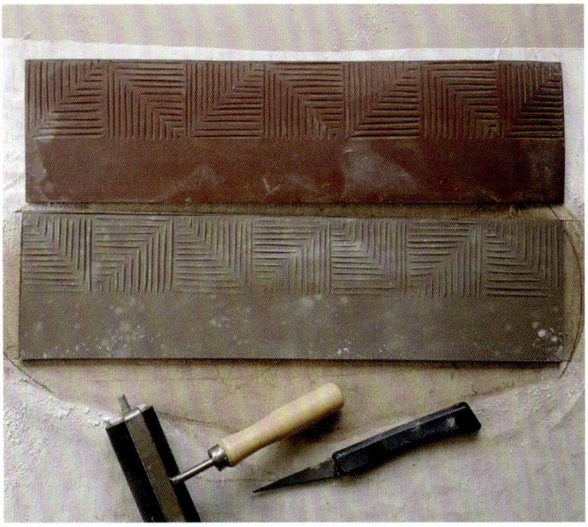

**8** Die Linolplatte vorsichtig von der Tonplatte abheben und diese leicht anziehen lassen. Der Ton muss gerade so steif sein, dass er sich ohne sich zu dehnen, zu verwellen oder zu brechen gut um den Pappzylinder biegen lässt.

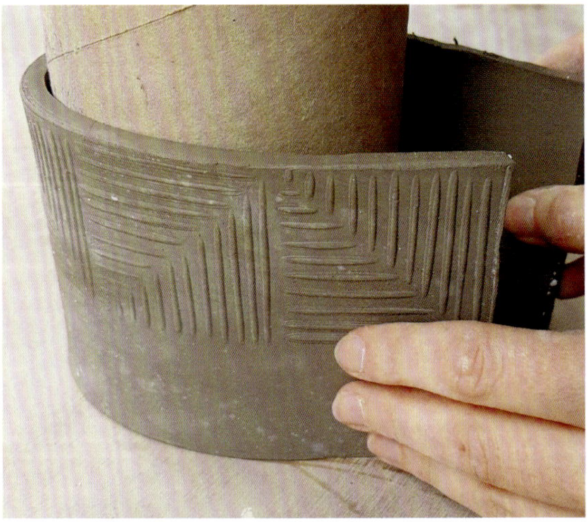

**9** Heben Sie die Tonplatte an und drapieren Sie sie sorgfältig um den Zylinder. Im Beispiel verwende ich ein einfaches Papprohr.

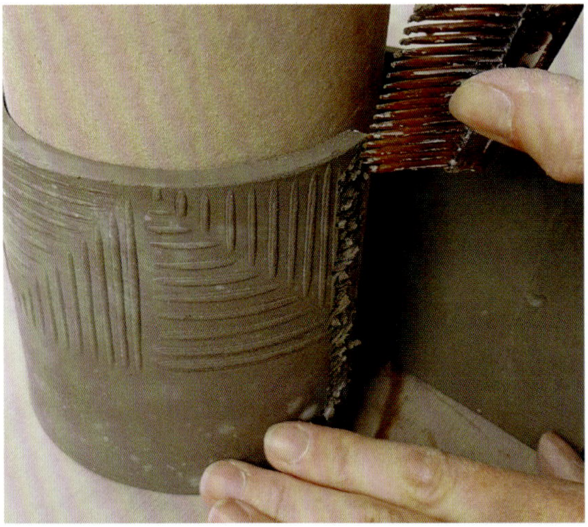

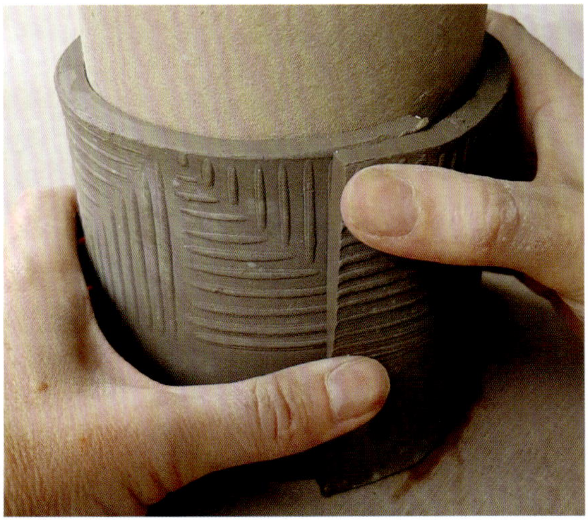

**10** An der Überlappung den Ton an beiden Kanten mit einem Kamm leicht aufrauen und einschlickern, dann beide Enden fest zusammenpressen. Das Stärkemehl hat die Feuchtigkeit teilweise aufgenommen, Sie sollten also reichlich Schlicker auftragen, damit die Verbindung stabil wird. Mit Modellierholz und angefeuchteten Fingern die Nähte glätten. Die Überlappung könnte auch einfach weggeschnitten und geebnet werden, ich lasse sie aber gern sichtbar, um zu demonstrieren, auf welche Weise das Gefäß entstanden ist. Stellen Sie die gesamte Konstruktion vorsichtig beiseite.

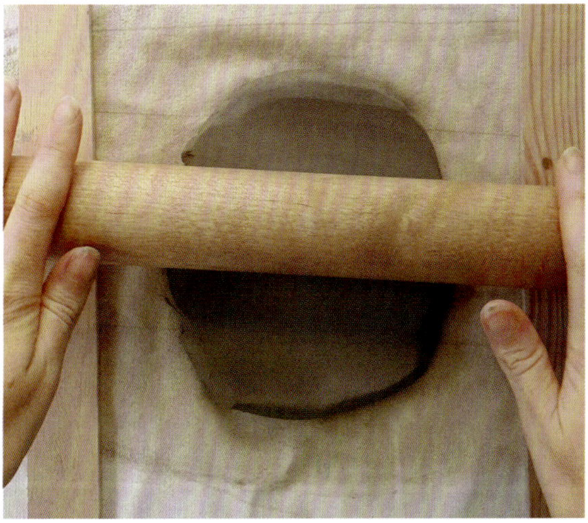

**11** Rollen Sie eine kleine Tonkugel auf einem mit Leinwand überzogenen Arbeitsbrett zu einer Scheibe aus. Diese ergibt den Gefäßboden.

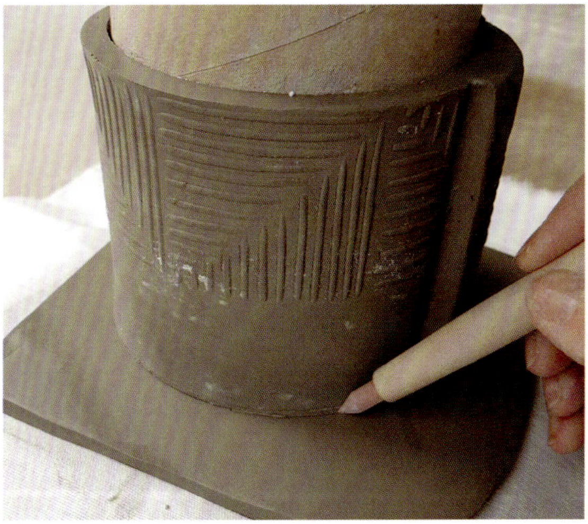

**12** Stellen Sie die vorgeformte Wandung vorsichtig auf die Tonscheibe und ziehen Sie mit einem spitzen Werkzeug die Umrisslinie rundum nach.

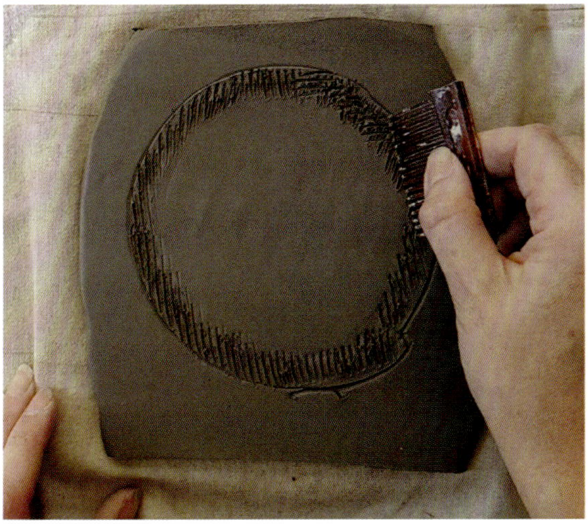

**13** Den Wandzylinder nochmals abheben. Den Randbereich innerhalb der skizzierten Umrisslinie mit dem Kamm aufrauen und mit Schlicker bestreichen.

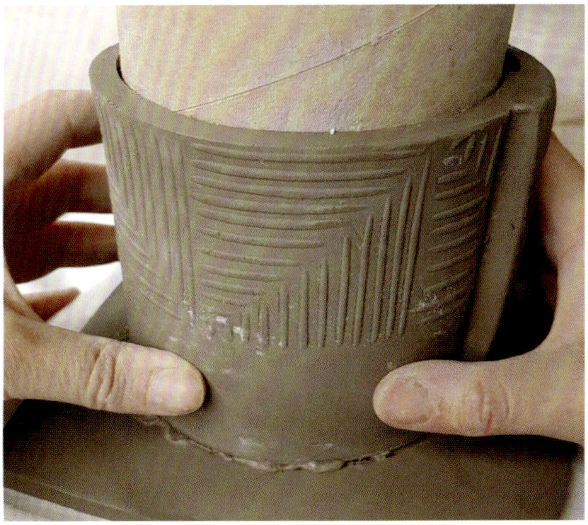

**14** Den Wandzylinder wieder aufsetzen und vorsichtig nach unten pressen, bis er sich fest mit der Bodenscheibe verbindet.

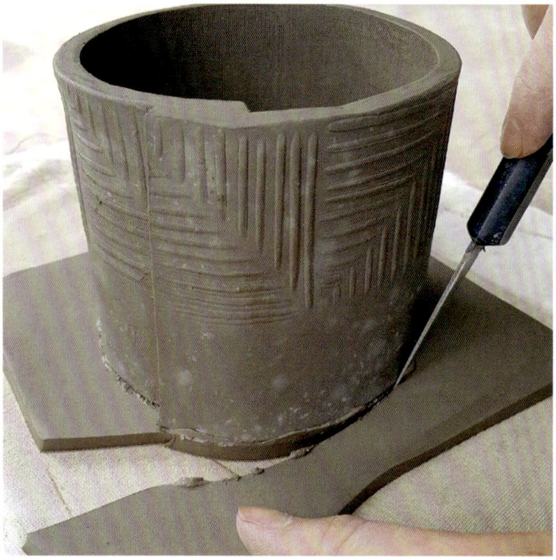

**15** Die Basis sorgfältig rundum ausschneiden. Versuchen Sie dabei das Messer möglichst senkrecht zu halten, um einen nahtlosen, unsichtbaren Übergang von der Wandung zur Bodenkante zu erhalten.

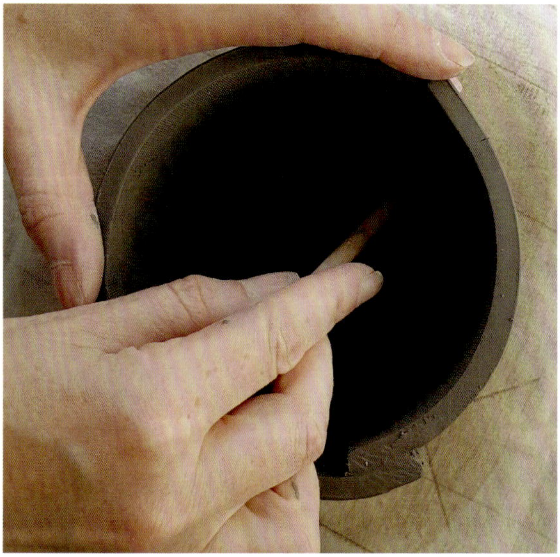

**16** Mit Modellierholz und angefeuchtetem Finger die Nähte versäubern. Den Pappzylinder herausnehmen, damit auch die innere Rille zwischen Wand und Boden gut zugänglich ist.

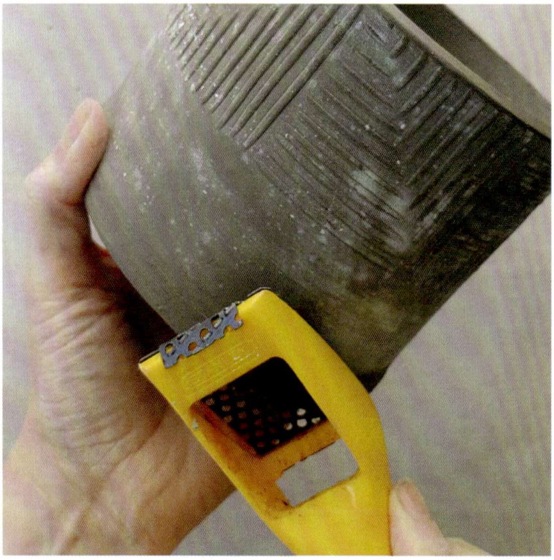

**17** Sobald der Rohling lederhart ist, können Sie ihn wo nötig noch leicht versäubern. Ich verwende einen Handhobel, um eventuelle Dellen und Grate zu entfernen, speziell im Bodenbereich. Dieses Arbeitsgerät raspelt feine Tonspäne ab. Raue Partien werden anschließend noch mit dem feuchten Schwamm geglättet.

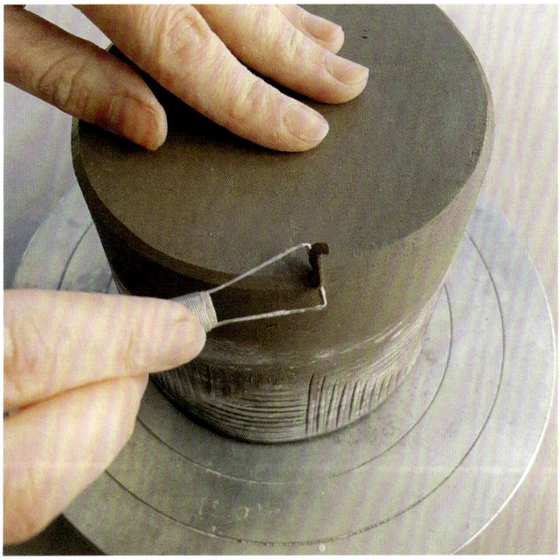

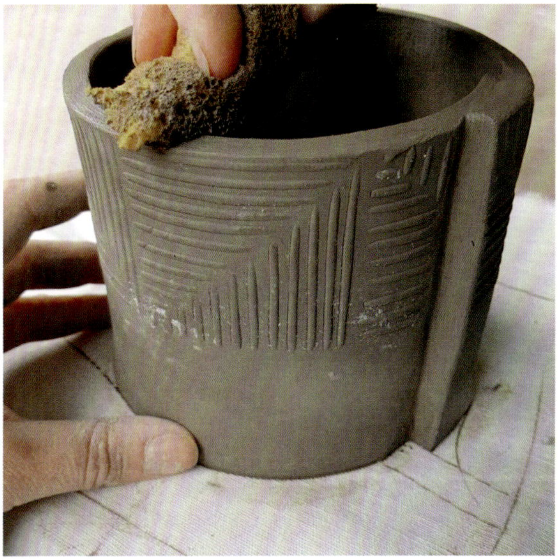

**18** Bei meinen Objekten unterschneide ich die Unterkanten immer. Das erzeugt beim Aufstellen an den Gefäßen einen leichten Schatten, der sie eleganter und quasi leicht schwebend erscheinen lässt. Die Glasur wird nur bis zu dieser Kante aufgetragen. Der handgeformte Topf lässt sich ganz einfach beschneiden. Er wird dazu kopfüber auf die Ränderscheibe gesetzt. Diese mit einer Hand rotieren lassen. Mit der anderen Hand die Abdrehschlinge schrägwinklig ansetzen und die Bodenkante rundum abschrägen.

**19** Zum Abschluss werden sämtliche Ränder und Kanten mit dem Schwämmchen leicht geglättet und abgerundet.

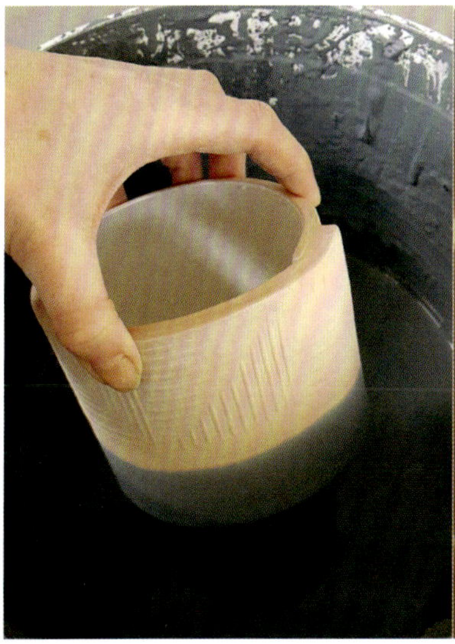

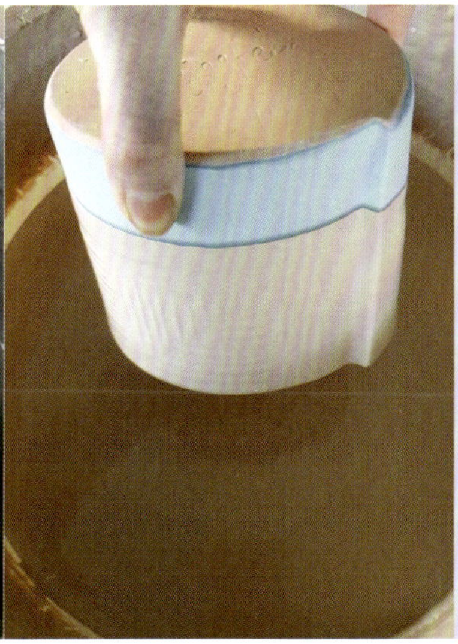

**FERTIGSTELLUNG**

*Die hier gewählte Kombination von schwarzer und weißer Glasur verwende ich häufig bei meinen Arbeiten. Ich liebe die sanft gedämpften Grautöne, die sich an der Überlappung der beiden Glasuren ergeben. Auf den Stempelmustern trage ich eine leicht durchscheinende weiße Mattglasur auf, die an den erhabenen Partien etwas abrollt.*

# Servierplatte mit Sgraffito

Die schlichte und doch auffällige Musterung dieser Platte finde ich ausgesprochen reizvoll. Zudem ist das Einritzen feiner Linien zwischen konzentrischen Kreisen richtig meditativ. Das Ergebnis eignet sich ausgezeichnet für den Alltagsgebrauch, macht sich aber auch gut als dekorativer Wandteller oder Blickfang im Regal.

### TON

Knapp 2 kg weiche weiße Steinzeugmasse

### MATERIAL UND WERKZEUG

**Zum Formen**

- Schwamm
- Ovale hölzerne Drehschiene
- Gumminiere
- Chamoisleder
- Schneidedraht
- Abdrehwerkzeuge

**Für das Sgraffito**

- Farbige Engobe
- Flachpinsel
- Sgraffitowerkzeuge
- Weicher Pinsel
- Schmirgelpapier

### BRAND

Schrühbrand bei etwa 980 °C Glasurbrand bei etwa 1220 °C im Elektroofen

Hier habe ich eine königsblaue Engobe verwendet, die an den eingekratzten Musterungen einen tollen Kontrast zum weißen Scherben bildet. Ich stelle meine Engoben mit Farbkörpern her. Die satte Leuchtkraft der Farben erreiche ich mit einem Anteil von etwa 15 % Farbpulver im Tonmehl.

Dieses Projekt erfordert eine feine, fette weiße Steinzeugmasse. Zarte Sgraffitolinien wie hier zu sehen gelingen meiner Erfahrung nach mit sehr feinen Massen erheblich besser als mit schamottierten. Beim Bekratzen entstehen saubere, scharfe Linien.

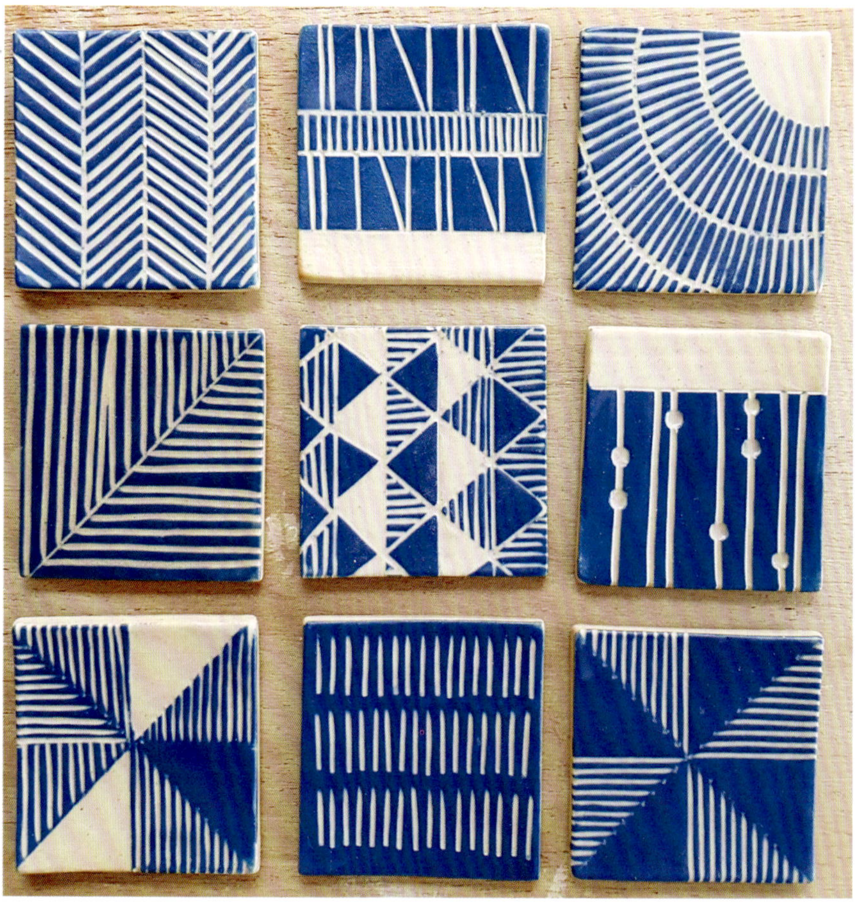

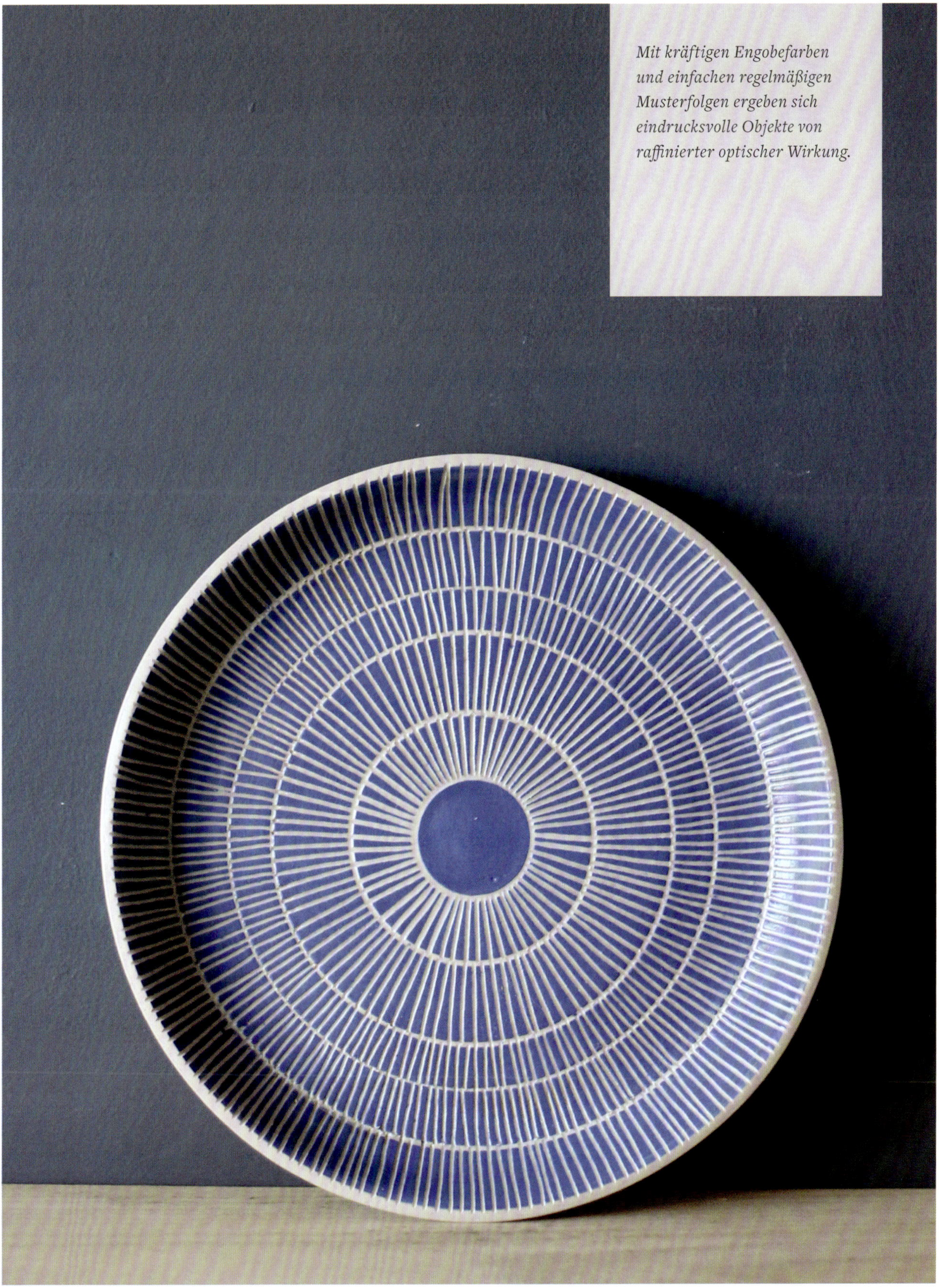

*Mit kräftigen Engobefarben und einfachen regelmäßigen Musterfolgen ergeben sich eindrucksvolle Objekte von raffinierter optischer Wirkung.*

# FORMGEBUNG

Die hier gezeigte Servierplatte hat einen Durchmesser von etwa 25 cm.

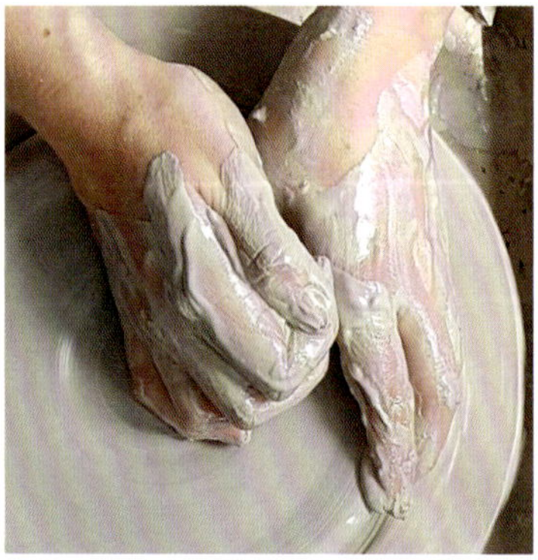

**1** Den Tonbatzen wie gewohnt auf der Töpferscheibe zu einem abgeflachten Kegel zentrieren. Sobald er glatt läuft, zu einer großen flachen Scheibe nach unten pressen. Darauf achten, dass an der Basis genügend Masse übrig bleibt, um später einen Fußring daraus zu drehen.

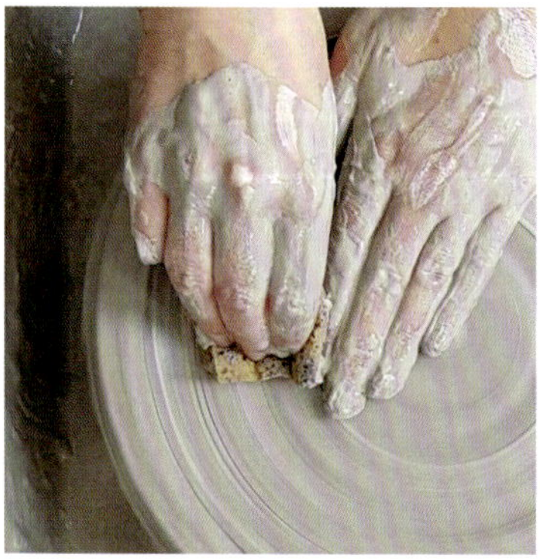

**2** Mit dem Schwamm die Masse langsam nach außen zum Rand des Scheibenkopfes hin pressen.

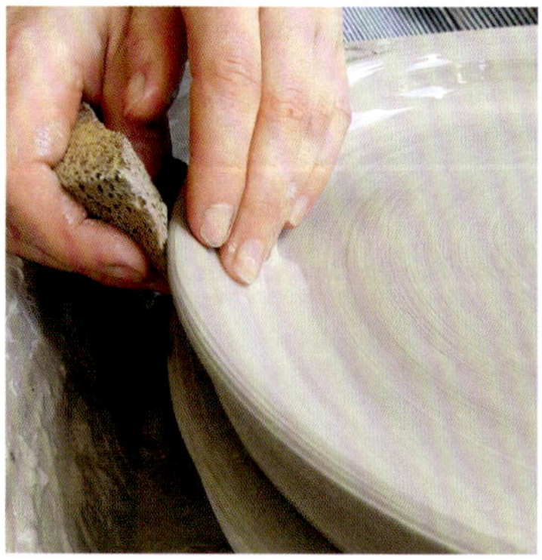

**3** Mit dem Schwamm die Tonkante rundum laufend leicht nach oben biegen, so dass der Teller einen erhöhten Rand erhält.

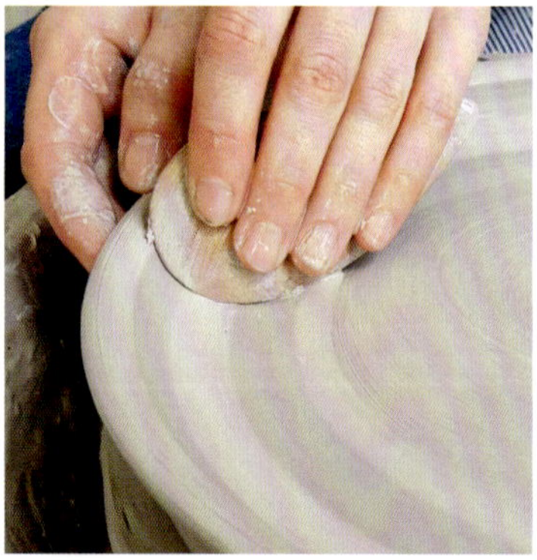

**4** Wo der Boden glatt in die Wandung übergeht, ist eine nierenförmige hölzerne Drehschiene hilfreich. Diese sanft gegen den Rand pressen, die Außenseite der Wandung dabei mit der anderen Hand gut von unten abstützen.

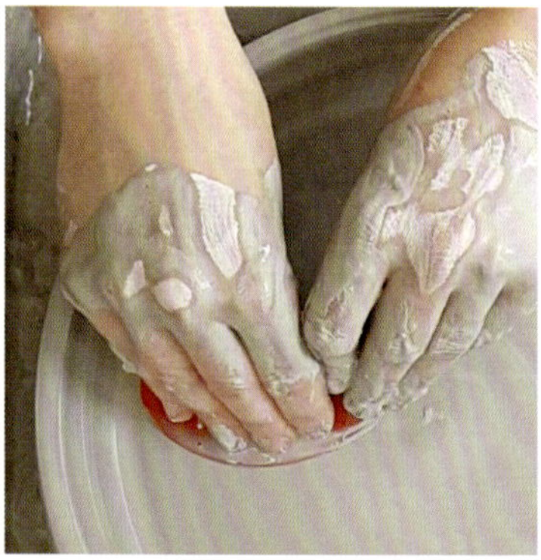

**5** Den Spiegel (die Innenfläche) des Tellers ebenfalls mit der Gumminiere glätten. Dadurch wird der Ton gleichzeitig komprimiert und bricht in späteren Bearbeitungsschritten nicht so leicht.

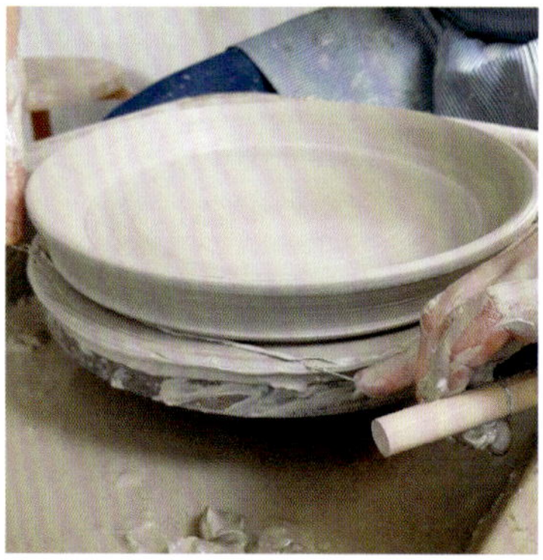

**6** Die Oberkante mit dem Schwamm oder einem Lederstück gefällig abrunden. Den Teller mit Schneidedraht vorsichtig von der Aufsatzscheibe abschneiden.

# ENGOBEAUFTRAG

Der Rohling sollte leicht ansteifen, bevor Engobe aufgetragen wird. Er darf sich nicht mehr klebrig anfühlen.

Der Engobeschlicker sollte eine sahnige Konsistenz haben. Falls er zu dicklich wirkt, noch etwas Wasser zugeben und gut mischen.

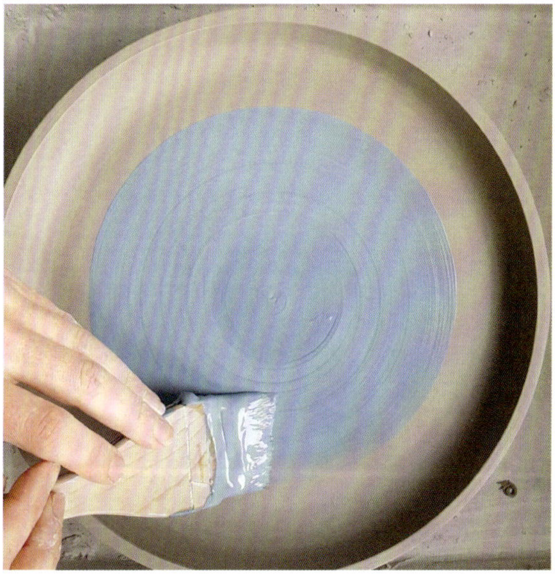

**1** Flachpinsel eignen sich ausgezeichnet zum Auftragen von Engoben, da sie eine Menge Schlicker aufnehmen können. Tauchen Sie den Pinsel satt ein. Beginnen Sie bei rotierender Scheibe im Mittelpunkt und lassen Sie den Pinsel langsam nach außen hin gleiten.

Die erste Schicht sollte leicht antrocknen, bevor eine zweite aufgebracht wird. Sobald der Teller trocken genug zum Abheben ist, nehmen Sie ihn von der Auflagescheibe und drehen die Unterseite ab.

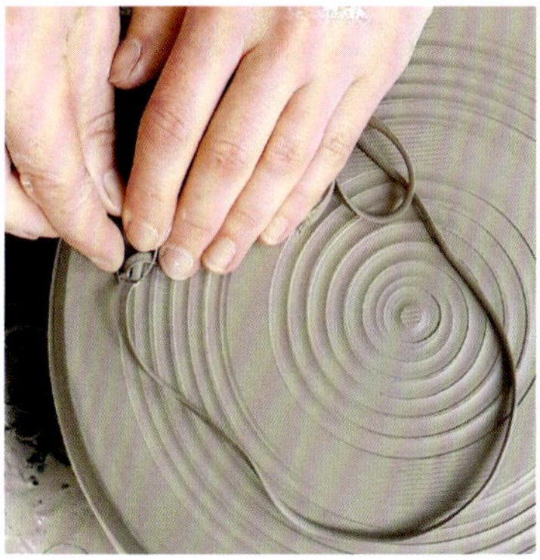

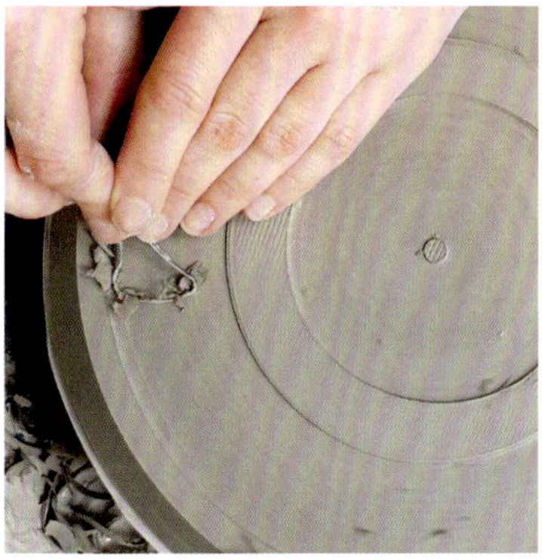

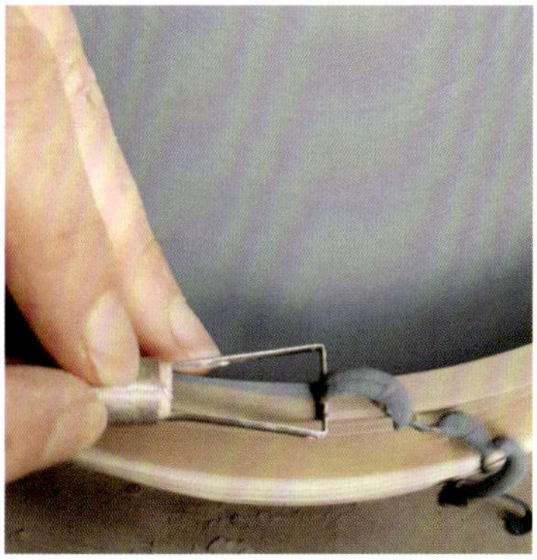

**2** Zum Abdrehen den Teller kopfüber wieder auf die Scheibe legen, zentrieren und gut befestigen. Ich befeuchte dazu nur die Scheibe, dann hält er von selbst. Überschüssige Masse vom Boden abnehmen und einen Fußring abdrehen. Noch besser: Zwei konzentrische Bodenringe schaffen und im Mittelpunkt eine kleine Kuppel stehen lassen, damit der flache Teller beim Brand nicht absacken kann.

**3** Teller wieder umdrehen und mit der Abdrehschlinge die Außenkante der gefärbten Engobefläche abschaben. So entsteht ein scharfer Abschluss und gleichzeitig werden versehentliche „Patzer“ entfernt.

# KRATZTECHNIK

**1** Auf der langsam rotierenden Scheibe wird der Teller mittels Sgraffitowerkzeug mit konzentrischen Kreisen versehen. Ausrutscher lassen sich nur schwer wieder ausgleichen. Achten Sie also von vornherein darauf, bequem zu sitzen. Halten Sie das Werkzeug mit beiden Händen gut in Position und lassen Sie sich beim Kratzen Zeit. Die Drehscheibe nimmt Ihnen quasi die Arbeit ab. Sie müssen nur am richtigen Punkt ansetzen und die Spitze dann so ruhig wie möglich anhalten.

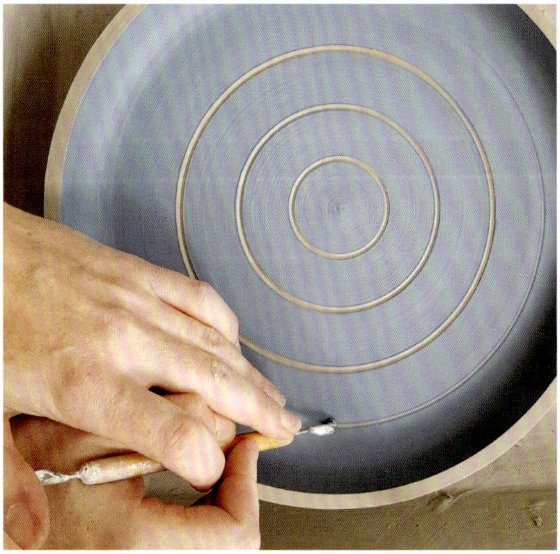

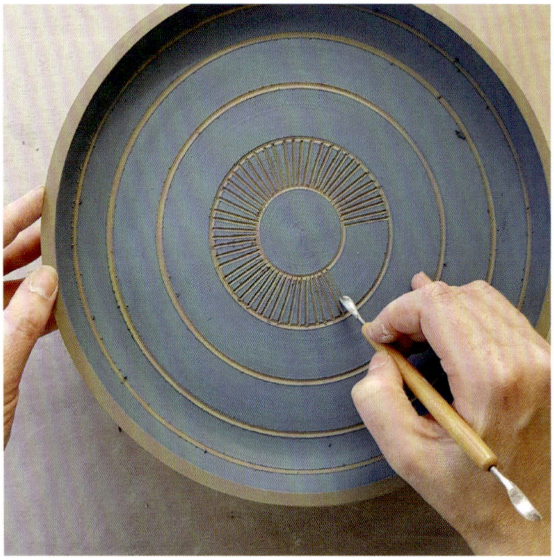

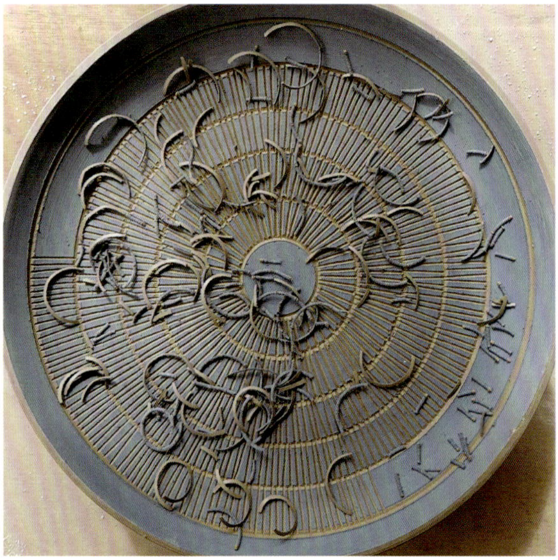

**2** Mit demselben Sgraffitowerkzeug füllen Sie die Ringe mit kurzen Strichen auf. Keine Sorge, diese müssen nicht alle wie mit dem Lineal gezogen und mit vollkommen gleichem Abstand angeordnet sein. Kleine Unregelmäßigkeiten betonen die handwerkliche Herstellungsweise und wirken viel ansprechender als kalte Perfektion.

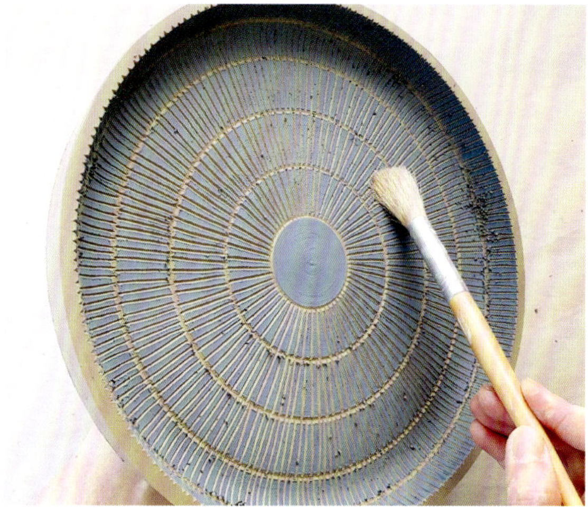

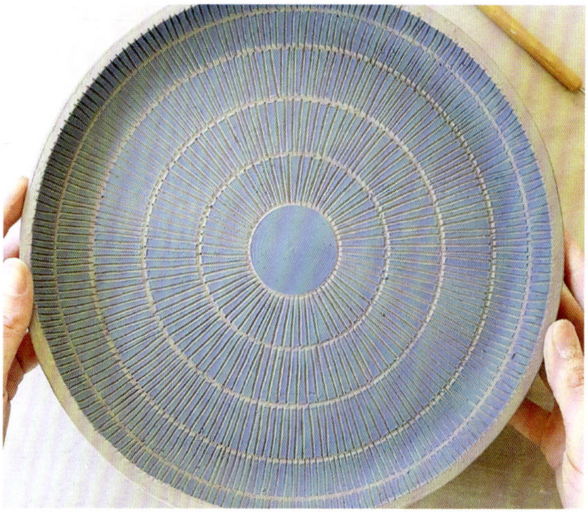

**3** Die abgeschabten Engobebrösel werden mit einem weichen Pinsel abgefegt. Bitte keinen feuchten Schwamm dazu benutzen, damit die scharfen Musterlinien nicht verschmieren.

**4** Der fertige Rohling sollte in aller Ruhe trocknen.

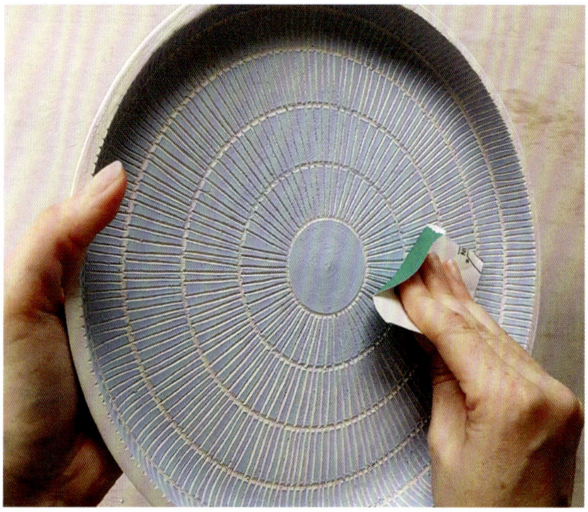

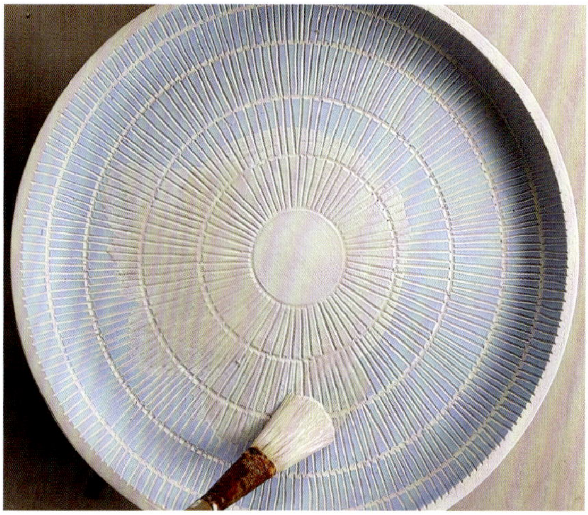

**5** Nach dem Schrühbrand wird die Innenfläche des Tellers mit Schmirgelpapier leicht abgerieben, um alle Grate und anhaftende Klümpchen zu entfernen.

**6** Auf die glatte Fläche wird nun die vorgesehene Glasur aufgestrichen.

**FERTIGSTELLUNG**

*Für die Servierplatte habe ich eine einfache matte Transparentglasur gewählt, die die Sgraffitostruktur nicht überdeckt. Bei dieser Art von Werkstücken finde ich es geschickter, den Glasurschlicker aufzupinseln, statt sie komplett einzutauchen. So dringt er besser in alle Vertiefungen ein.*

# Facettierte Hängeschale

Ich liebe Pflanzen und fülle gern die ganze Wohnung mit ihnen. So bin ich immer auf der Suche nach interessanten Möglichkeiten, sie ansprechend zu präsentieren. Hängeschalen eignen sich dafür hervorragend. Genau in Augenhöhe arrangiert, kommt die aufwändig gemusterte Oberfläche optimal zur Geltung. Da die eingesetzte Steinzeugmasse sehr beständig ist, kann die robuste Schale sogar im Freien verwendet werden.

### TON

Etwa 1,5 kg ledergelbe Steinzeugmasse

### MATERIAL UND WERKZEUG

**Zum Formen**

- Ovale hölzerne Drehschiene
- Schwamm
- Abdrehwerkzeuge
- Flexible nierenförmige Ziehklinge

**Für das Beschneiden**

- Winkelmesser/ Geodreieck
- Lochschneider
- Ausformmesser

### BRAND

Schrühbrand bei etwa 980 °C
Glasurbrand bei etwa 1220 °C im Elektroofen

Der Trick besteht darin, die Wandung der Schale ziemlich massiv zu lassen, damit Sie sie beim Facettieren nicht gleich komplett durchtrennen. Ebenso wichtig ist es, dass die Schale beim Drehen einen relativ dicken Boden behält. So können Sie ihr anschließend eine schöne Halbkugelform verpassen, wenn Sie die Überschüsse entfernen. Der Ton sollte vor dem Beschneiden lederhart sein. Falls die abgenommenen Partien kleben bleiben, ist er noch zu feucht. Sie müssen sich problemlos lösen und eine glatte scharfkantige Fläche hinterlassen.

An meiner Hängeschale habe ich ziemlich große Wandpartien abgenommen. Für feinere Strukturierungen können Sie natürlich viel kleinere Segmente gestalten (unten links) oder auch mit Spiraldraht arbeiten, um gerillte Flächen zu erzeugen (unten rechts).

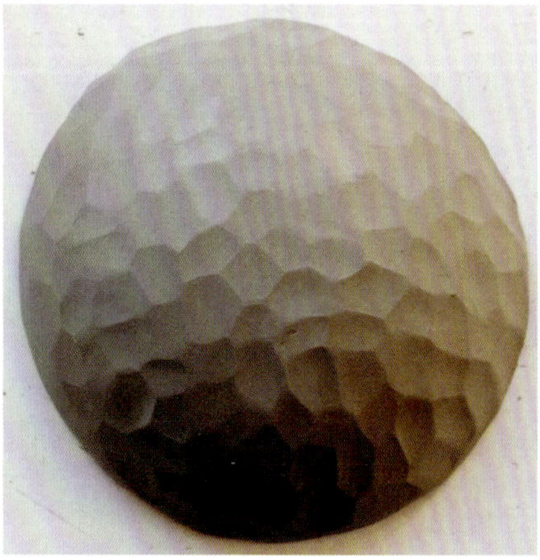

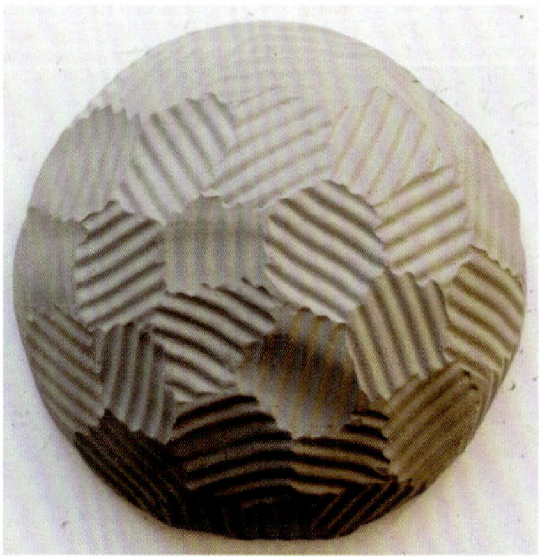

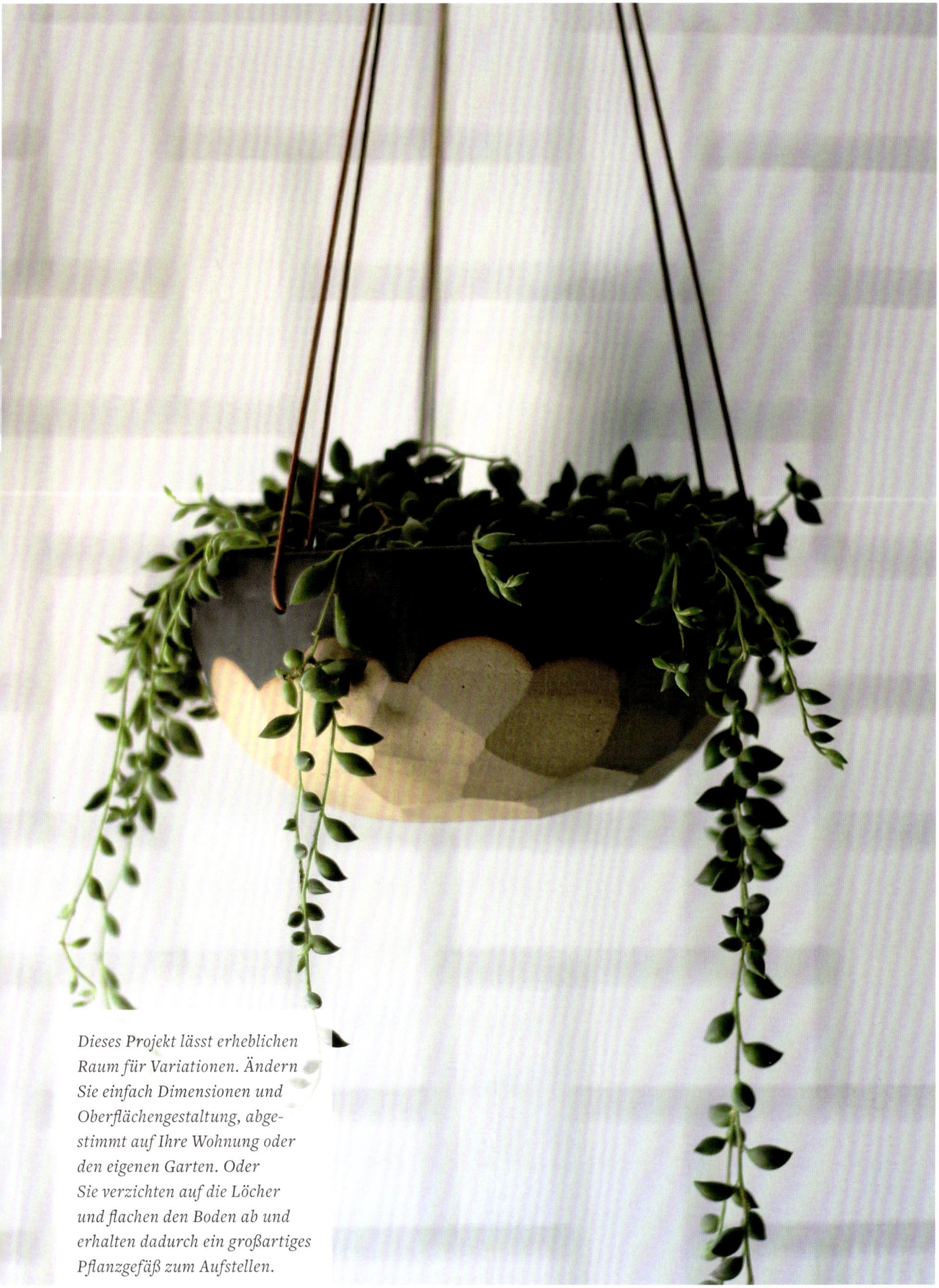

*Dieses Projekt lässt erheblichen Raum für Variationen. Ändern Sie einfach Dimensionen und Oberflächengestaltung, abgestimmt auf Ihre Wohnung oder den eigenen Garten. Oder Sie verzichten auf die Löcher und flachen den Boden ab und erhalten dadurch ein großartiges Pflanzgefäß zum Aufstellen.*

# FORMGEBUNG

In diesem Projekt entsteht eine Hängeschale von etwa 20 cm Durchmesser.

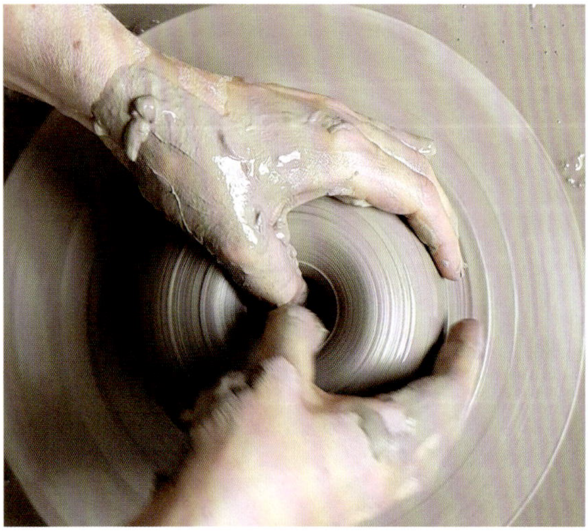

**1** Den Tonbatzen auf der Töpferscheibe zentrieren, aufbrechen und den Boden erweitern. Dieser muss recht dick bleiben, da später für eine halbkugelige Form ein guter Teil der Masse weggeschnitten wird.

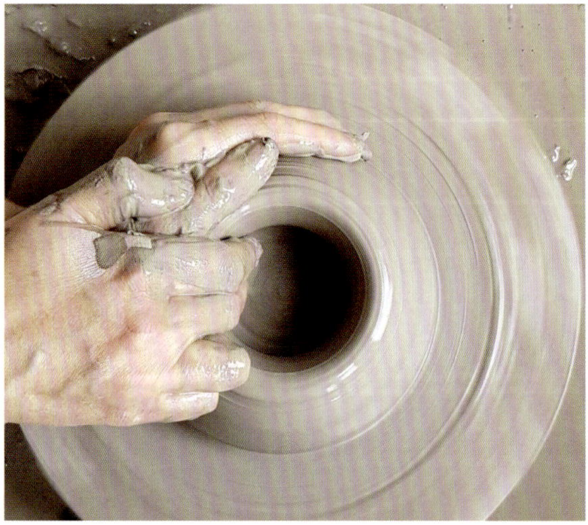

**2** Erweitern Sie die Öffnung bis zur gewünschten Größe und beginnen Sie die Wandung hochzuziehen.

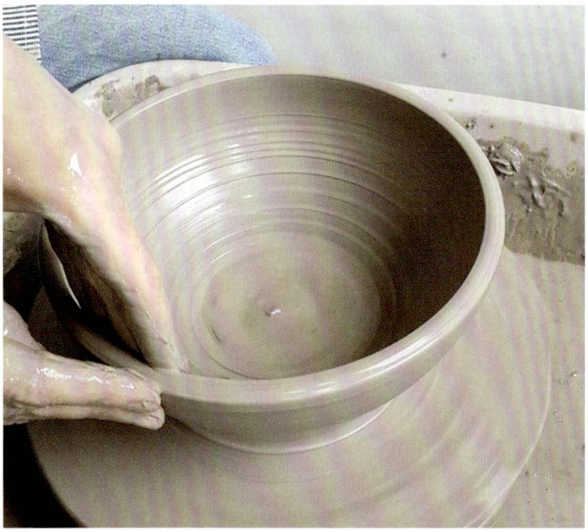

**3** Während Sie nach oben arbeiten, darf die Wandung wie es sich natürlich ergibt bauchig nach außen wandern. Denken Sie bitte daran, die Wände massiv genug zu belassen, damit Sie sie später ausgiebig beschneiden können.

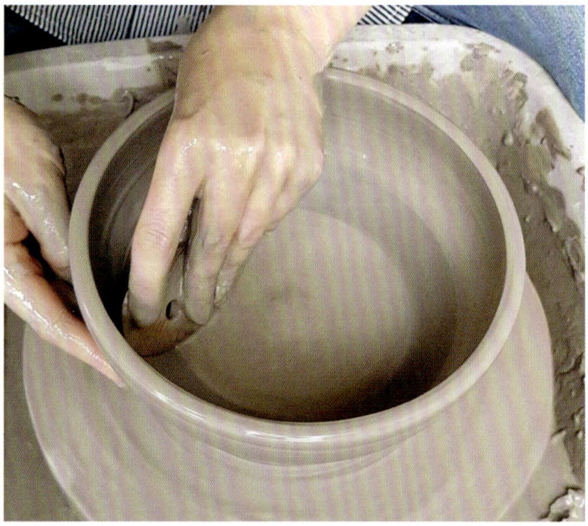

**4** Um die Wölbung innen zu perfektionieren, wird eine ovale hölzerne Drehschiene angelegt, während die andere Hand von außen gegenstützt. Beginnen Sie unten an der Basis und wandern Sie langsam nach oben bis zum Rand.

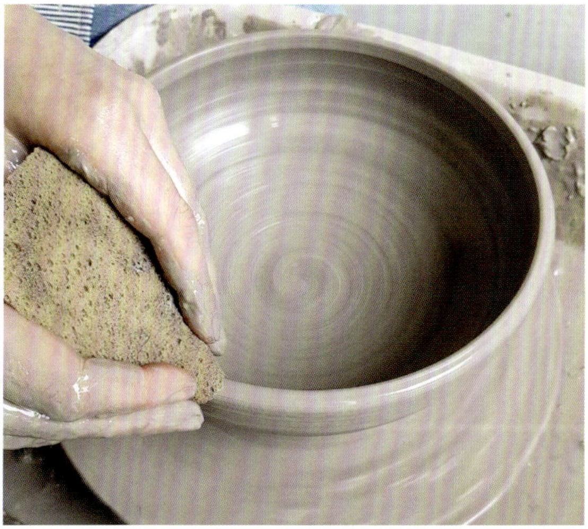

**5** Mit dem Schwamm wird überschüssige Flüssigkeit aus dem Inneren und vom Boden abgenommen. Anschließend den Rand glätten und abrunden.

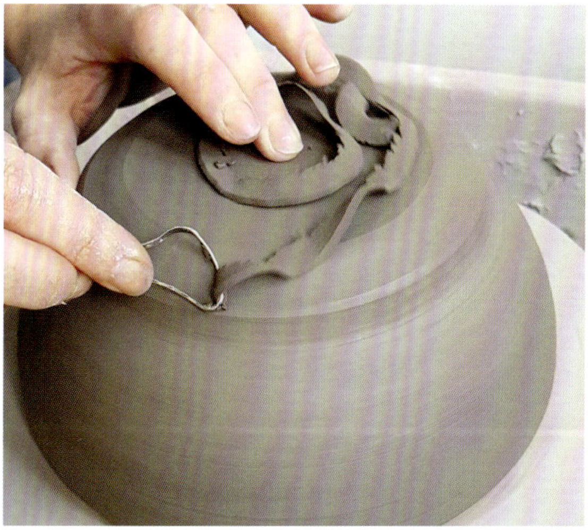

**6** Wenn die Schale lederhart ist, wird sie kopfüber abgedreht, von überschüssiger Masse befreit und in der Gesamtform noch verfeinert. Damit sie fest aufsitzt, vorher den Scheibenaufsatz anfeuchten. Beginnen Sie mit der Abdrehschlinge an der Außenkante.

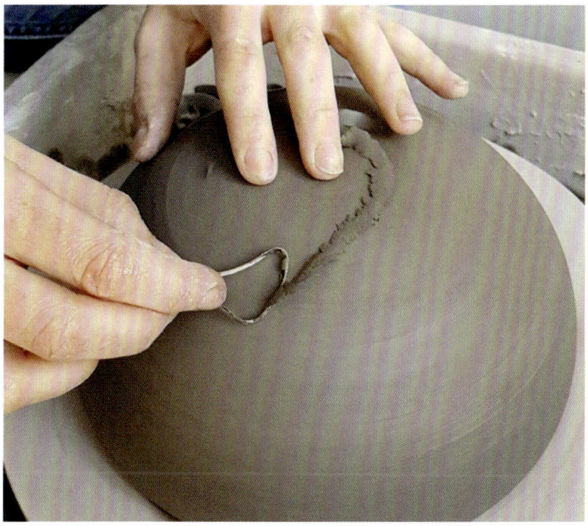

**7** Nach und nach soll eine Halbkugel entstehen. Lassen Sie sich beim Formen Zeit. Es ist einfacher, immer nur kleine Partien zu entfernen, statt zu viel auf einmal wegzuschneiden.

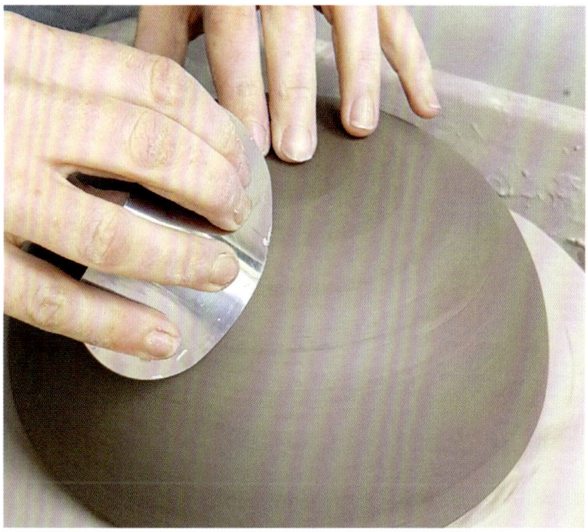

**8** Um die Oberfläche perfekt zu glätten, eignet sich eine flexible nierenförmige Ziehklinge. Diese mehrmals rundum laufen lassen. Danach ist der Rohling bereit zum Dekorieren.

# BESCHNEIDEN

Um die Facetten zu bewerkstelligen, eignet sich meiner Meinung nach ein Ausformmesser mit langer scharfer Klinge ideal. Es ist so lang, dass es an beiden Enden gut gehalten werden kann. Dadurch können Sie die Schnitte exakt steuern.

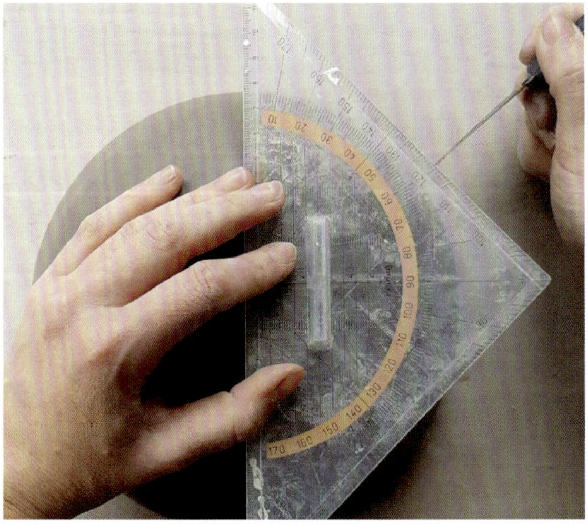

**1** Bevor das Schneiden beginnt, bohren Sie die Löcher durch, damit die Schale später aufgehängt werden kann.

Dazu die Schale umgestülpt auf die Arbeitsfläche legen. Mit Hilfe des Geodreiecks drei Punkte in jeweils 120° Abstand an der Außenkante markieren. Anschließend an diesen Markierungen mit dem Lochschneider drei Öffnungen durch die Wandung drehen und mit dem Schwamm glätten.

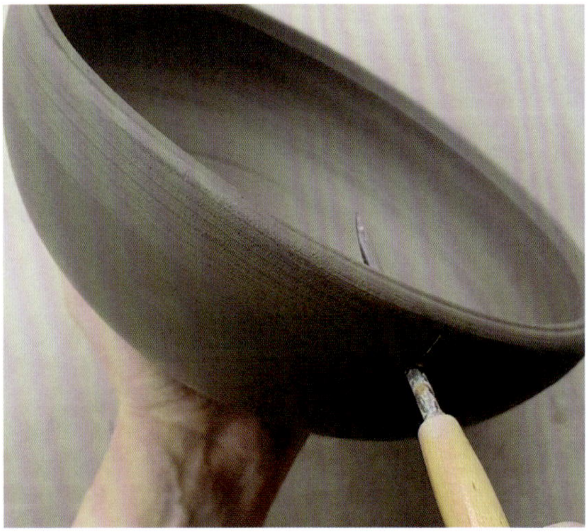

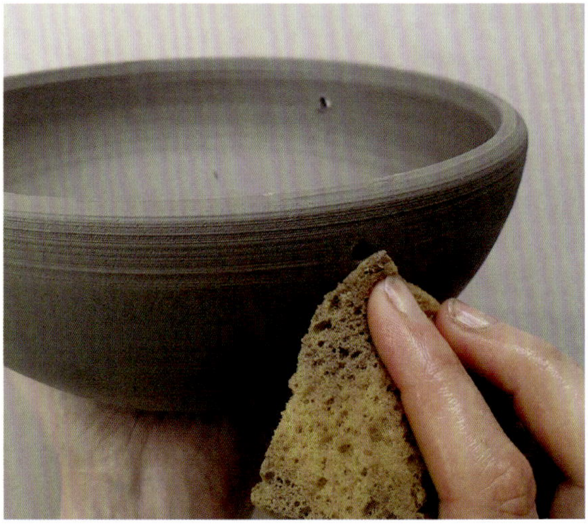

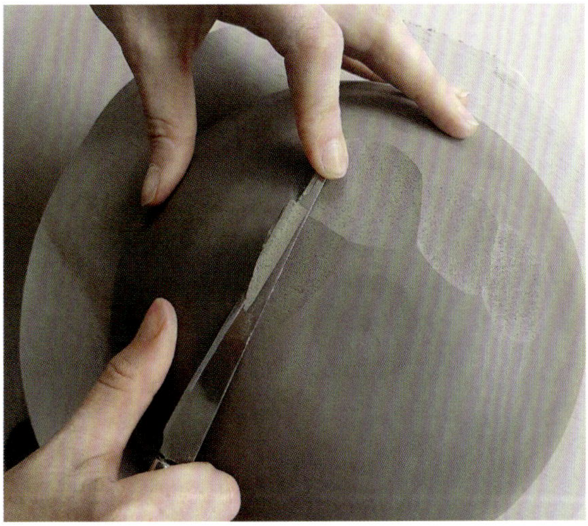

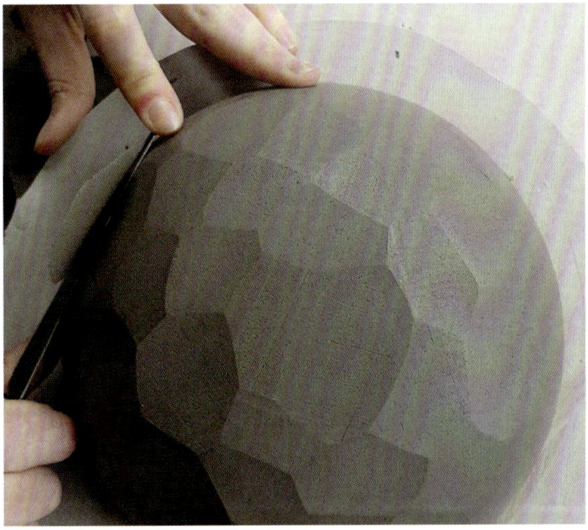

**2** Zum Facettieren die Schale mit der Öffnung nach unten platzieren. Die Kunst besteht jetzt darin, genau den richtigen Schneidewinkel zu treffen. Ich habe schon oft genug zu tief ausgeholt – und dabei die ganze Wand durchtrennt. Arbeiten Sie also relativ flach. Stellen Sie sich vor, dass Sie nur die Oberfläche leicht verändern möchten, nicht die gesamte Halbkugelform. Ich beginne am liebsten oben und arbeite mich dann nach unten durch. Halten Sie den Rohling sehr gut fest und ziehen Sie die Klinge beim Schneiden mit mäßigem Druck zu sich hin.

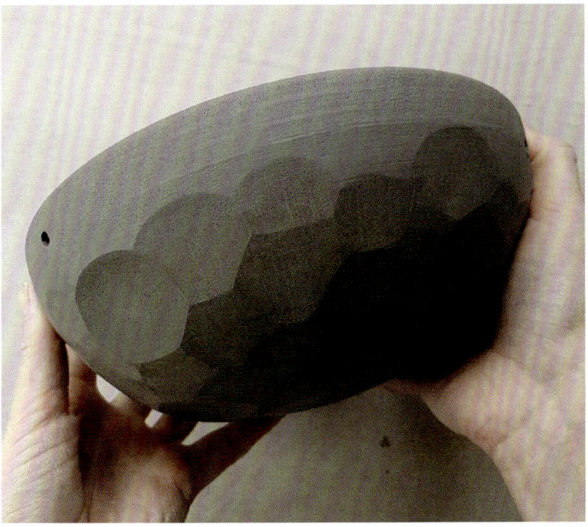

**3** Statt direkt bis an den Schalenrand zu schneiden, lasse ich die letzten 2-3 cm frei. Dadurch erhalte ich eine schöne ungleichmäßig bogige Abschlusslinie entlang der Facetten.

Zum Aufhängen fädeln Sie nur noch Kordeln oder Lederriemen durch die Löcher, bepflanzen das Gefäß – und erfreuen sich an dem neuen Stück!

### FERTIGSTELLUNG

*Ich finde die rauen Strukturen unglasierter Massen ausgesprochen reizvoll. Im Schaleninneren habe ich eine weiche matte Anthrazitglasur aufgetragen, die über den Rand zu fließen scheint. Dadurch erhält das Dessin eine ganz eigene Dimension. Den oberen Facettenrand vor dem Glasurauftrag mit Abdeckwachs aussparen. Das Wachs brennt später im Ofen vollständig aus.*

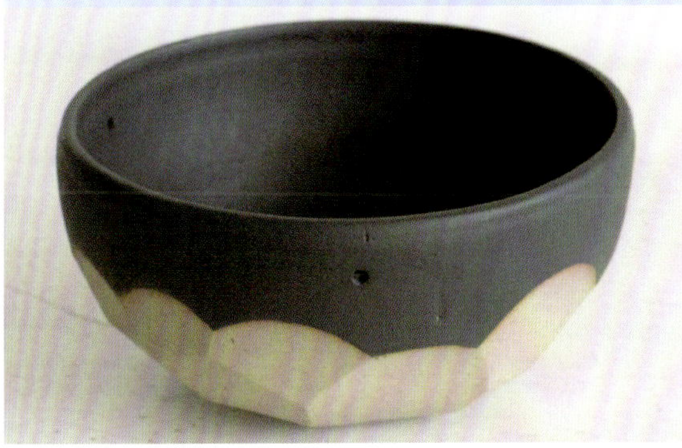

# Tief eingeschnittener Kerzenhalter

Das hier vorgestellte Projekt eignet sich gut für Einsteiger an der Töpferscheibe, da es beim Drehen nicht so genau auf die Wandstärke ankommt. Die Herausforderung besteht normalerweise darin, nicht gleich zu tief zu schneiden und versehentlich die gesamte Wand zu durchtrennen. Bei einem massiven Tonkörper besteht dieses Risiko aber nicht. Sie können insgesamt ganz nach Belieben eher flach oder großzügig arbeiten.

### TON

Knapp 2 kg feine weiße Steinzeugmasse

### MATERIAL UND WERKZEUG

**Zum Formen**
- Metalllineal
- Ziehklinge mit gerader Kante
- Chamoisleder
- Spitzes Abdreheisen
- Schneidedraht

**Zum Beschneiden**
- Abdrehschlingen in mehreren Größen
- Spitzes Abdreheisen
- Schneidedraht

### BRAND

Schrühbrand bei etwa 980 °C
Glasurbrand bei etwa 1220 °C im Elektroofen

Sie können die gewünschten Silhouetten vorab auf Papier skizzieren oder sich einfach während des Schneidens entwickeln lassen. Egal, wie Sie es angehen: Treten Sie gelegentlich einen Schritt zurück und begutachten Sie das Werkstück kritisch aus der Ferne, damit Sie mit dem Fortgang jederzeit zufrieden sind. Meine Kerzenhalter sind an der Basis etwas breiter. Daher finde ich es ästhetisch am gelungensten, im unteren Bereich auch tiefere Rillen einzuschneiden und breitere Zwischenräume stehen zu lassen als im oberen.

Es ist wirklich ein tolles Gefühl, sich ein Design für den Kerzenständer auszudenken und dann zu erleben, wie es langsam Form annimmt. Wenn der Ton die passende Konsistenz hat, heben sich beim Schneiden hauchdünne Streifen ab. Glänzend weiße Glasur auf schwarz brennendem Scherben (wie unten) erzeugt ausgesprochen kühne Kontraste.

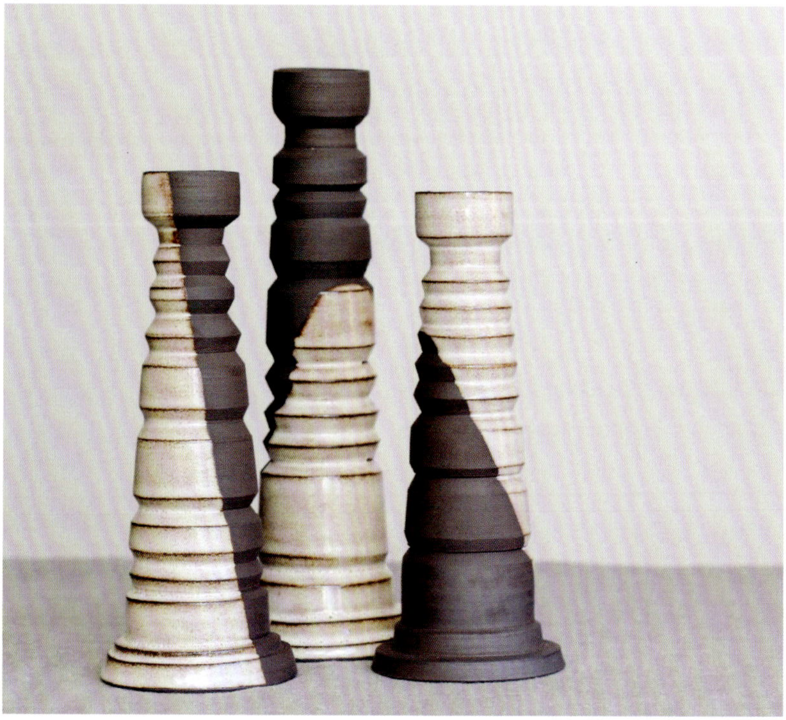

*Diesen eleganten Kerzenhaltern habe ich eine moderne Optik verpasst, indem ich die Glasur mit scharf abgesetzter Kante diagonal aufgetragen habe. Je nach Anordnung kann der künstlerische Ausdruck stark variieren. Beziehen Sie das schon in den Entwurf mit ein.*

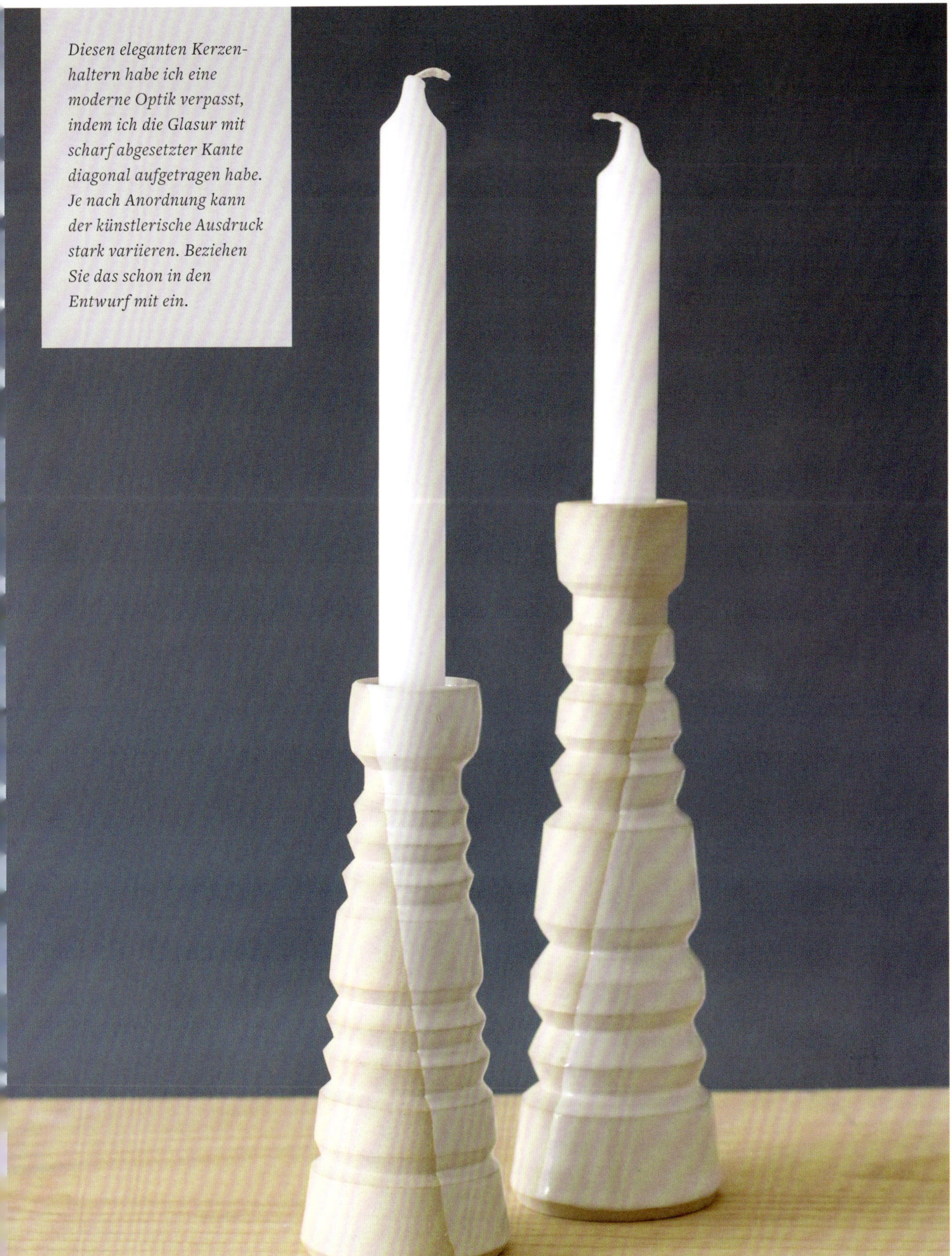

# FORMGEBUNG

Der in diesem Projekt entstehende Kerzenhalter ist etwa 25 cm hoch.

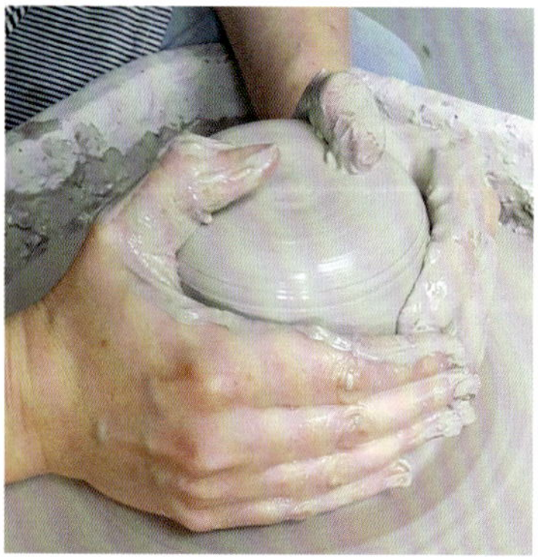

**1** Tonbatzen auf der Scheibe zu einem Kegel zentrieren und wieder abflachen. Das Ganze zwei- bis dreimal wiederholen und zum Schluss direkt die Kegelform beibehalten.

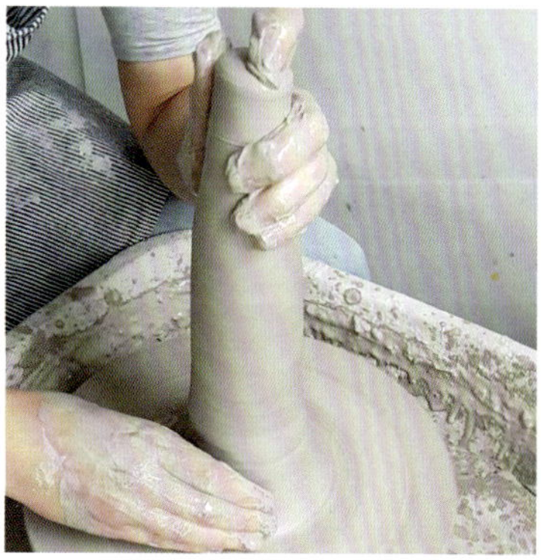

**2** Mit weniger Kraft als vorher die Kegelform verfeinern. Die Wandung so geradlinig wie möglich drehen. Am besten dabei die obere Kegelpartie mit einer Hand abstützen, während die andere formt.

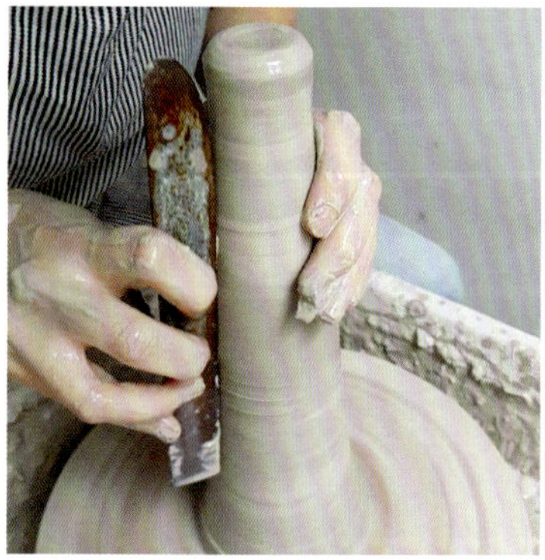

**3** Für eine saubere, gestochen scharfe Silhouette eine gerade Drehschiene der Länge nach angehalten von oben nach unten zur Basis wandern lassen. Ich verwende dazu ein altes Metalllineal, das sich ausgezeichnet bewährt hat.

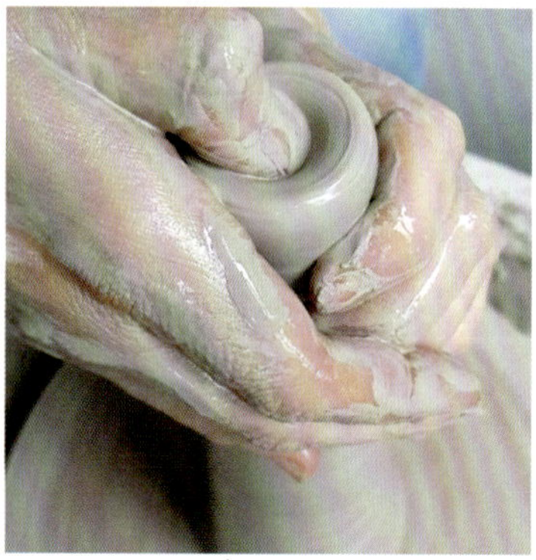

**4** Um die Vertiefung für die Kerze einzubuchten, die Kegelspitze mit dem Finger aufbrechen. Die Kuhle sollte 3 cm tief sein, damit die Kerze sicher steht. Bitte beim Messen daran denken, dass der Ton beim Trocknen und Brennen noch um ein paar Prozent schwindet.

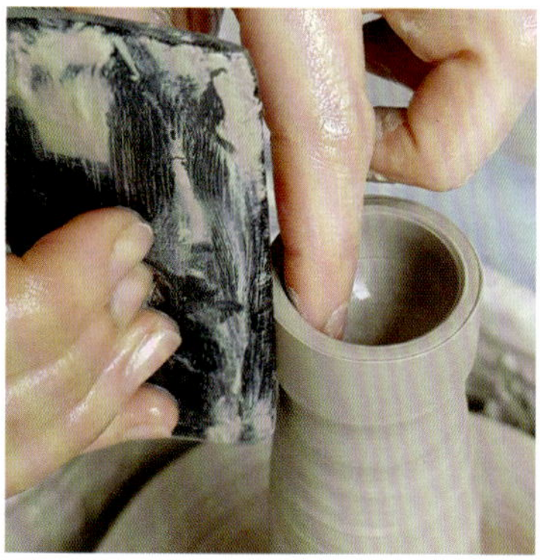

**5** Die Vertiefung leicht erweitern und Wandung etwas höher ziehen. Von außen mit der hölzernen Drehschiene senkrecht begradigen.

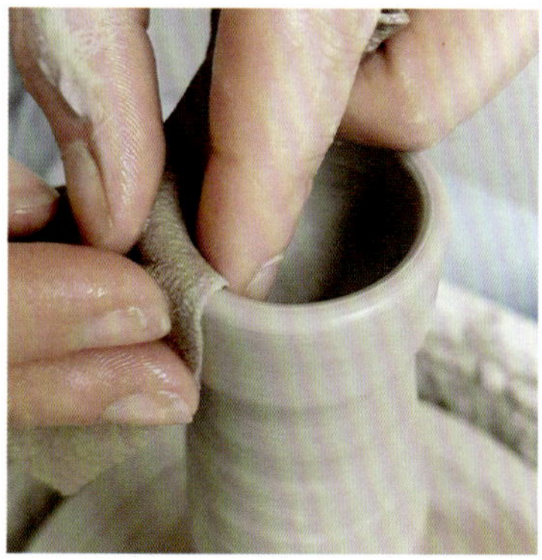

**6** Für eine schön abgerundete Kante ein Lederstück zwischen zwei Fingerspitzen anhalten und ein paar Runden drehen.

Bitte beachten: Den Rohling nicht wie gewohnt nach dem Drehen von der Töpferscheibe schneiden. Zur weiteren Bearbeitung muss er auf der Aufsatzscheibe bleiben und sollte zunächst lederhart anziehen.

# BESCHNEIDEN

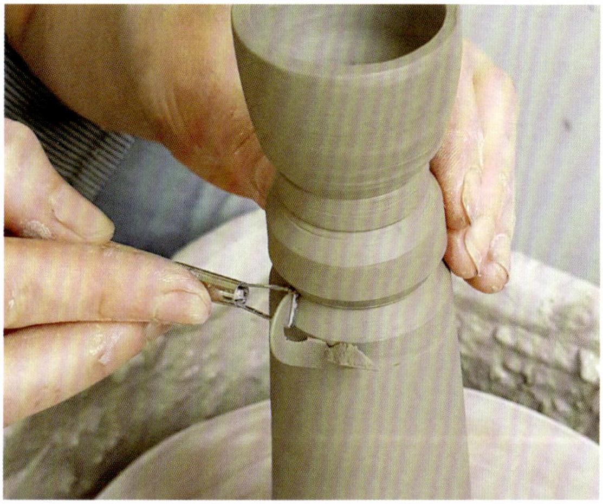

**1** Sobald der Tonkegel lederhart ist, kann das Schneiden beginnen. Die Konsistenz stimmt, wenn die Tonstreifen sich ohne anzukleben leicht abheben. Benutzen Sie die rechteckige Schlinge und halten Sie sie im entsprechenden Winkel an. Es ist hilfreich, mehrere unterschiedlich große Schlingen probehalber abzuwechseln.

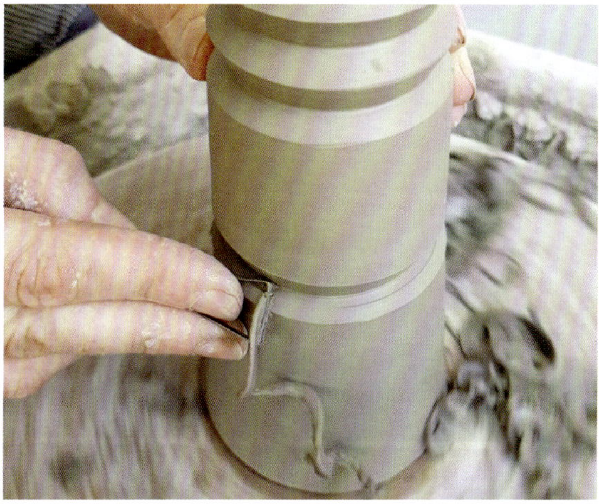

**2** Ich kreiere gern Rillen in unterschiedlichen Dimensionen und Schnittwinkeln und lasse andere Partien auch einfach glatt. Am wichtigsten ist es bei den Rillen, dass beide Schrägen exakt aufeinander abgestimmt sind. Je schärfer die Mittelkante, desto gelungener der Gesamteindruck.

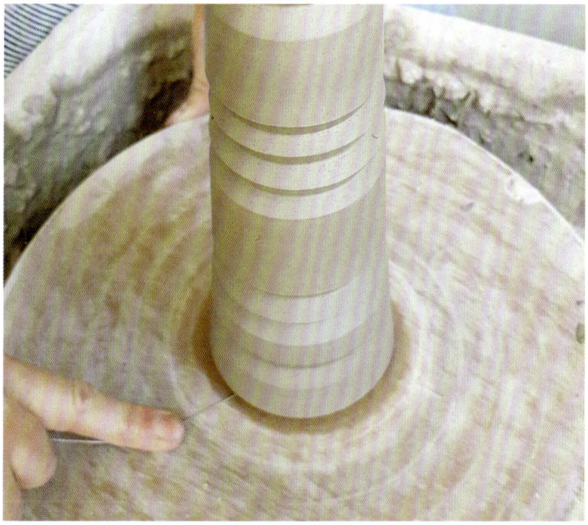

**3** Wenn alle Rillen perfektioniert sind, wird die Unterkante an der Basis noch mit einem spitzigen Abdreheisen leicht unterschnitten. Dadurch lässt sich der Rohling einfacher mit Schneidedraht von der Scheibenauflage abnehmen.

**FERTIGSTELLUNG**

*Diese Modelle habe ich je zur Hälfte glänzend weiß glasiert. Beim Eintauchen in den Glasurschlicker wurden sie schräg gehalten, so dass die andere Hälfte unbeschichtet blieb. Falls Sie gleich eine ganze Serie planen, probieren Sie auch unterschiedliche Schräglagen aus, um sie noch spannender zu gestalten.*

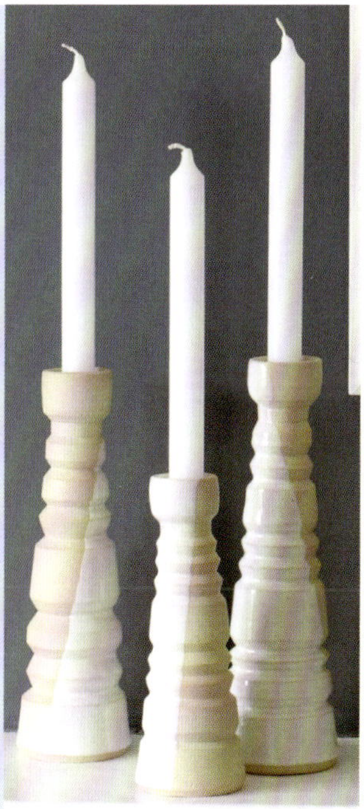

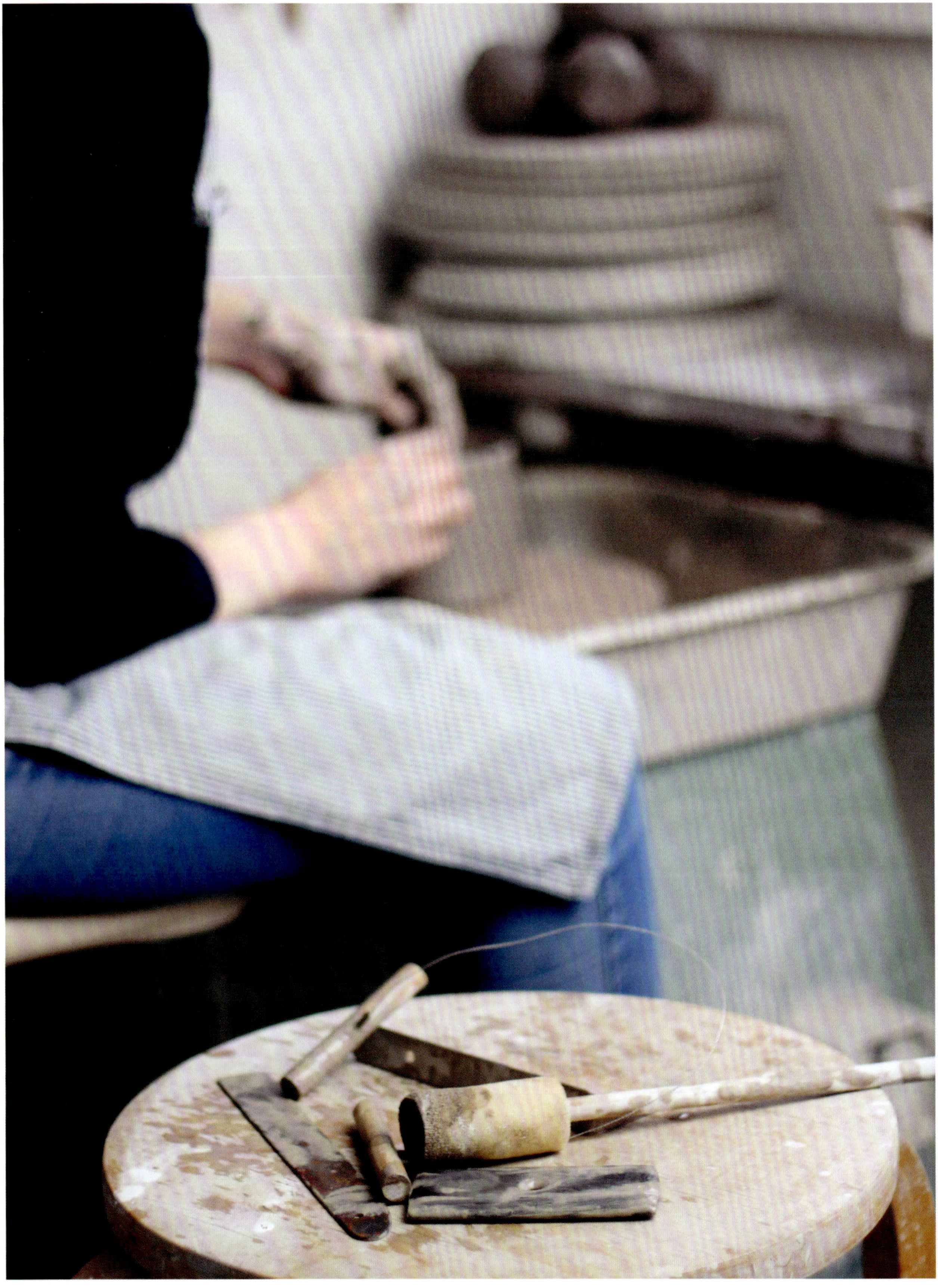

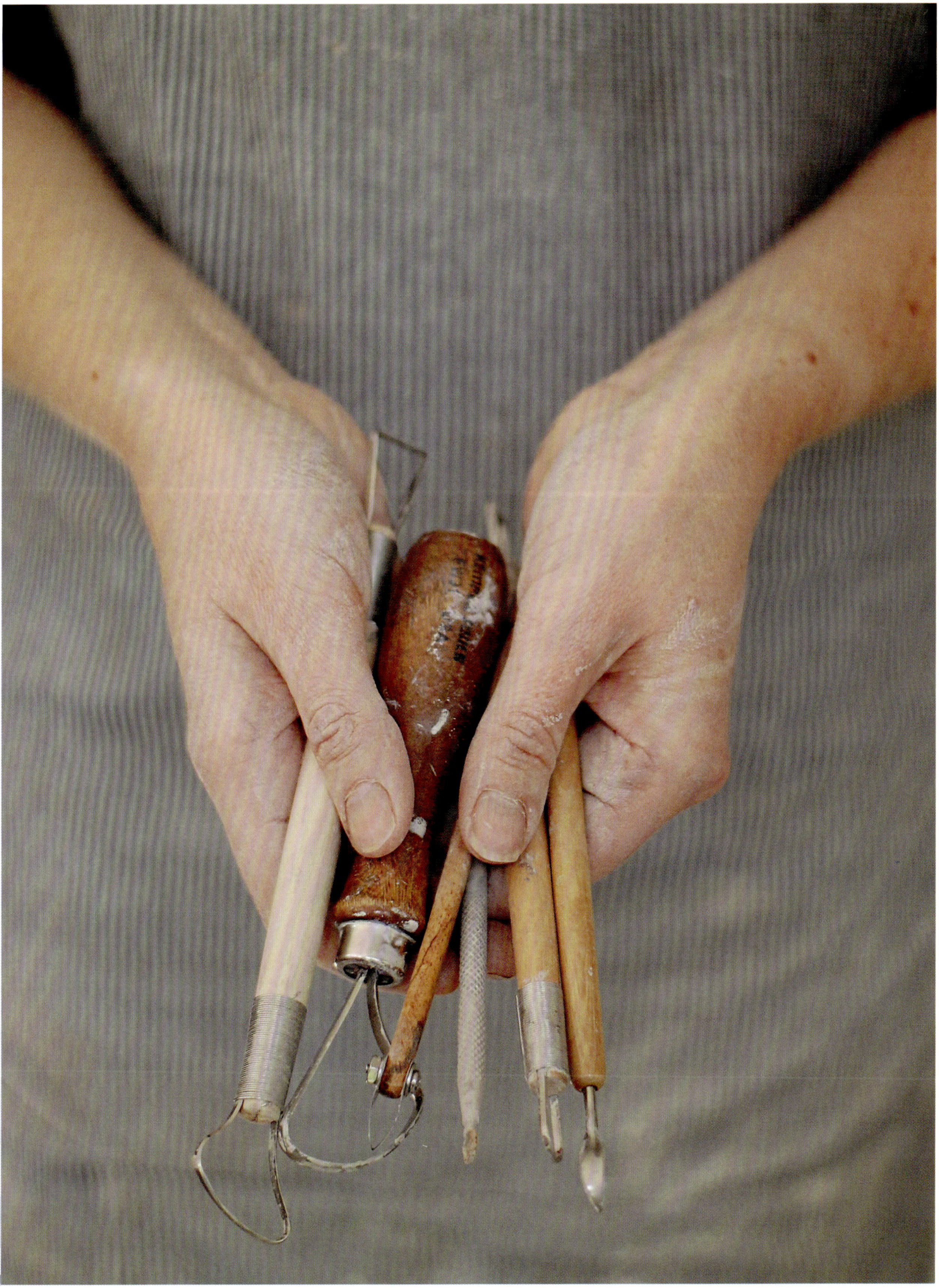

# Vorratsdose mit Inlaydekor

Intarsien und Einlegemuster (Mishima) entstehen, indem ein Dekor in den lederharten Ton gekerbt und anschließend mit Engobe gefüllt wird. Das Resultat verbindet sich vollkommen glatt und eben mit der Wandung.

### TON

1 kg feine weiße Steinzeugmasse (etwa 700 g für das Gefäß und 300 g für den Deckel)

### MATERIAL UND WERKZEUG

**Zum Formen**

- Drehschiene
- Modellierholz
- Schwamm
- Chamoisleder
- Abmaßzirkel
- Schneidedraht
- Abdreheisen
- Markierwerkzeug/ Nadel
- Tonschlicker

**Für das Inlay**

- Feine spitzige Abdrehschlinge
- Farbige Engobe
- Malhörnchen
- Flexible nierenförmige Ziehklinge

### BRAND

Schrühbrand bei etwa 980 °C
Glasurbrand bei etwa 1220 °C
im Elektroofen

Deckeltöpfe gehören beim Drehen zu den schwierigsten Herausforderungen, weil der Deckel exakt passen und glatt aufliegen muss. Bei diesem Projekt empfiehlt es sich, beide Teile zusammen zu trocknen und zu brennen und nach dem Formen zunächst sehr langsam unter Plastikfolie antrocknen zu lassen, damit die eingelegten Engobemuster nicht wieder abblättern.

Es hat schon eine gewisse Magie, wenn man am Schluss die Oberfläche abschabt und die darunter liegende Musterung endlich voll zum Vorschein kommt. Auch diese Technik eröffnet zahllose Gestaltungsmöglichkeiten. Bei meiner eigenen Produktion bevorzuge ich geometrische Anordnungen und experimentiere vorab oft auf Testkacheln (siehe unten).

Meine Farbstellungen halte ich mit nur einem leuchtenden Blauton auf weißem Scherben sehr schlicht. Der wunderbare Kontrast spricht für sich. Für aufwändigere buntere Ornamentik können Sie selbstverständlich mehrere Engoben parallel einsetzen.

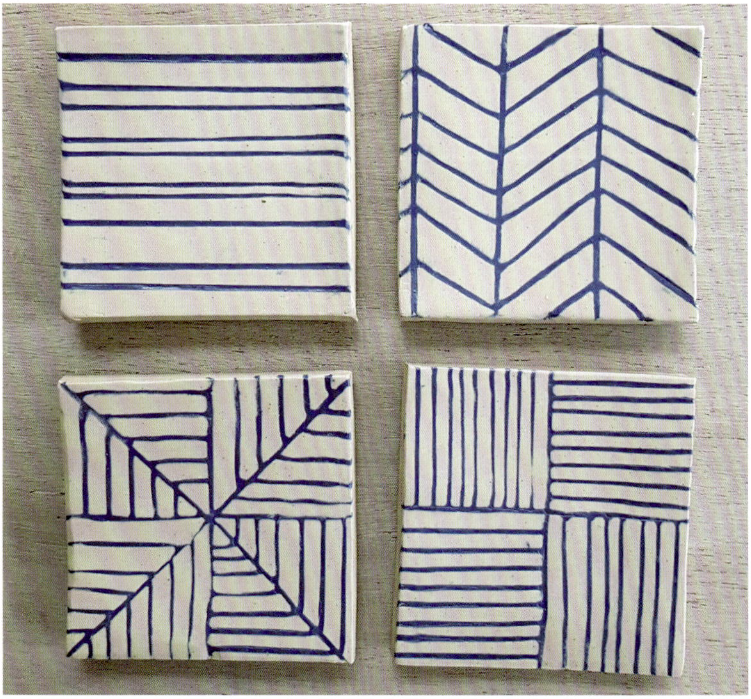

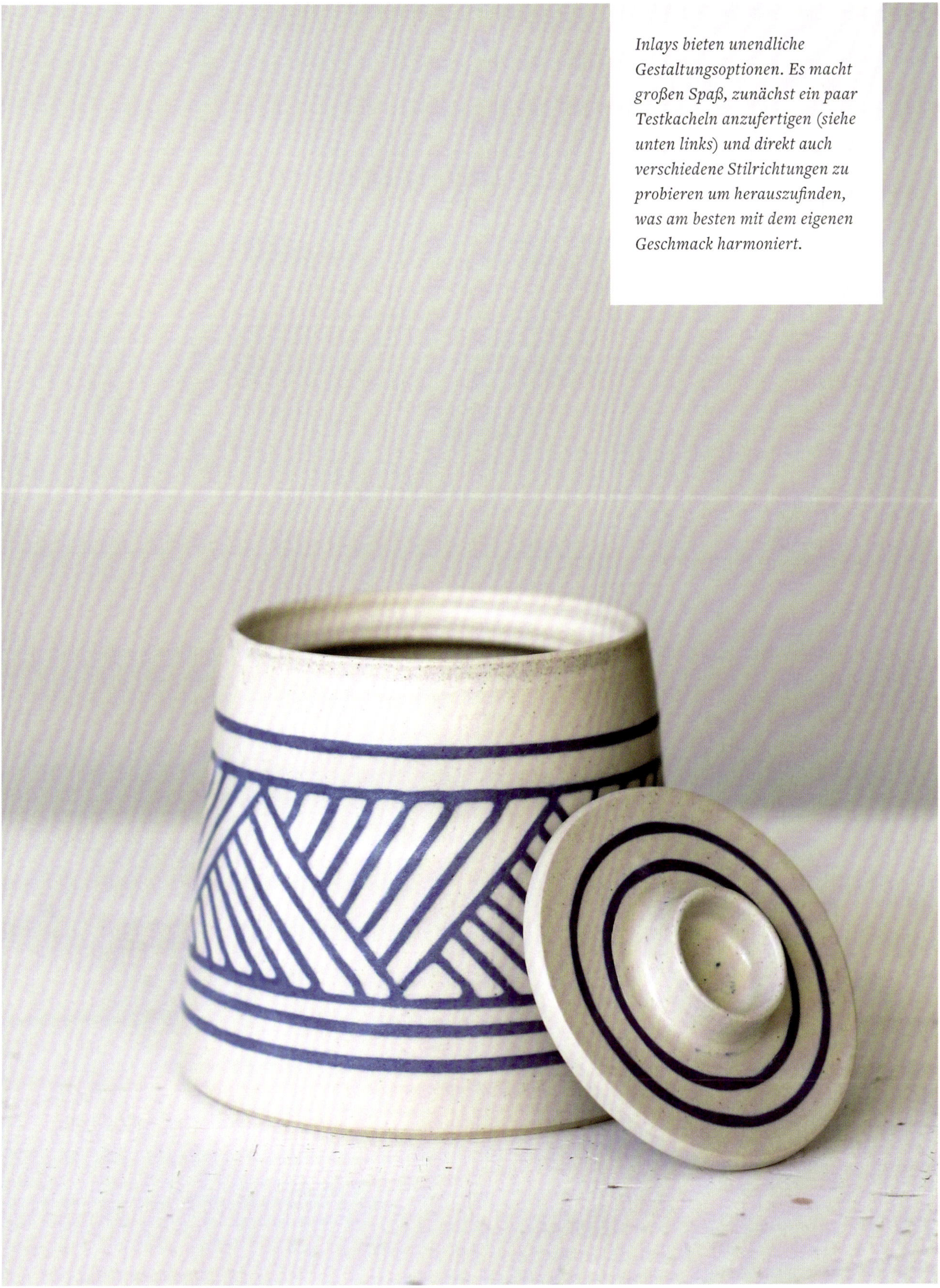

*Inlays bieten unendliche Gestaltungsoptionen. Es macht großen Spaß, zunächst ein paar Testkacheln anzufertigen (siehe unten links) und direkt auch verschiedene Stilrichtungen zu probieren um herauszufinden, was am besten mit dem eigenen Geschmack harmoniert.*

# FORMGEBUNG

In diesem Projekt wird eine kleine Vorratsdose mit passendem Deckel gedreht. Höhe etwa 13 cm.

Bei Deckelgefäßen ist es sehr wichtig, beide Elemente zusammen in einem Arbeitsgang zu drehen. Sie schwinden dann beide im selben Umfang und passen auch nach dem Brennen noch exakt aufeinander.

## DREHEN DER DOSE

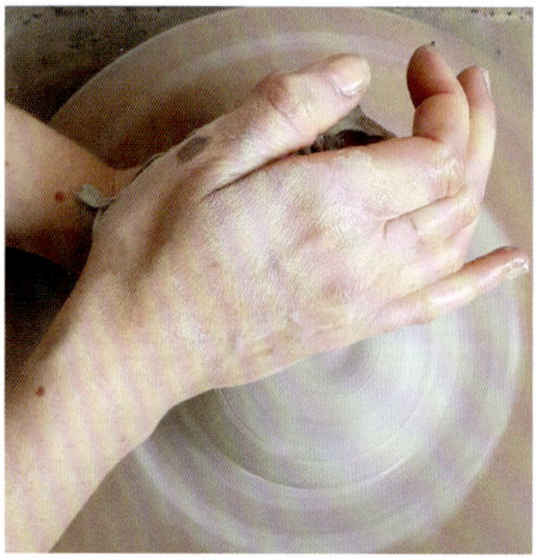

**1** Den Tonbatzen auf der Drehscheibe zu einem abgeflachten Kegel zentrieren.

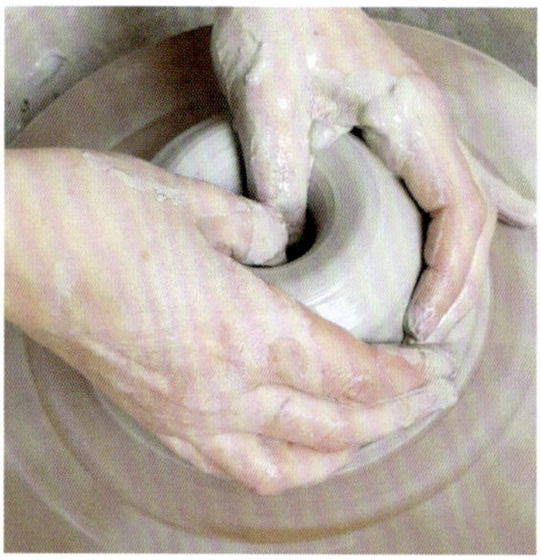

**2** Mit beiden Daumen die Mitte aufbrechen und eine Vertiefung bis zur Basis eindrücken. Den Innenboden bis zum gewünschten Durchmesser erweitern.

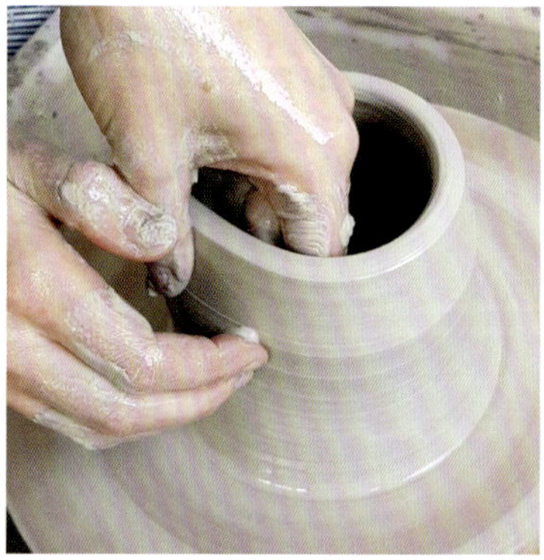

**3** Wandung hochziehen. Dabei von außen mehr Kraft anwenden als innen. Die Oberkante etwas stärker belassen, damit später genügend Masse für die Galerie (die Auflage für den Deckel) bleibt.

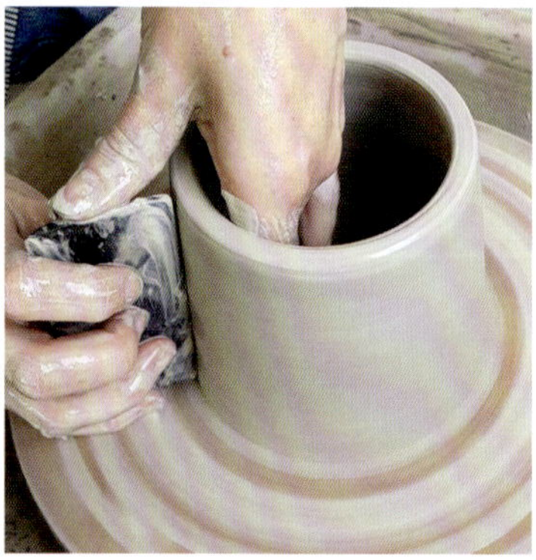

**4** Sobald die gewünschte Höhe erreicht ist, die Wandung mit der geraden Kante der Drehschiene senkrecht begradigen und glätten.

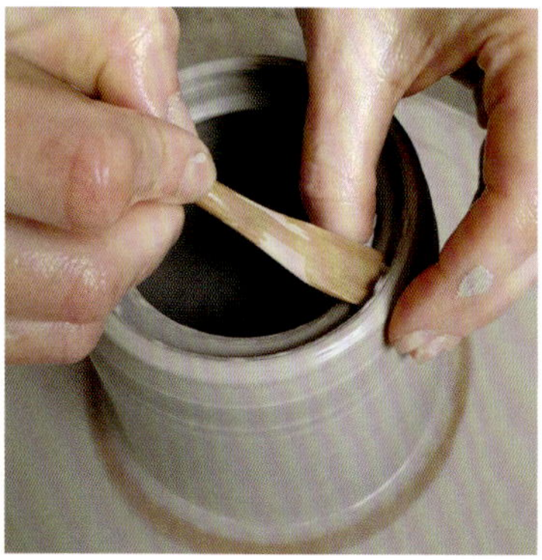

**5** Für die Galerie beide Seiten der Oberkante mit den Fingern abstützen. Ein Modellierholz mit breiter Spitze verwenden. Mit diesem die innere Hälfte der Oberkante gut 1 cm weit nach unten pressen. Falls die Wandung sich dabei etwas verformen sollte, nochmals mit der hölzernen Drehschiene exakt begradigen.

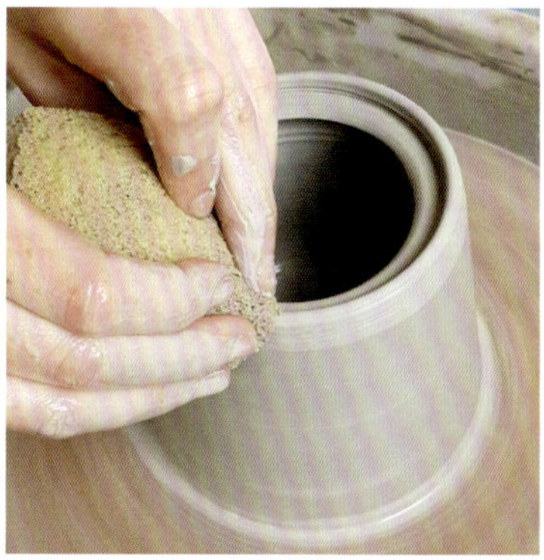

**6** Die Wandung darf keine Dellen und Beulen mehr zeigen, damit das Inlay sich später perfekt aufbringen lässt. Alle Reste von Wasser und Schlicker mit einem Schwamm abwischen und die Kanten mit einem Lederstück abrunden.

## DREHEN DES DECKELS

Es gibt zahlreiche unterschiedliche Methoden, Deckel zu drehen. Eine der einfachsten besteht darin, ihn kopfüber zu formen, wie hier zu sehen.

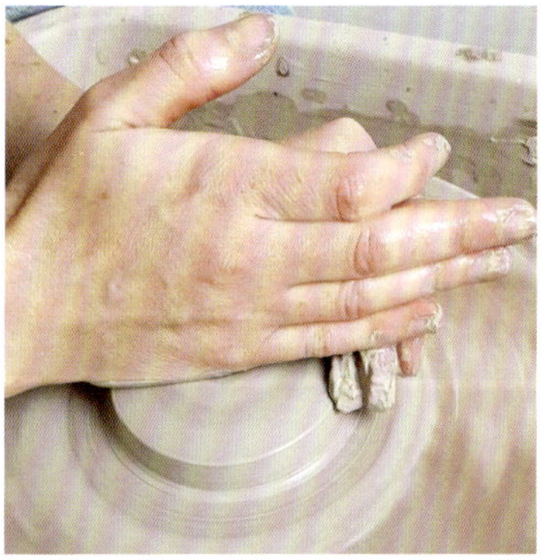

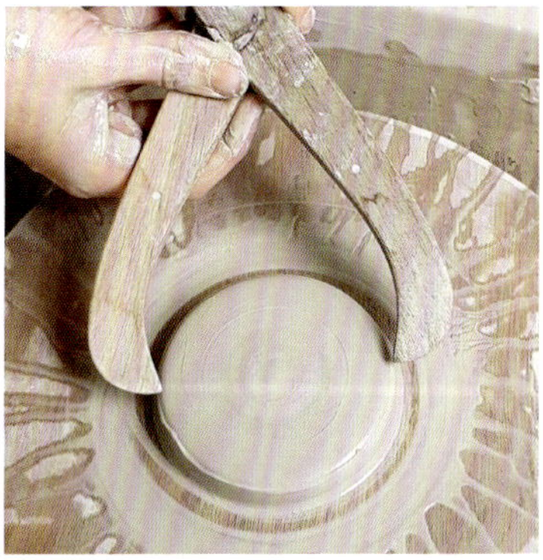

**1** Ton zu einem abgeflachten Kegelstumpf zentrieren. Weiter abwärts pressen, bis eine etwa 12 mm starke Scheibe entsteht. Diese muss genau in die Öffnung der Dose passen und glatt auf der Galerie aufliegen. Damit das gelingt, mit dem Abmaßzirkel den ungefähr benötigten Durchmesser ermitteln. Keine Sorge, es kommt noch nicht auf den Millimeter an, die exakte Größe wird erst später beim Abdrehen erreicht.

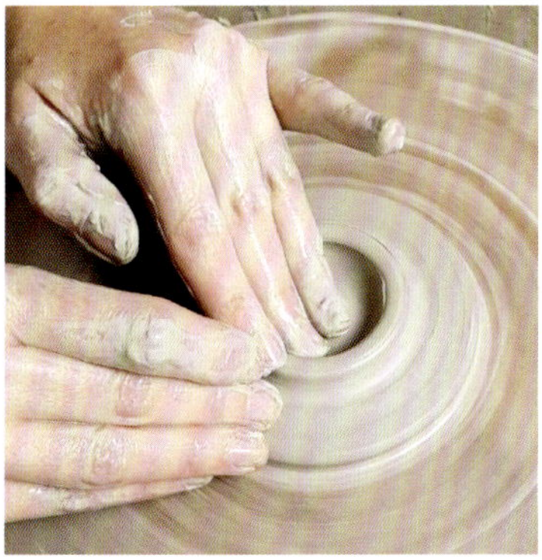

**2** Für den Flansch im Mittelpunkt beginnend die Masse leicht nach außen und gleichzeitig oben schieben, so dass sich eine Art niedrige Wand bildet. Mit dem Abmaßzirkel prüfen, dass der Flansch genau in die Dosenöffnung passt.

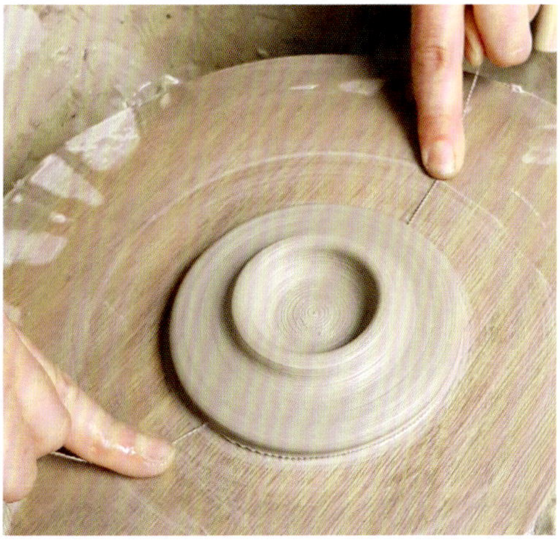

**3** Alle Schlickerreste entfernen, alle Kanten glätten und abrunden und den Rohling mit Schneidedraht von der Scheibenauflage lösen.

# VERSÄUBERN

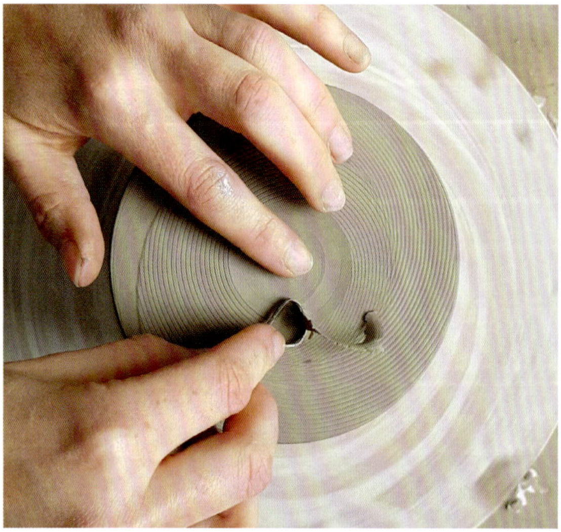

**1** Wenn Gefäß und Deckel leicht angesteift sind, kann die Dose kopfüber abgedreht werden. Den Boden mit einer Abdrehschlinge von überschüssiger Masse befreien.

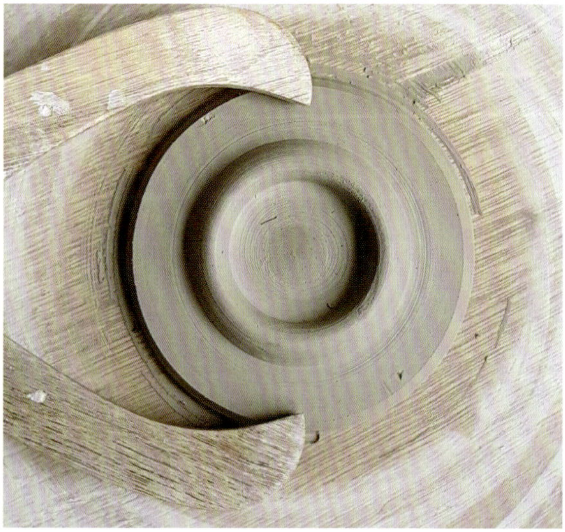

**2** Mit dem Abmaßzirkel kontrollieren, ob der Deckel genau in die Dosenöffnung passt.

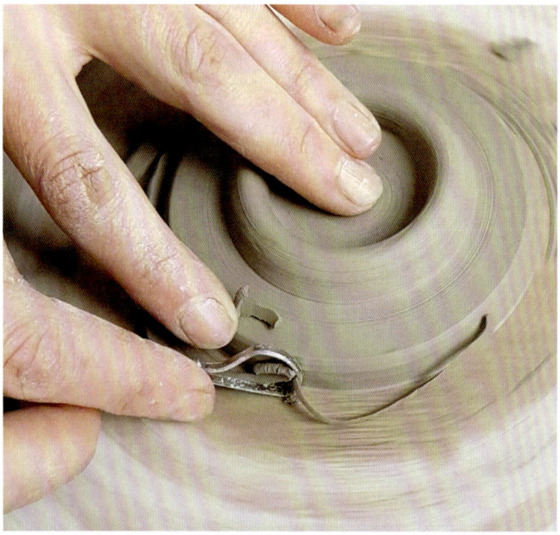

**3** Falls nötig, den Rand noch etwas weiter abdrehen. In diesem Stadium sollte genügend Spiel beim Auflegen bleiben, damit der Deckel auch nach dem Glasieren noch gut auf die Dose passt.

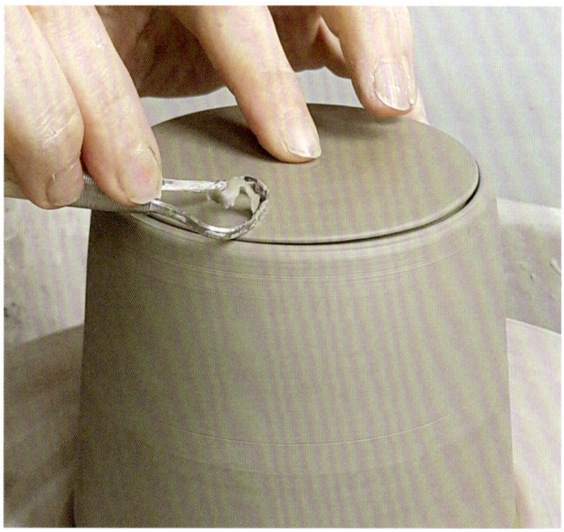

**4** Damit der Deckel tatsächlich ohne überzustehen exakt in der Dose sitzt, wird er probehalber aufgelegt. Beide Teile zusammen auf der Töpferscheibe zentrieren und den Deckelrand bei Bedarf etwas weiter abdrehen, bis er mit dem Dosenrand auf einer Ebene liegt. Das ist ein einfacher Trick, um einen perfekten Sitz zu erreichen.

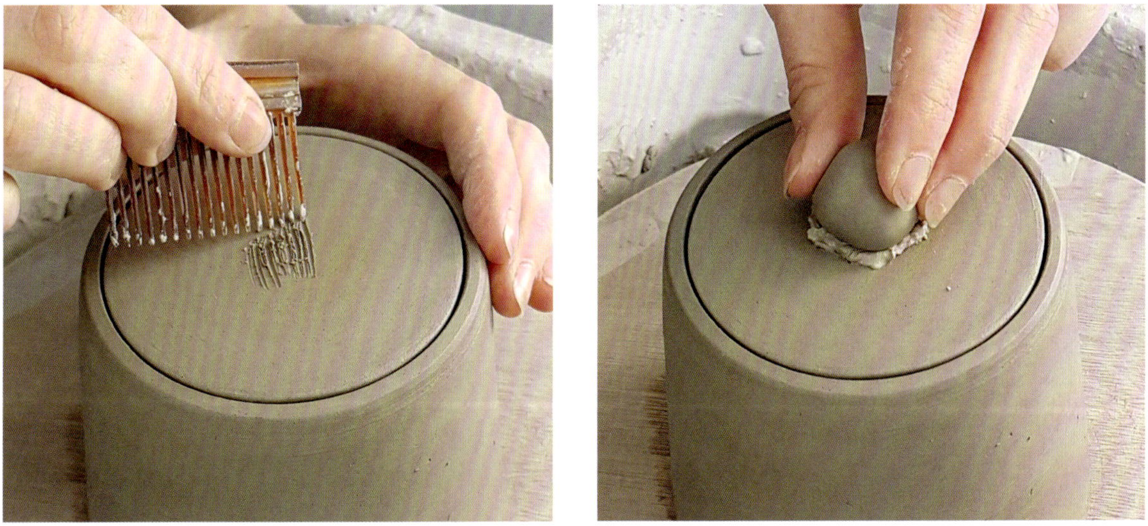

**5** Die Dose bleibt weiterhin auf der Töpferscheibe, um den Knauf am Deckel anzubringen. Eine kleine Fläche in der Deckelmitte mit dem Kamm aufrauen, Schlicker auftragen und eine kleine Tonkugel fest hineindrücken.

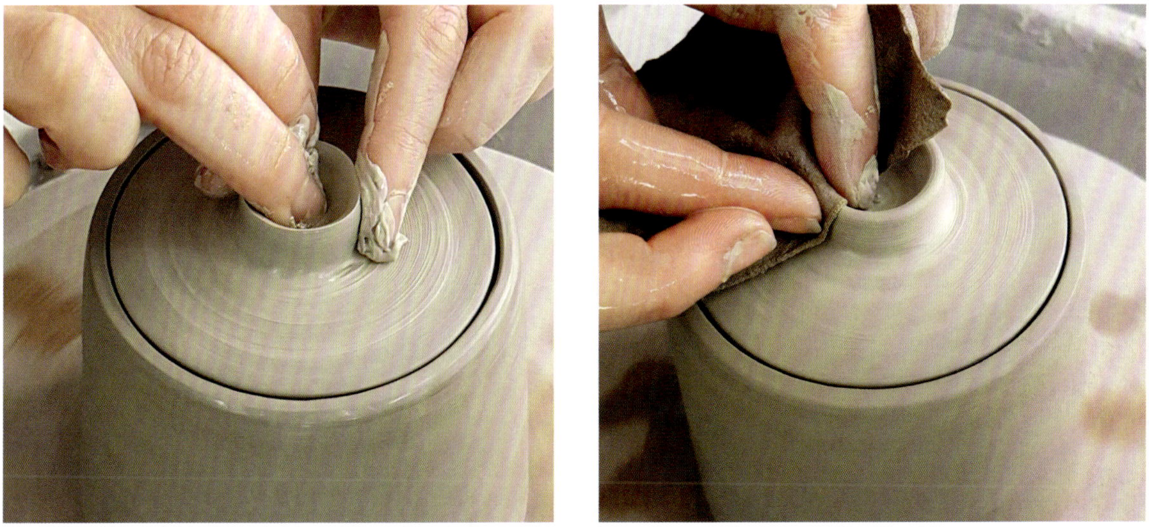

**6** Mit den angefeuchteten Fingerspitzen die Kugel zentrieren, in der Mitte bis zur Deckeloberfläche aufbrechen und vorsichtig zu einem Wandring hochziehen. Dieser sollte so hoch sein, dass er sich leicht greifen lässt, also mindestens etwa 2 cm. Denken Sie daran, dass auch der Griff durch das Trocknen und Brennen etwas kleiner wird. Mit einem Lederstück wird die Oberkante ebenfalls noch geglättet und abgerundet.

# INLAY

Während die Musterlinien ausgekerbt werden, sollten Topf und Deckel noch lederhart sein. Bei meinem Entwurf habe ich auch einige waagrechte Linien vorgesehen. Diese lassen sich am einfachsten einschneiden, wenn das Ganze zurück auf die Töpferscheibe gestellt wird. Damit der Topf gut hält, den Scheibenkopf vorher anfeuchten oder den Topf an der Basis mit kleinen Tonbatzen fixieren.

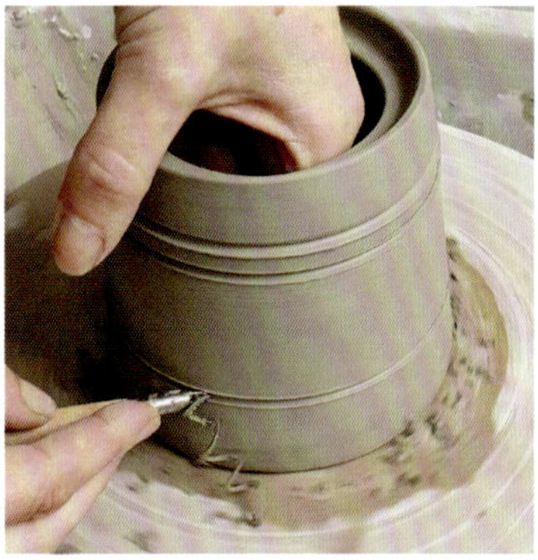

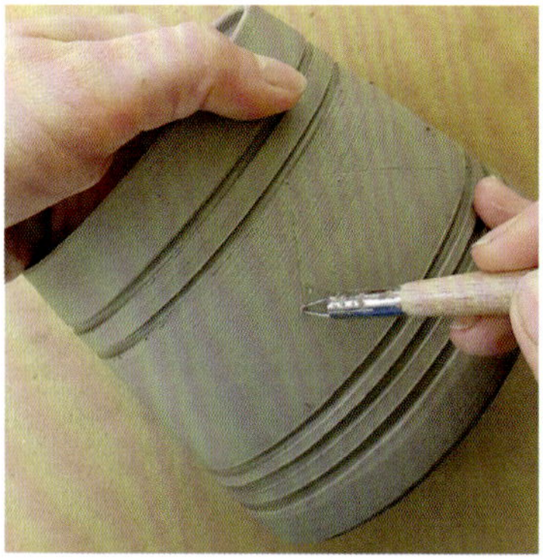

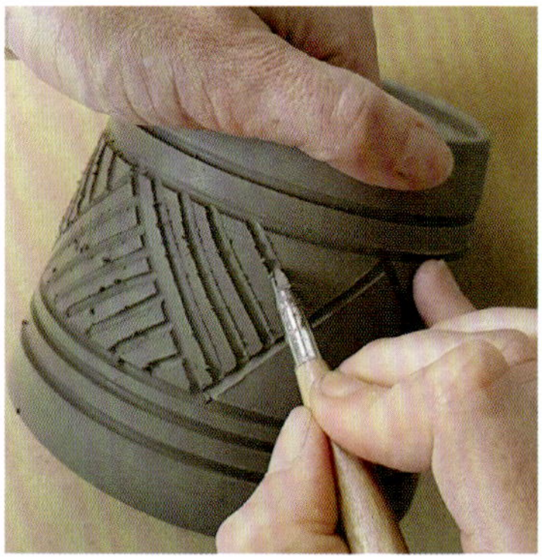

**1** Bei rotierender Scheibe mit einer sehr feinen spitzigen Abdrehschlinge die gewünschten Rillen einziehen. Die andere Hand zum Stabilisieren und Kontrollieren der Schnitttiefe innen im Gefäß halten.

**2** Für die restlichen schrägen Musterlinien nehme ich das Gefäß von der Scheibe und platziere es auf einem Schwamm oder Stoffstück. Meist skizziere ich die Linienführung vorab mit einem Lineal und reiße sie hauchfein auf der Wandung an.

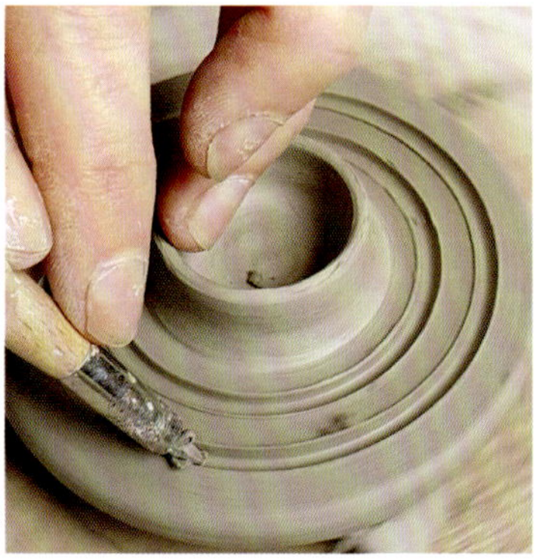

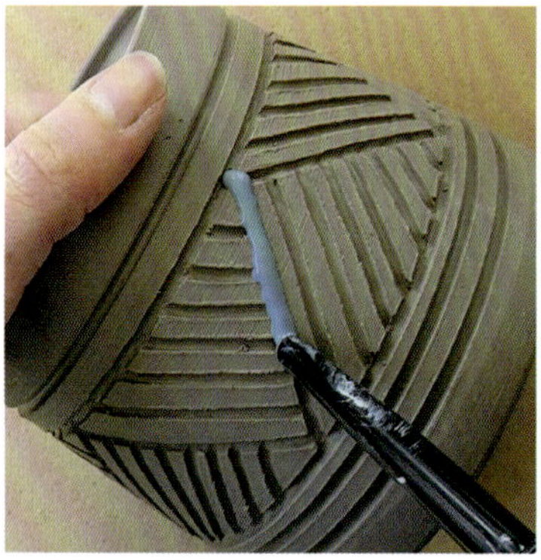

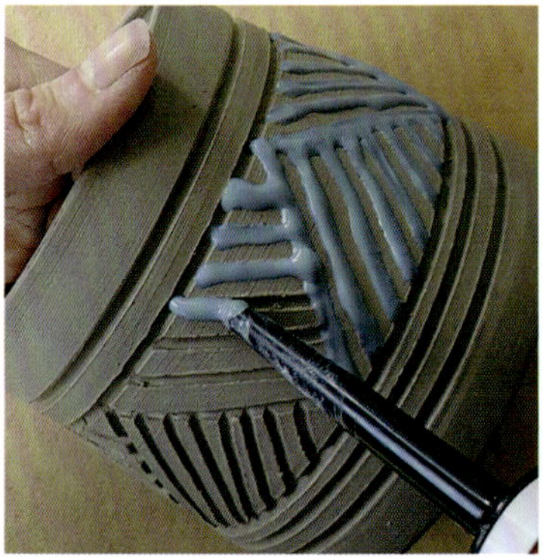

**3** Der Deckel erhält konzentrische Kreise. Diese lassen sich ebenfalls am einfachsten auf der Töpferscheibe ausführen.

**4** Die fertigen Musterlinien werden mit farbigem Engobeschlicker ausgelegt. Ich finde es am einfachsten, diesen mit einem Malhorn aufzutragen. Der Schlicker muss relativ dicklich, aber dennoch flüssig genug sein, um problemlos in die Rillen einzudringen.

**5** Füllen Sie alle Vertiefungen sorgfältig mit Schlicker. Dabei den Topf nur von innen halten, damit fertige Bereiche nicht verschmiert werden.

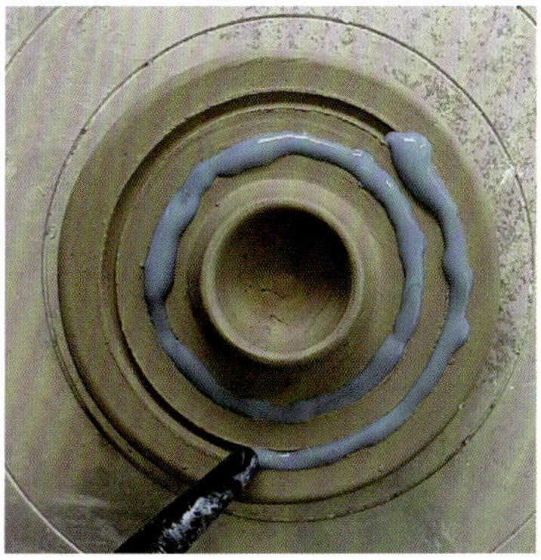

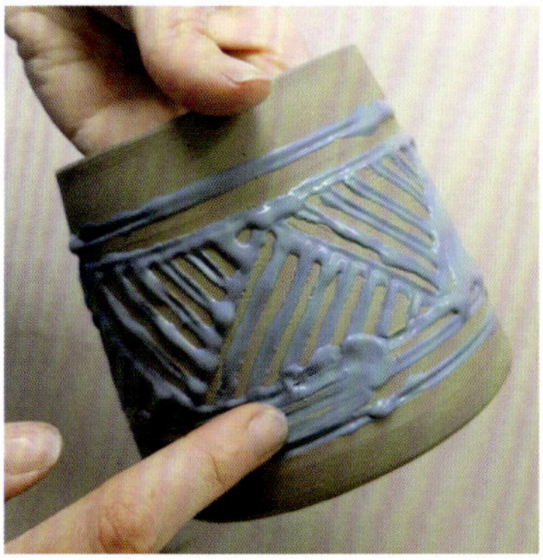

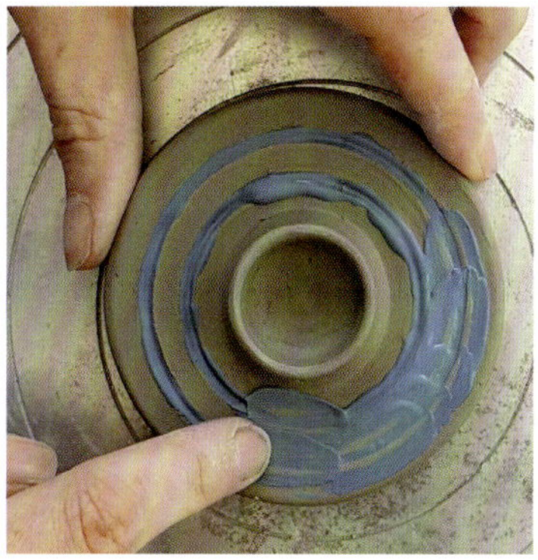

**6** Auf dieselbe Weise werden die konzentrischen Rillen auf dem Deckel mit Engobe ausgelegt.

**7** Der Schlicker soll die Vertiefungen komplett ausfüllen. Nach etwa einer halben Stunde ist er etwas angesteift und wird mit den Fingern nochmals besser eingerieben. Danach eine zweite großzügige Engobeschicht applizieren. Diese sollte leicht erhaben auf der Oberfläche liegen.

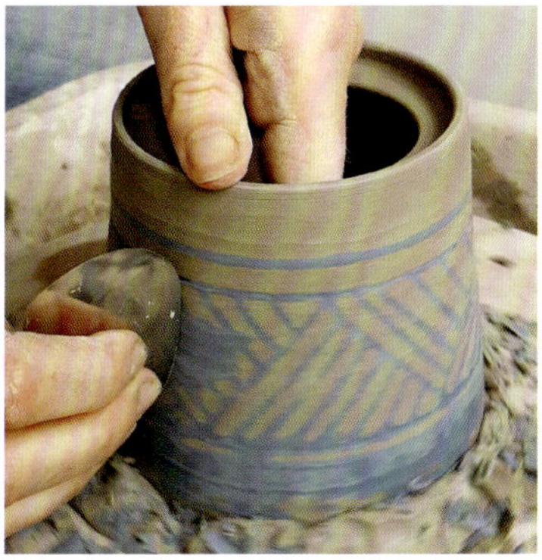

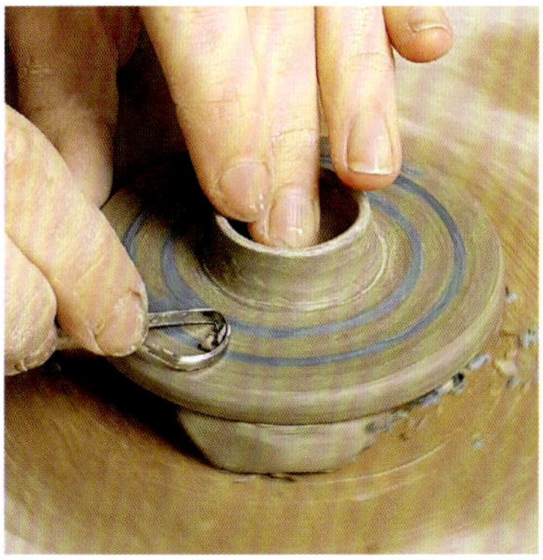

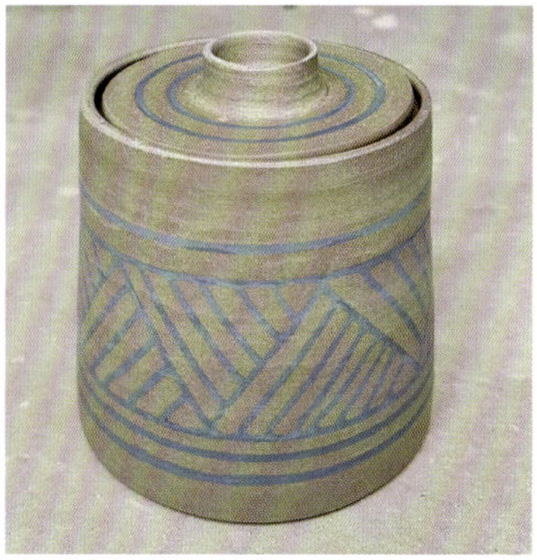

**8** Das Ganze trocknen lassen, bis die Wandung gut lederhart ist. Dann mit der nierenförmigen Ziehklinge überschüssigen, überstehenden Schlicker abschaben. Falls er dabei noch zu feucht ist, verschmiert das Muster. Am besten vorab an einer kleinen Partie vorsichtig Festigkeit und Trocknungsgrad ausprobieren. Das ist der spannendste Moment – endlich zeigt sich das fertige Muster.

**9** Auch den Deckel wie in Schritt 7 und 8 gezeigt bearbeiten. Die kleine Partie rund um den Griff lässt sich am besten mit einer Abdrehschlinge glätten. Der zentrierte Deckel wird dazu mit kleinen feuchten Tonbatzen an der Scheibe fixiert.

**10** Gefäß und Deckel sehr langsam trocknen lassen, damit nichts bricht und abplatzt. Der Deckel bleibt die ganze Zeit auf dem Topf, damit er auch nach dem Schwinden noch perfekt sitzt.

**FERTIGSTELLUNG**

*Für meine Vorratsdose habe ich eine matte Transparentglasur gewählt. Auf der weich und glatt wirkenden Oberfläche bleibt das Muster deutlich erkennbar.*

# Becher aus Gießton

**Bei Gießverfahren wird flüssiger Tonschlicker in Gipsformen eingefüllt. Die Technik wird oft in der keramischen Massenproduktion eingesetzt, um viele einheitliche Stücke und Formen zu erschaffen, die sich auf der Töpferscheibe kaum verwirklichen lassen.**

### TON

1 l grauer Gießton
1 l weißer Gießton
(Je nach Größe der verwendeten Gießform. Meine fasst etwa 0,7 l.)

### MATERIAL UND WERKZEUG

**Zum Formen und Gießen**

- Gipsform
- Messbecher
- Palettmesser/ Messer mit dünner Klinge
- Kleines Brett
- Schwamm

**Zum Schneiden**

- Markierwerkzeug/ Nadel
- Ränderscheibe
- Sgraffitowerkzeug
- Flexible nierenförmige Ziehklinge
- Atemschutzmaske
- Pinsel
- Schmirgelpapier

### BRAND

Schrühbrand bei etwa 980 °C
Glasurbrand bei etwa 1220 °C
im Elektroofen

Sobald Gießton in Gipsformen eingefüllt wird, beginnt der Gips das Wasser zu absorbieren. Auf der Innenseite der Form setzt sich der Ton langsam zu einer festeren Lage ab. Nach einer festgesetzten Zeit wird der überschüssige Schlicker wieder ausgekippt. Zurück bleibt die Tonwand, die noch weiter anzieht und dabei leicht schwindet, so dass sie sich später gut herausnehmen lässt.

Kerb- und Schneidetechniken bieten für gegossene Rohlinge ein riesiges Gestaltungspotenzial. Im folgenden Beispiel werden zwei unterschiedlich gefärbte Gießmassen nacheinander in die Form gefüllt, so dass mehrere Farbschichten übereinander liegen. Wenn die Wandung steif genug ist, werden diese durch Beschneiden zum Vorschein gebracht. Da ich sehr schlichte Optik bevorzuge, habe ich mich auf zwei abwechselnde Tonfarben beschränkt. Sie können auch mehr Farben kombinieren. Probieren Sie einfach aus, welche Zusammenstellungen Ihnen am besten zusagen.

Meine Gipsform habe ich mit einer gedrehten Tasse als Modell angefertigt. Wenn Sie eigene Formen konzipieren, denken Sie daran, dass der gegossene Rohling noch etwas schwindet. Wählen Sie solche, die sich nach oben hin leicht erweitern, damit der Abguss sich problemlos herausheben lässt und nicht in der Gipsform stecken bleibt.

### GIESSTON EINFÄRBEN

*Sie können industriell gefertigte bunte Gießtone erwerben oder auch leicht selber herstellen. Mit angepassten eigenen Rezepten erzielen Sie exakt die gewünschten Farbnuancen.*

*Für dieses Projekt habe ich 28 g schwarzen Farbkörper für 1 l weiße Steinzeug-Gießmasse verwendet. Das Farbpulver habe ich einfach zum Gießschlicker gegeben und etwa eine Minute lang mit einem Mixstab gründlich verquirlt.*

*Der Gießton muss klumpenfrei sein und die passende Konsistenz haben. Der graue und der weiße Schlicker sollten dieselbe Viskosität aufweisen. Falls er Ihnen noch zu zähflüssig vorkommt, etwas Wasser zufügen und gut vermengen. Je stärker der Ton allerdings verdünnt wird, desto mehr schwindet er später.*

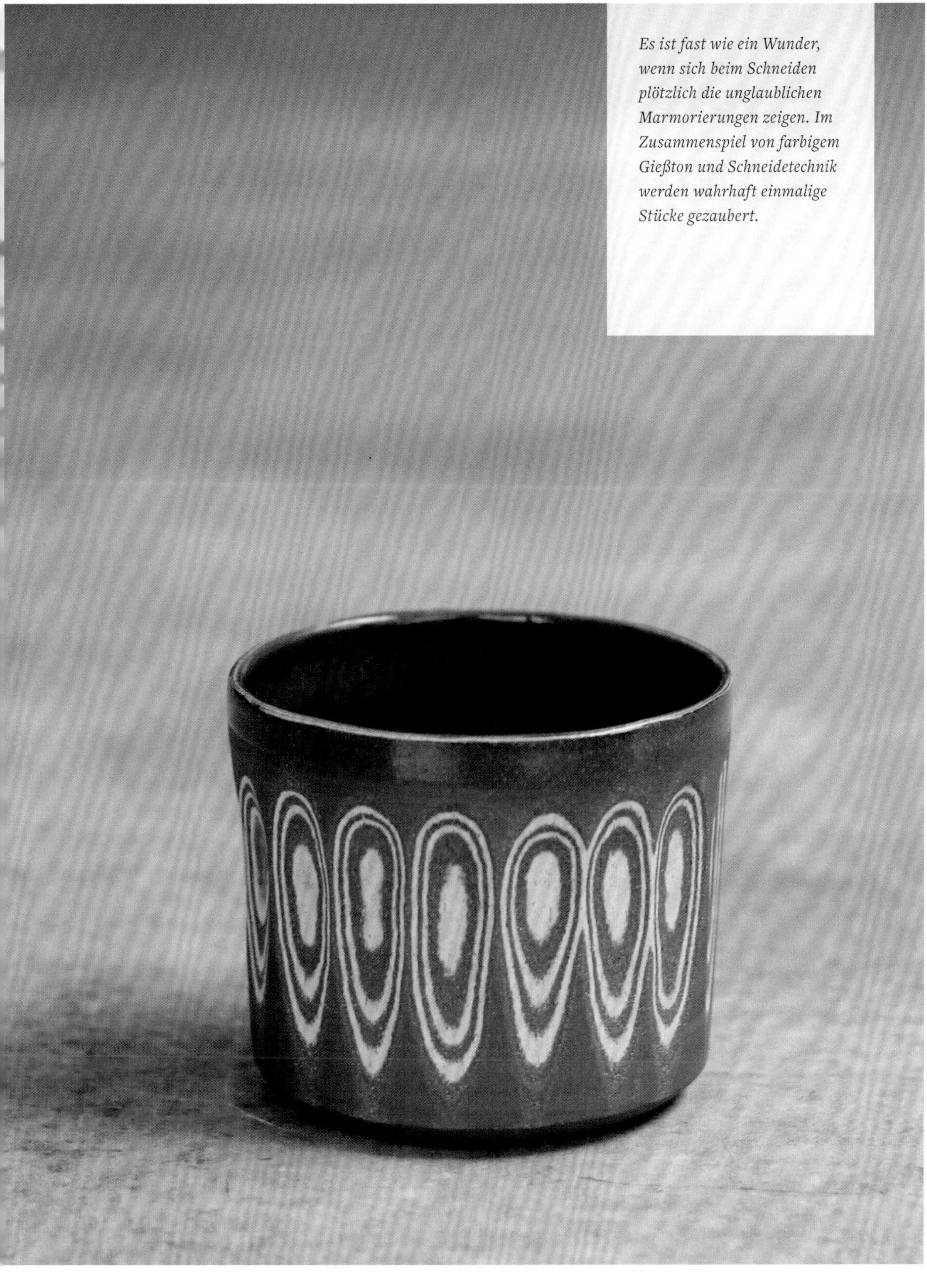

*Es ist fast wie ein Wunder, wenn sich beim Schneiden plötzlich die unglaublichen Marmorierungen zeigen. Im Zusammenspiel von farbigem Gießton und Schneidetechnik werden wahrhaft einmalige Stücke gezaubert.*

# FORMGEBUNG

Der hier gezeigte Becher ist etwa 8 cm hoch.

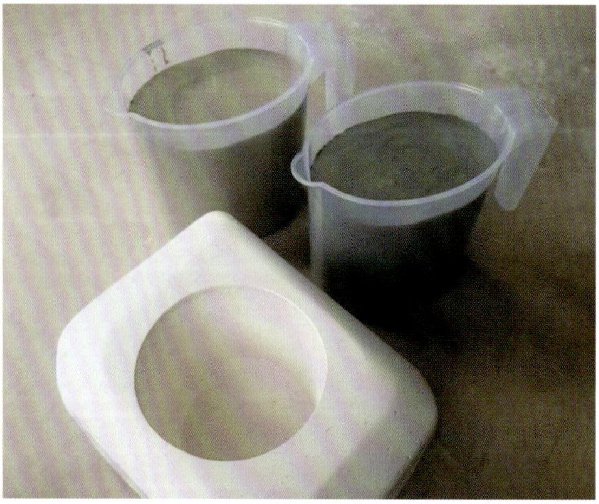

**1** Wenn Sie mit dem Gießen anfangen, muss die Gipsform vollkommen trocken und sauber sein. Die Form auf eine ebene Arbeitsfläche stellen. Die Kannen müssen groß genug für die gesamte benötigte Tonmenge sein, so dass sie nahtlos in einem Durchgang eingegossen werden kann.

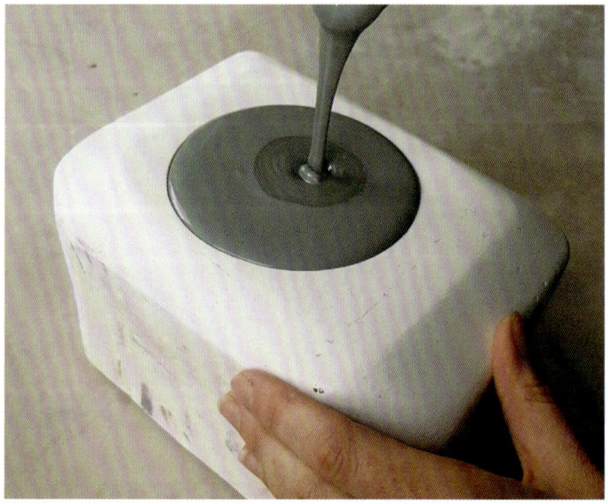

**2** Beginnen Sie mit dem grauen Gießton. Die Form komplett füllen, sogar bis leicht über den Rand hinaus. Beim Anziehen nimmt der Gips Feuchtigkeit auf und die Oberfläche sackt wieder etwas ab.

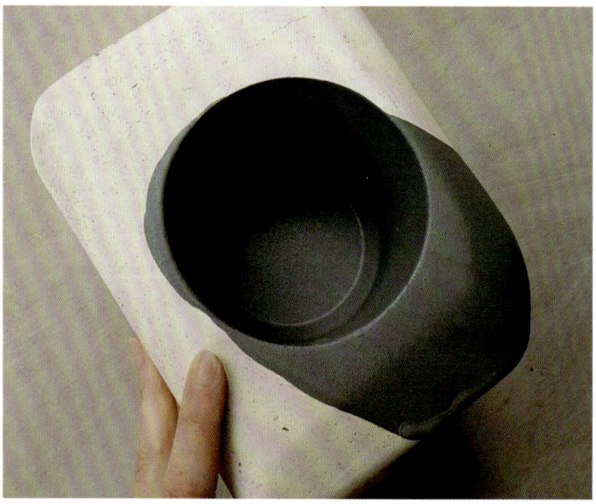

**3** Die erste Tonschicht soll sehr dünn ausfallen. Warten Sie etwa eine Minute, bevor Sie den überschüssigen Schlicker wieder abgießen. Dazu die Gipsform auf den Kopf drehen und leerlaufen lassen. Dann schräg aufstellen, bis die verbliebene Schlickerschicht etwas angezogen hat. Dadurch vermeiden Sie kleine Tropfen auf dem Innenboden. Wenn die Tonschicht nicht mehr glänzt, kommt die zweite Lage an die Reihe.

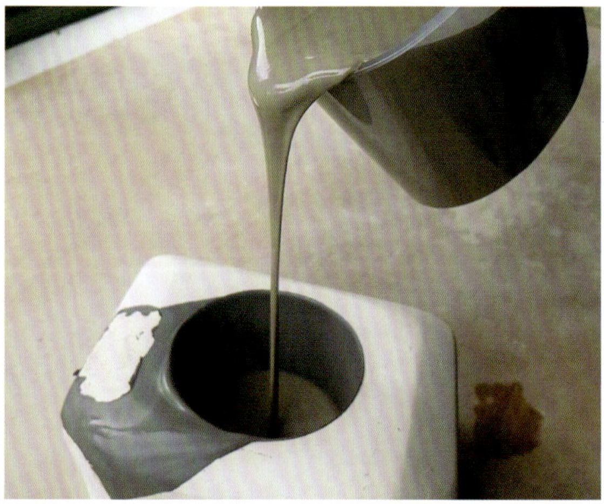

**4** Auf dieselbe Weise wie vorher den weißen Schlicker eingießen. Auch diesmal wieder bis leicht über den Rand hinaus stehen lassen.

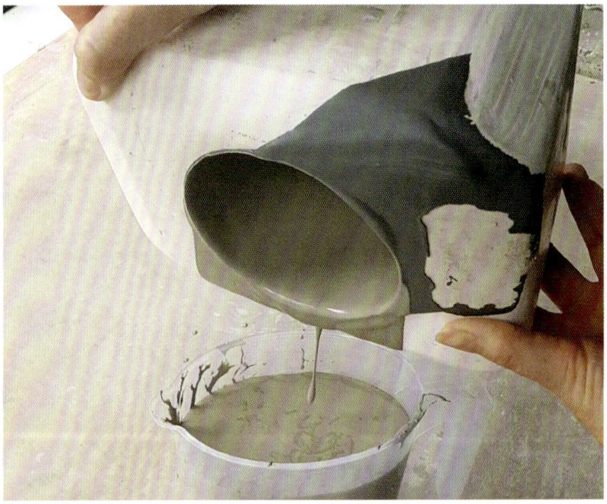

**5** Auch diese Schicht etwa eine Minute anziehen lassen, dann den restlichen Schlicker abgießen. Form wieder mit der Öffnung nach unten schräg stehend trocknen lassen.

Bitte beachten: Je nachdem, wie viele Lagen Sie sich vorstellen, wiederholen Sie Schritt 2–5 entsprechend oft. Dabei immer zwischen Grau und Weiß abwechseln. Sie merken schon bald, dass die späteren Schichten länger zum Trocknen brauchen als die früheren, müssen also zwischendurch länger warten. Für das Beispiel habe ich sieben Schichten gegossen, die äußerste und innerste sind grau. Prägen Sie sich gut ein, wie viele Sie schon haben, um nicht den Überblick zu verlieren. Außerdem gilt: Je mehr Lagen Sie gießen, desto massiger wird die Gefäßwand. Wie lange jede einzelne zum Trocknen braucht, hängt von mehreren Faktoren ab: Viskosität der Gießmasse, Zustand der Gipsform und Umgebungstemperatur. Um das Timing optimal zu treffen, sind eventuell ein paar Versuche notwendig und Fehler nicht immer zu vermeiden.

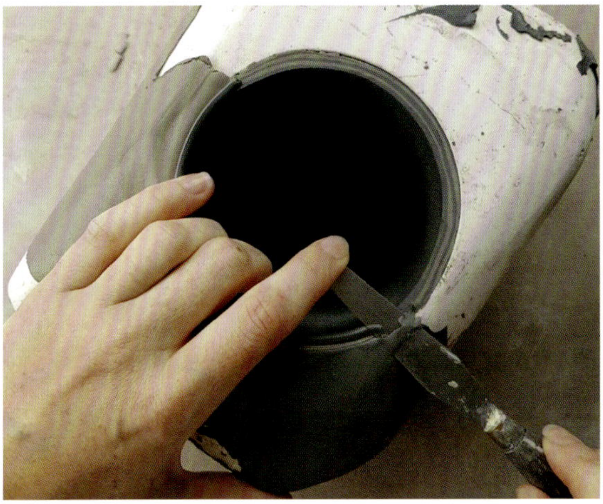

**6** Wenn genügend Schichten gegossen sind, müssen sie weiter ansteifen. Anschließend die Überschüsse an der Oberkante mit einem Palettmesser oder einer sonstigen flachen Klinge rundum glatt abschneiden. Darauf achten, nicht in den Gips zu kratzen. Die Klinge immer vom Inneren nach außen ziehen, damit der Abschluss sauber gelingt.

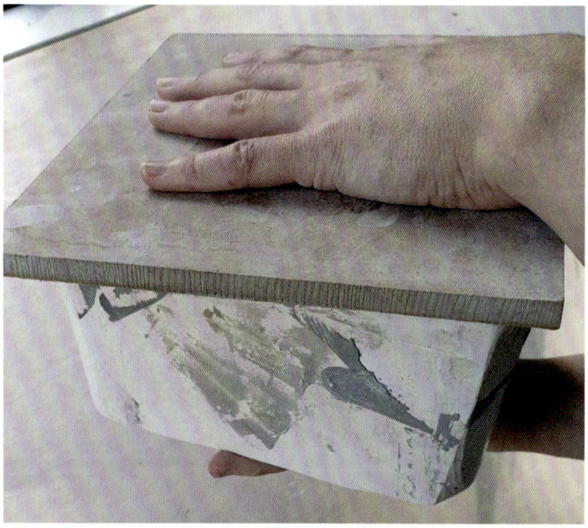

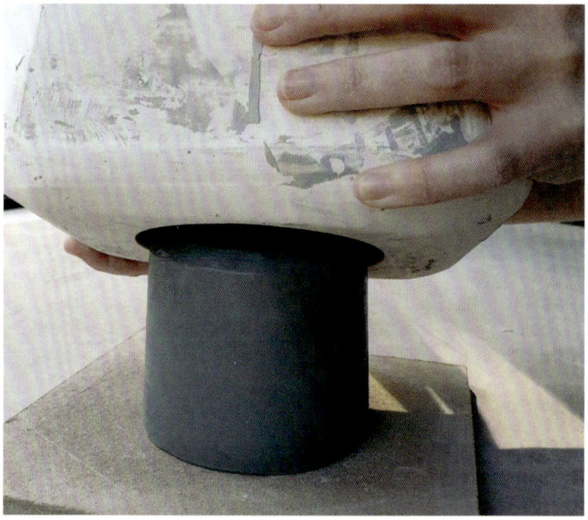

**7** Lassen Sie den Rohling in der Form ruhen, bis er lederhart ist. Es ist leicht zu erkennen, wann er fertig ist, da der Ton sich beim Trocknen und Schwinden einfach von der Gipswand löst. Ich belasse meine Werke meist über Nacht in der Form. Der richtige Zeitpunkt hängt stark von Temperatur und Luftfeuchtigkeit in der Werkstatt ab. Am besten regelmäßig kontrollieren. Zum Herausnehmen des gegossenen Bechers ein Brett auf die Öffnung halten und mitsamt der Gipsform auf den Kopf drehen.

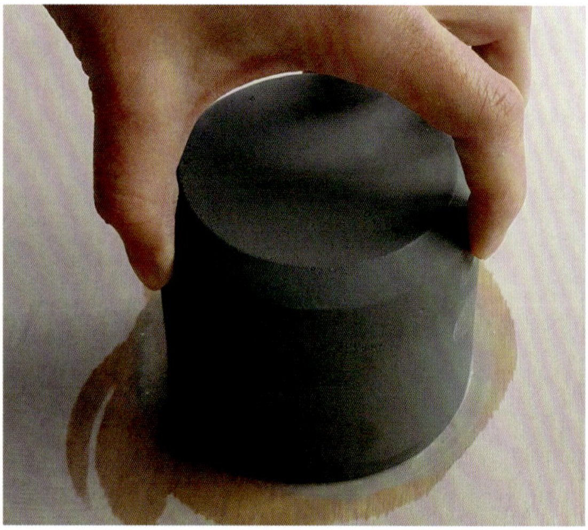

**8** Um eventuelle kleine Unebenheiten an der Oberkante zu begradigen, das Arbeitsbrett anfeuchten, Becher kopfüber daraufsetzen und vorsichtig leicht drehend pressen, bis die Kante vollkommen eben wird.

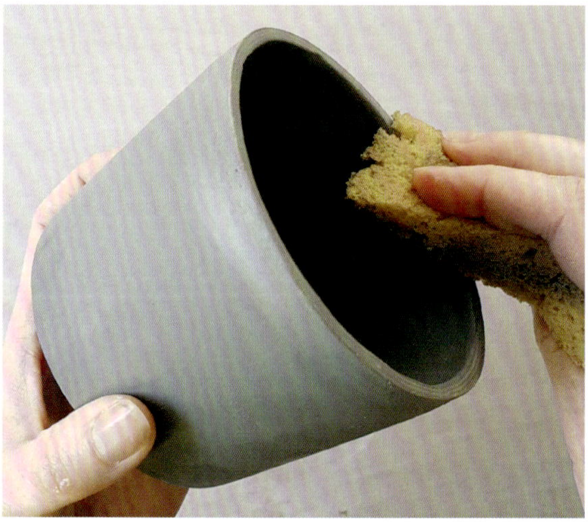

**9** Abschließend den oberen Rand vorsichtig mit dem feuchten Schwamm glätten.

# BESCHNEIDEN

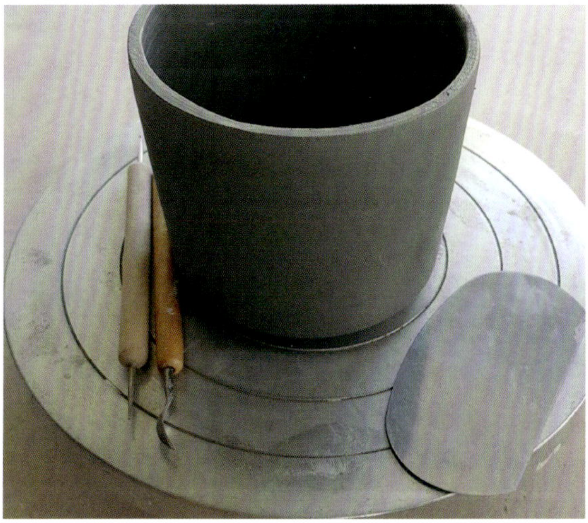

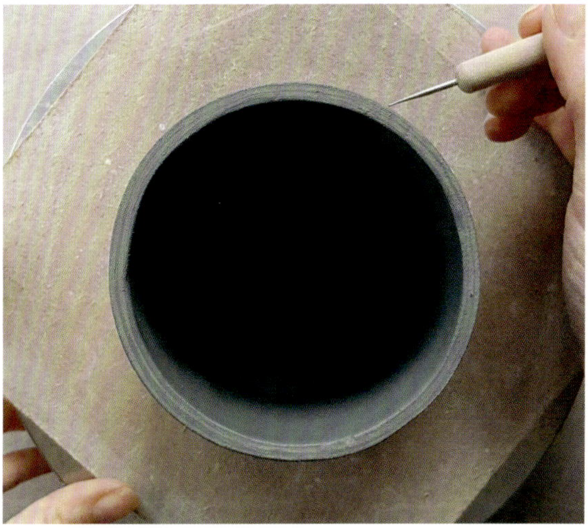

**1** Zum Abheben der Masse wird diesmal ein kleines Sgraffitowerkzeug verwendet. Die flache Kelle ist sehr scharfkantig, so dass beim Schaben sämtliche Farbschichten zum Vorschein kommen. Der Rohling muss schon gut lederhart bis beinahe durchgetrocknet sein, damit diese nicht verschmieren.

**2** Damit die Musterungen parallel und gleichmäßig ausfallen, den Becher auf eine Ränderscheibe stellen und mit der Töpfernadel etwa 12 mm unterhalb des Randes eine hauchfeine Linie markieren. Diese so dünn wie möglich einritzen, da sie später abgeschmirgelt werden muss.

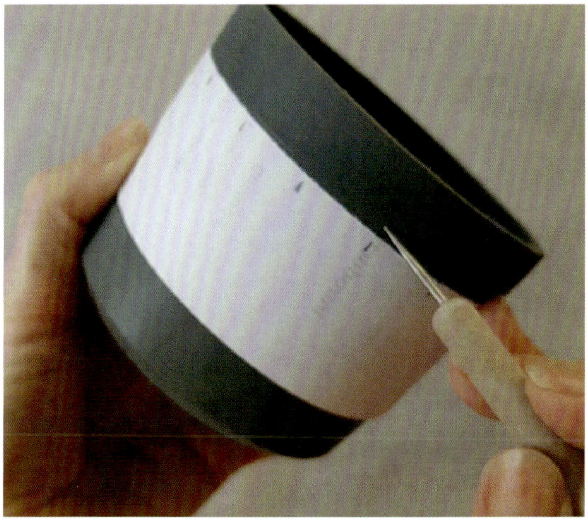

**3** Markieren Sie im Abstand von etwa je 2 cm Punkte. Diese zeigen an, wo später jeweils die Mitte der Schnittfläche liegt. Die Abstände zunächst auf einem Papierstreifen anreißen, diesen um den Becher legen und die Punkte auf die Wandung übertragen.

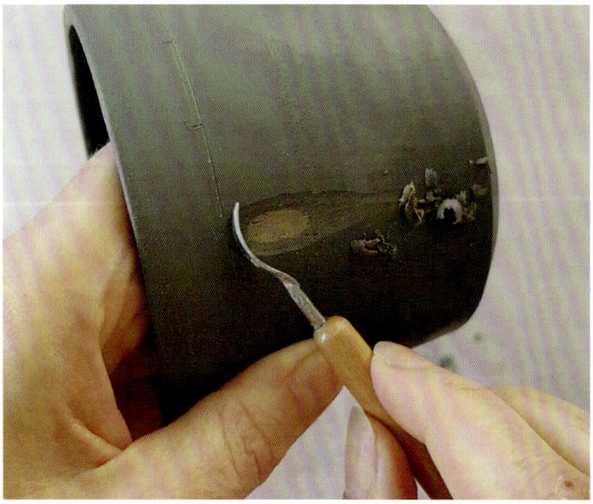

**4** An der Markierungslinie ansetzend mit der seitlich gehaltenen Kelle zügig zum Becherboden hin schaben. Ich mache gerne tropfenförmige Ausschnitte, indem ich oben kräftiger schneide als im unteren Bereich. Bei ähnlichen Techniken sollte jedes Feld in einem einzigen Durchgang geschnitten werden, hier dagegen sind mehrere kleinere Schritte sinnvoll, bis sich nach und nach alle Lagen zeigen. Beim Arbeiten eine Atemschutzmaske tragen, um keinen Tonstaub einzuatmen.

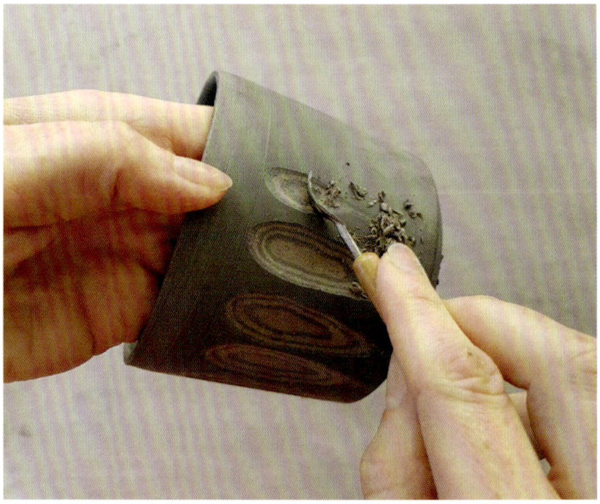

**5** Halten Sie den Becher ganz bequem und sicher fest, damit Sie ihn mit fließenden Bewegungen abschaben können. Ich finde es am natürlichsten, ihn mit den Fingern einer Hand innen zu stützen, während ich mit der anderen außen kerbe. Arbeiten Sie sich komplett rund um die Wandung. Darauf achten, dass die Flächen gleich groß ausfallen und die Schneidekanten gleichmäßig vertikal verlaufen.

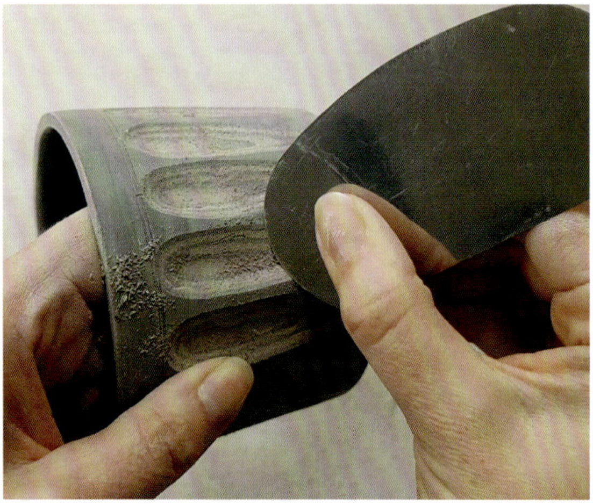

**6** Die fertigen Musterfelder werden vorsichtig mit der Ziehklinge nachgeglättet. Dieses Werkzeug hat einen größeren Durchmesser und gleicht dadurch Unebenheiten aus, so dass die Felder einheitlich glatt gelingen. Es ist nicht notwendig, das endlos zu wiederholen – es ist einfach nur ein schöner Abschluss.

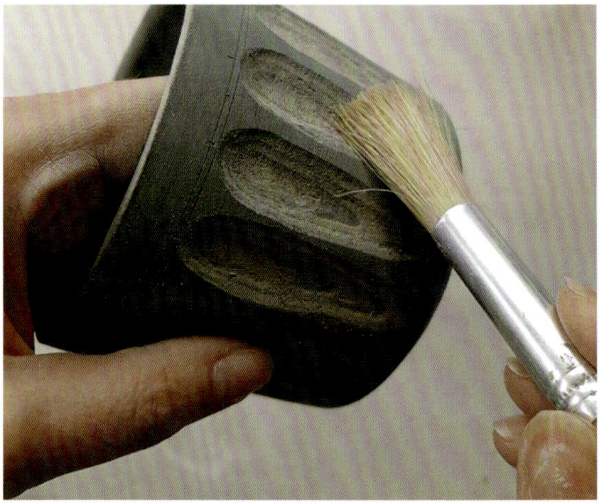

**7** Alle Tonbrösel mit dem Pinsel entfernen. Die Musterungen sollen markant zu sehen sein, dürfen also in diesem Stadium keinesfalls mit einem feuchten Schwamm abgewischt werden.

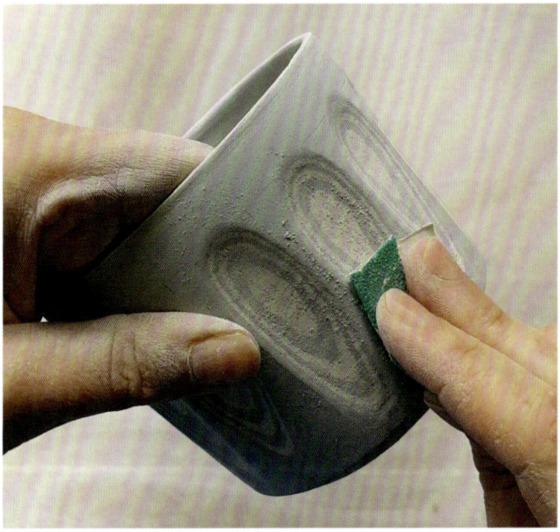

**8** Nach dem Schrühbrand können alle störenden Grate leicht abgeschmirgelt werden.

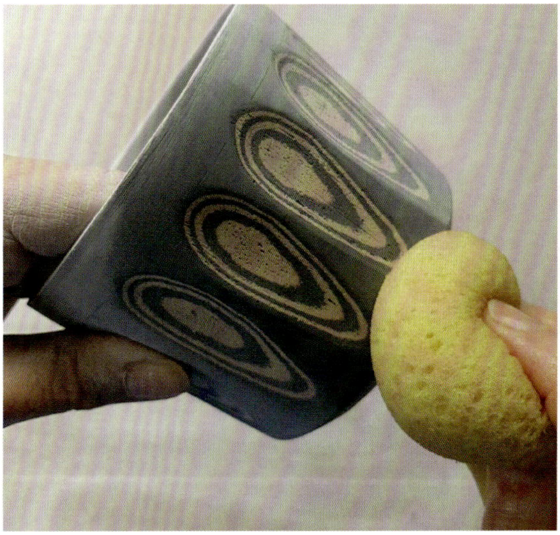

**9** Zum Abschluss wird die gesamte Oberfläche mit dem feuchten Schwamm abgewischt und von den letzten Staubpartikeln befreit.

### FERTIGSTELLUNG

*Diesen Becher glasiere ich nur sehr sparsam im Inneren und an der Oberkante mit Transparentglasur. Mir gefällt es, wenn die Außenwand großenteils roh bleibt. Das aufwändige Muster ist schließlich Blickfang genug und zu viel Glasur würde da nur stören. Die glänzende Transparentglasur im Inneren und an der Kante macht den Becher aber gleichzeitig lebensmittelecht. Der glasierte Rand ist beim Trinken angenehm glatt. Damit er ganz waagrecht und präzise ausfällt, verwende ich eine kleine runde Wasserwaage, die ich beim Eintauchen auf den Becherboden lege.*

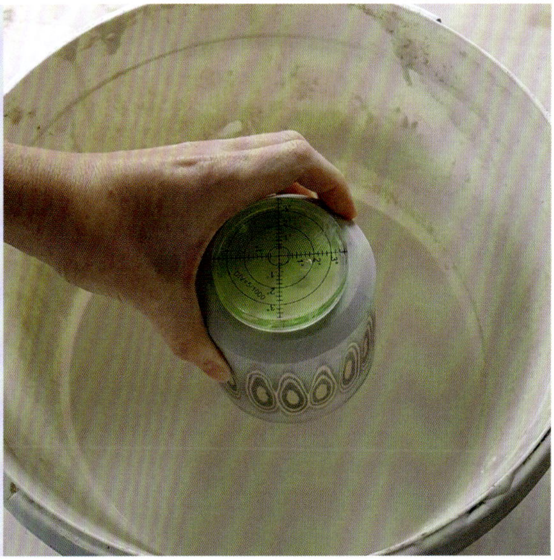

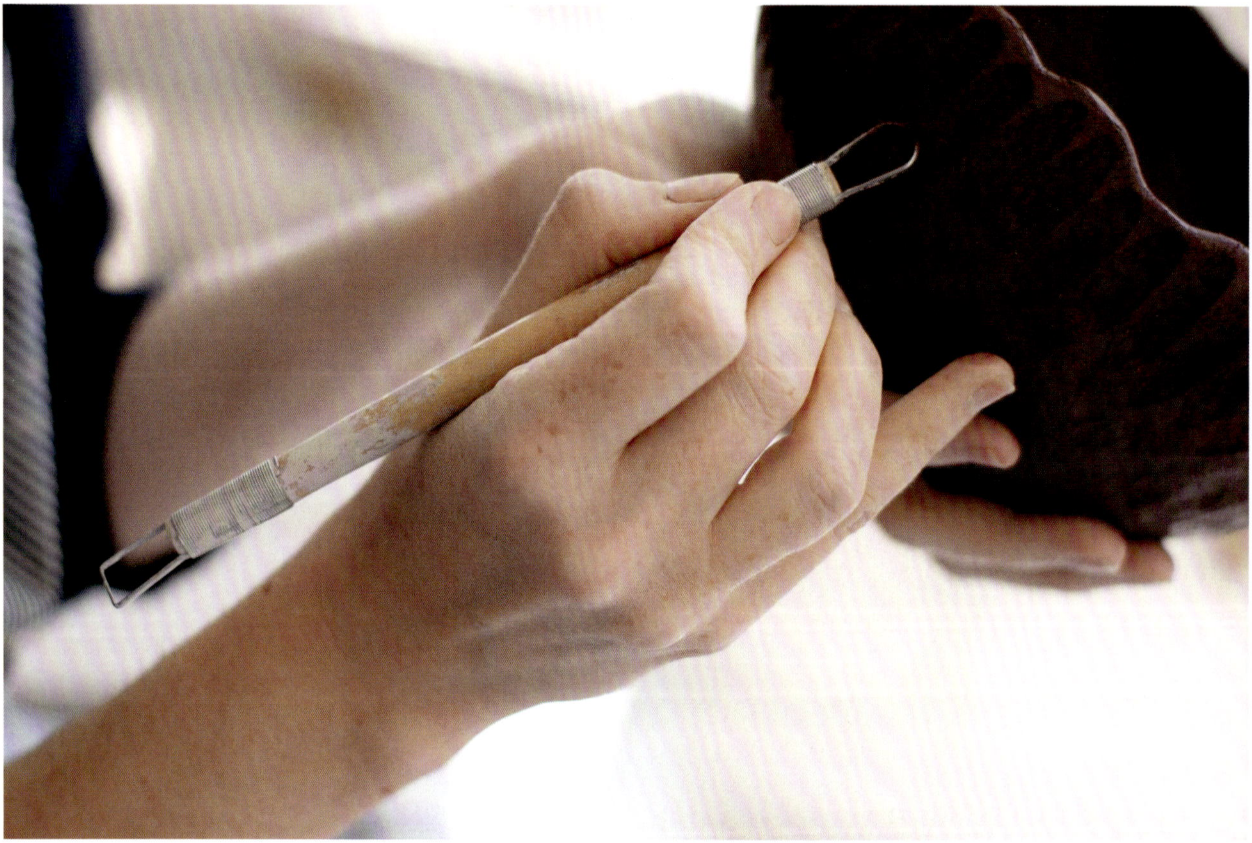

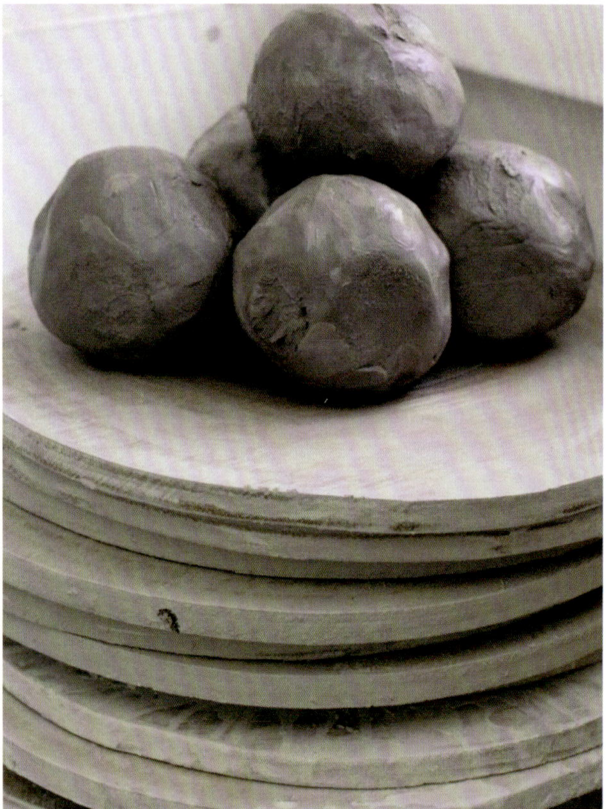

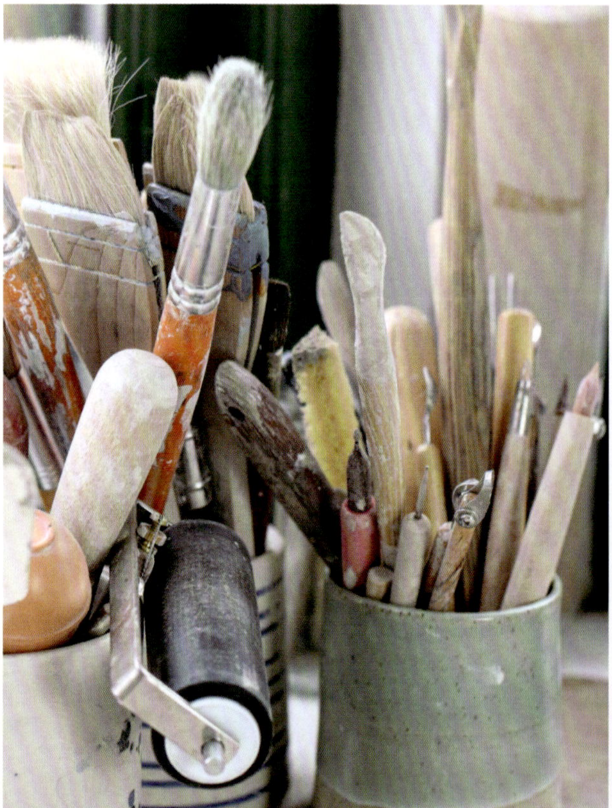

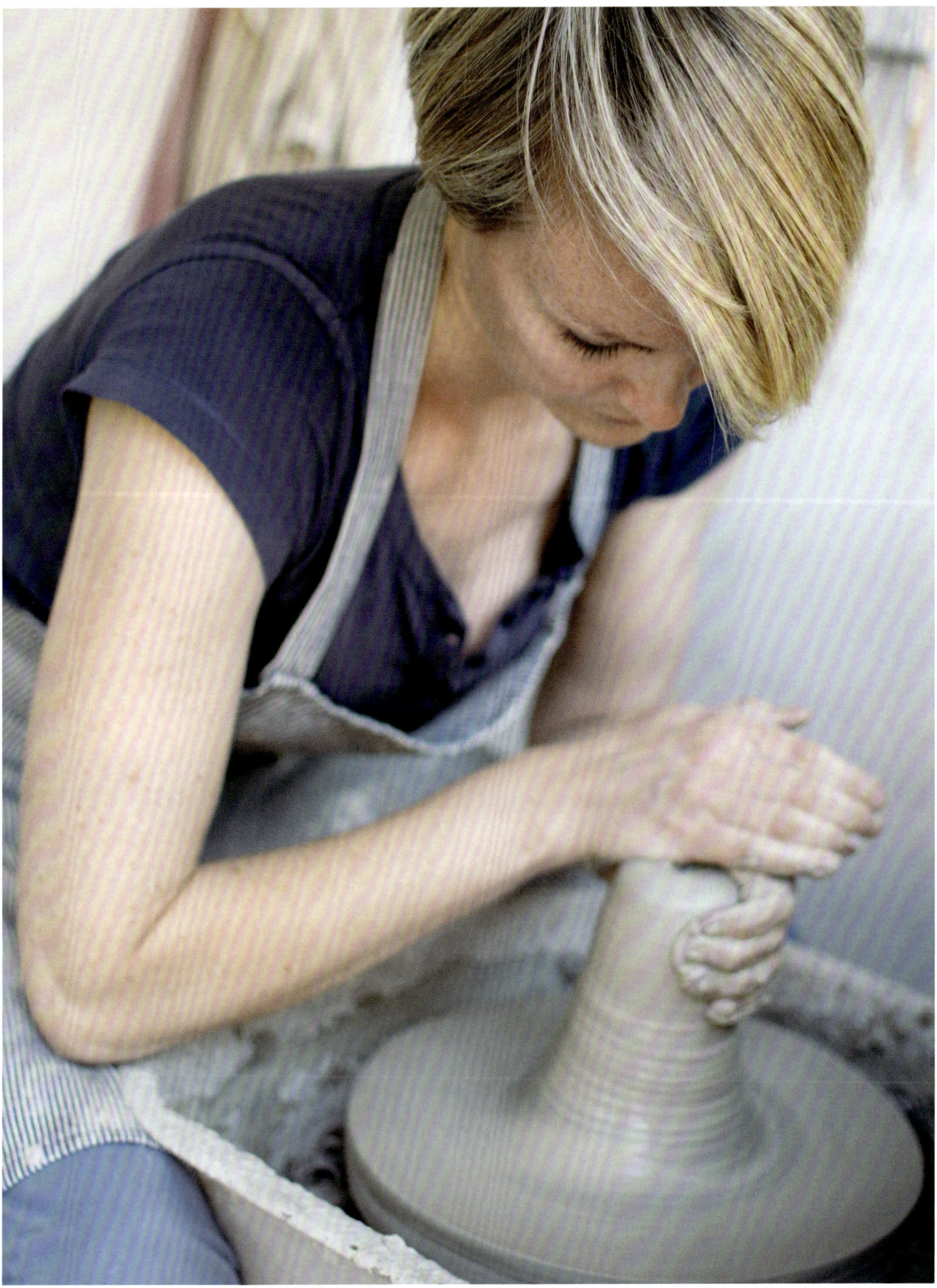

# Ausgebauchtes Schälchen

Die hier vorgestellte Gestaltungsmethode ist viel weniger präzise als die meisten vorherigen. Ein guter Teil der Arbeit wird diesmal der Töpferscheibe überlassen.

## TON

Etwa 1 kg gemischte Steinzeugmasse (80 % ledergelb, 20 % gesprenkelt)

## MATERIAL UND WERKZEUG

**Zum Formen**

- Gradkantige hölzerne Drehschiene

**Zum Dehnen**

- Kleine Modellierschlinge
- Ovale hölzerne Drehschiene
- Schneidewerkzeuge
- Abdreheisen
- Schwamm

## BRAND

Schrühbrand bei etwa 980 °C
Glasurbrand bei etwa 1220 °C im Elektroofen

Für die bauchige Schalenform wird zunächst ein Zylinder gedreht, in noch feucht plastischem Zustand mit Kerbstruktur versehen und anschließend von innen nach außen ausgebaucht und gedehnt. Die Musterung erweitert sich dabei, die Linien geraten weniger scharf und werden an den Wölbungen stärker betont. Das Ergebnis wirkt angenehm organisch. Mich erinnert es immer an einen gekräuselten Sandstrand bei Ebbe. Ich bin begeistert von dem natürlichen, schlichten Ausdruck.

Je nach verwendetem Werkzeug ergeben sich ganz unterschiedliche Mustervarianten (siehe unten).

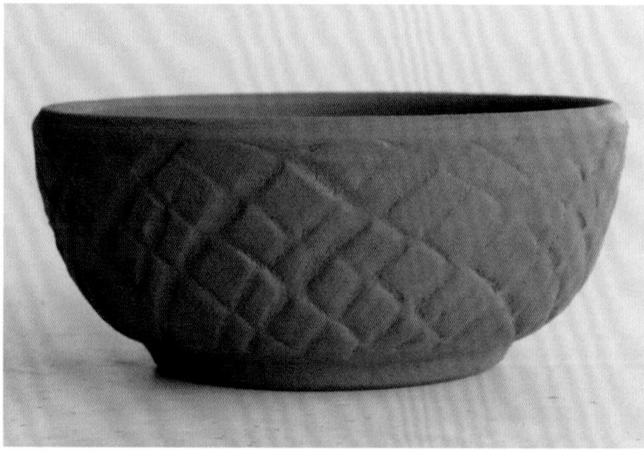

*Hier habe ich zunächst mit einer schmalen Schlinge ein Gittermuster aufgebracht. Beim Dehnen der Wandung verbreitern sich auch die Kerblinien und wirken dadurch weich und verschwommen.*

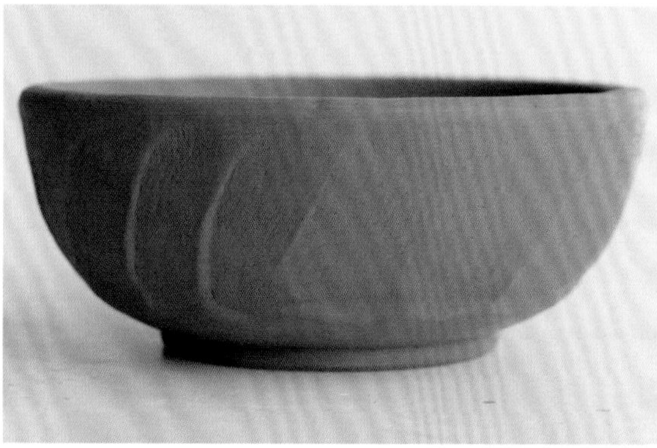

*Dieses Beispiel ist mit einem viel breiteren Werkzeug ausgeführt. Die Facetten sind sehr flach geschnitten. Das Ergebnis des Eingriffs erscheint insgesamt viel dezenter.*

*Beim Dehnen der Wandung – die konvexe Form entsteht, indem der bereits eingekerbte Rohling an der Töpferscheibe nochmals von innen ausgebaucht wird – ergibt sich eine weich fließende Optik, die ganz im Gegensatz zu sonstigen Kerb- und Schnitztechniken steht.*

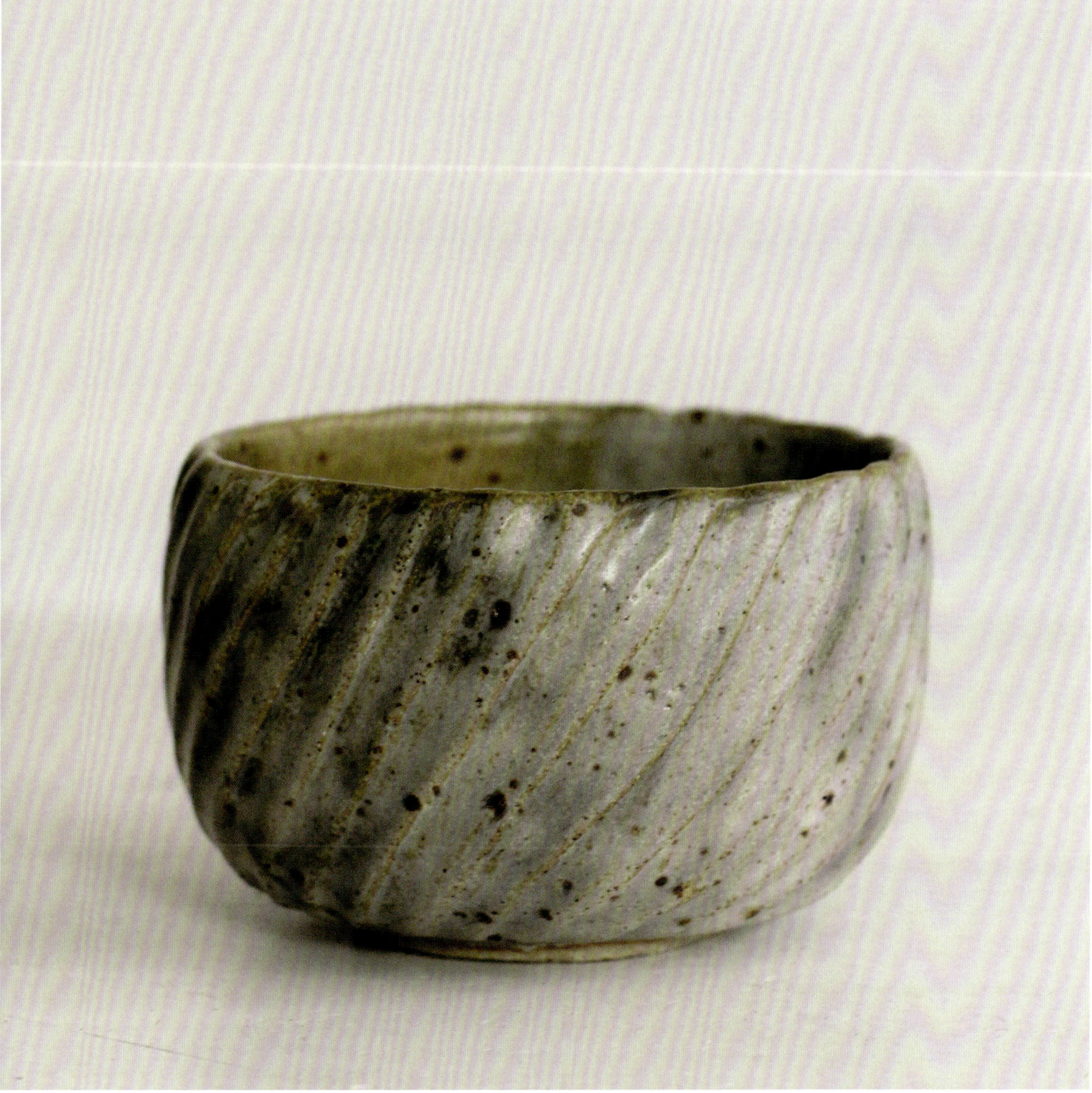

# FORMGEBUNG

Die nach der folgenden Anleitung entstandene Schale hat etwa 9 cm Durchmesser.

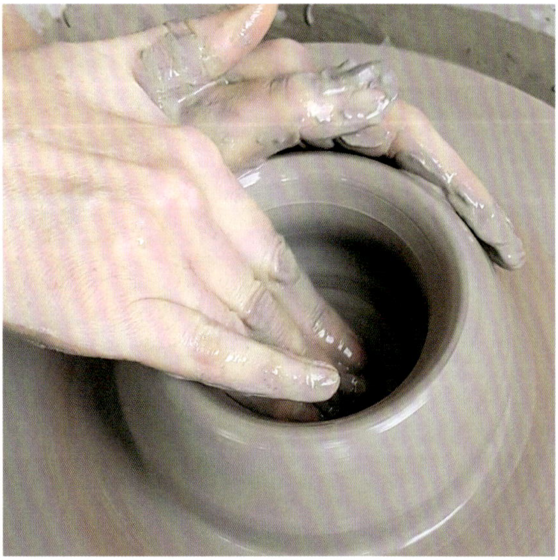

**1** Als Grundlage zunächst einen dickwandigen Zylinder auf der Scheibe drehen. Ton zu einem abgeflachten Kegel zentrieren, aufbrechen, an der Basis erweitern, diese komprimieren und die Wände hochziehen.

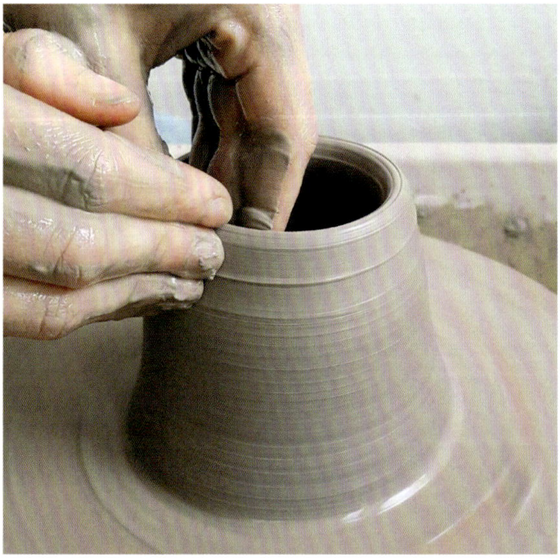

**2** Wandung bis zu einer Höhe von etwa 13 cm weiter aufwärts ziehen. In diesem Stadium ist sie erheblich höher als bei der fertigen Schale, die beim Erweitern des Durchmessers später automatisch wieder viel niedriger wird.

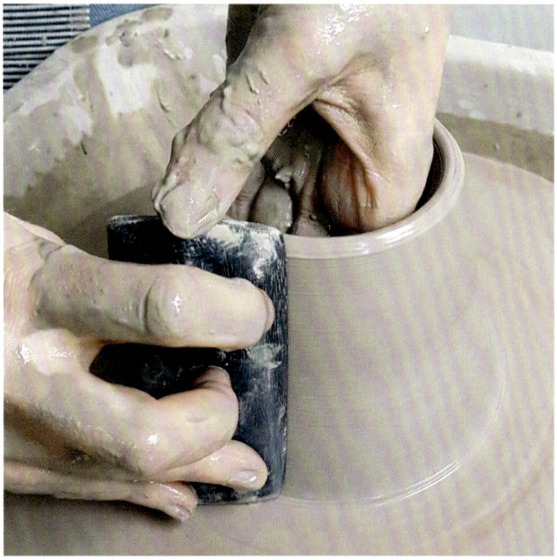

**3** Die Wandung sollte gleichmäßig dick ausfallen. Der Zylinder wird später von innen her bauchig gedehnt, ohne die Außenseite nochmals zu verändern. Das heißt, die Wandung muss schon vor dem Einkerben die passende Stärke haben. Mit der hölzernen Drehschiene lässt sie sich gut begradigen. Von innen gegen die gerade Werkzeugkante pressen und diese langsam rund um den gesamten Zylinder laufen lassen.

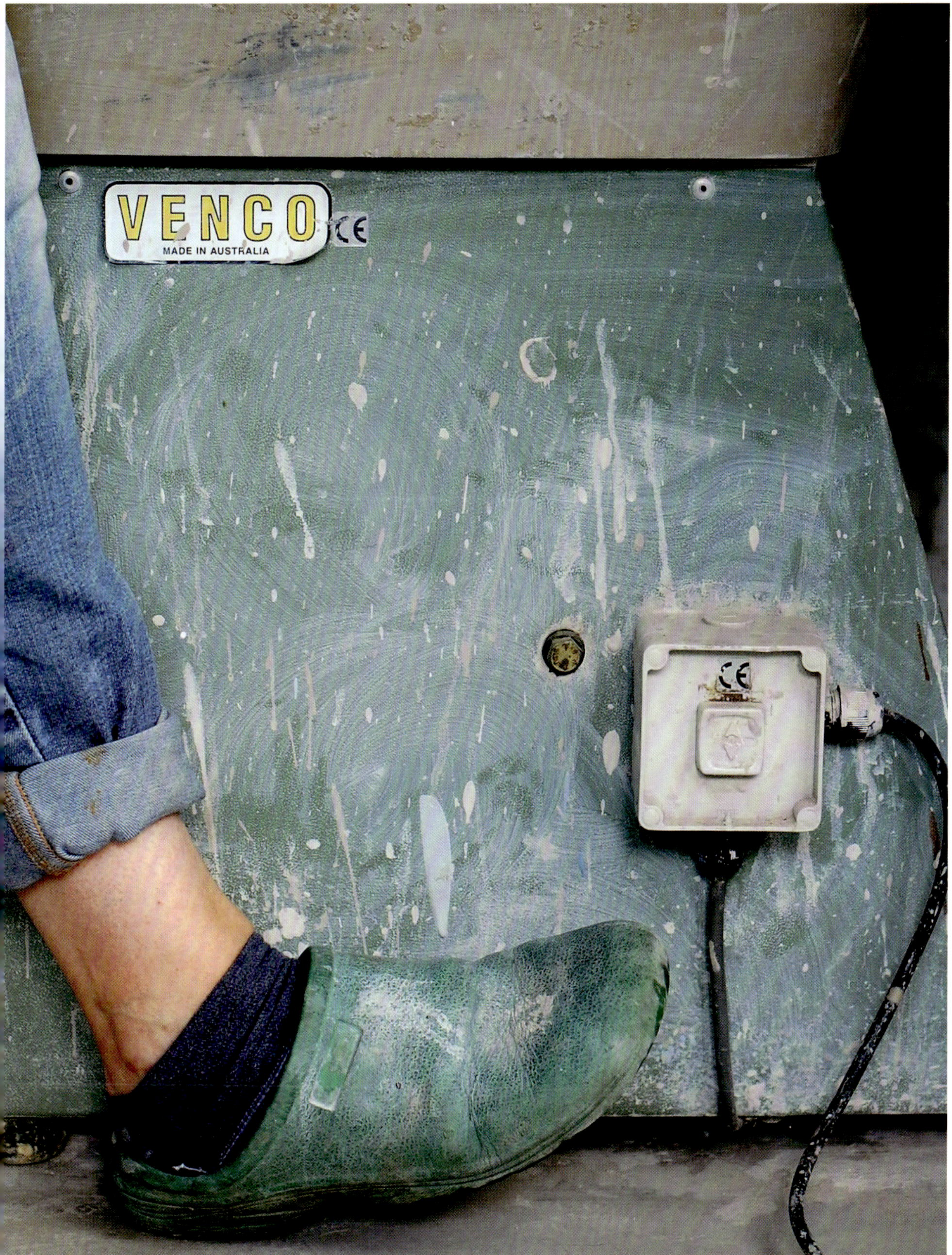
VENCO
MADE IN AUSTRALIA
CE
CE

# EINKERBEN

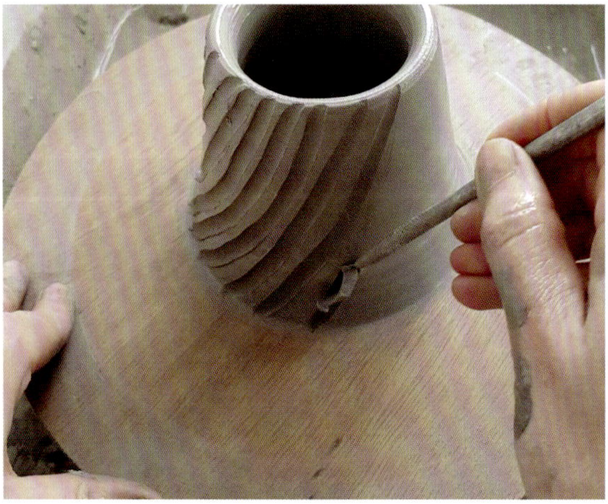

1 Für dieses Projekt empfehle ich eine kleine ringförmige Modellierschlinge. Belassen Sie den Rohling auf der nicht mehr rotierenden Töpferscheibe. Am Boden ansetzend die Schlinge in einer länglichen Schrägkurve nach oben ziehen. Diesen Schritt rund um die gesamte Wandung wiederholen. Meine Scheibe rotiert gegen den Uhrzeigersinn, ich schneide daher in derselben Drehrichtung. Wird die Wandung später gedehnt, verstärkt sich der Schwung der Kurvenlinien.

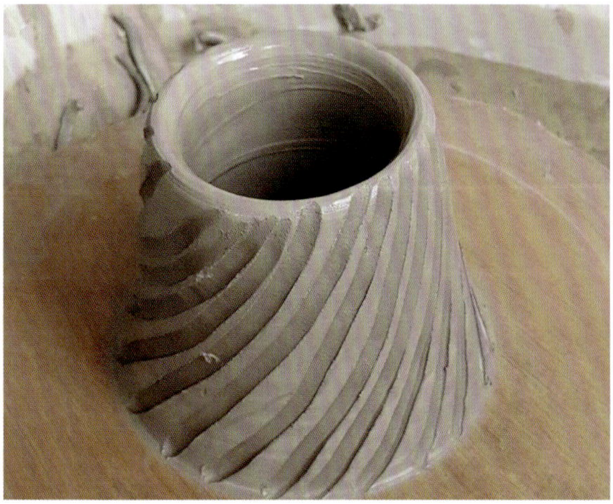

2 Die Schale soll handgemacht organisch aussehen. Arbeiten Sie also nicht zu glatt und perfektionistisch. Darauf achten, dass die Linien an der Oberkante nicht zu tief eingeschnitten werden. Sie sollten zum Rand hin eher flach auslaufen. Der Rand wird durch die weitere Formgebung erheblich gedehnt. Wenn diese Partie jetzt schon zu dünn wäre, würde sie später dabei leicht einreißen.

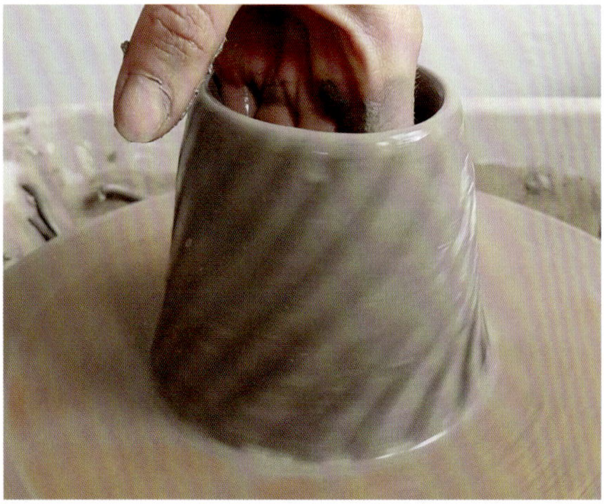

3 Den Rohling gut feucht halten, speziell an der Außenseite. Dieser Bereich wird kaum noch bearbeitet und bleibt durch die Feuchtigkeit einigermaßen plastisch. Bei rotierender Scheibe eine Hand im Inneren des Zylinders halten und vorsichtig nach außen pressen. Am Boden beginnen und langsam aufwärts gleiten.

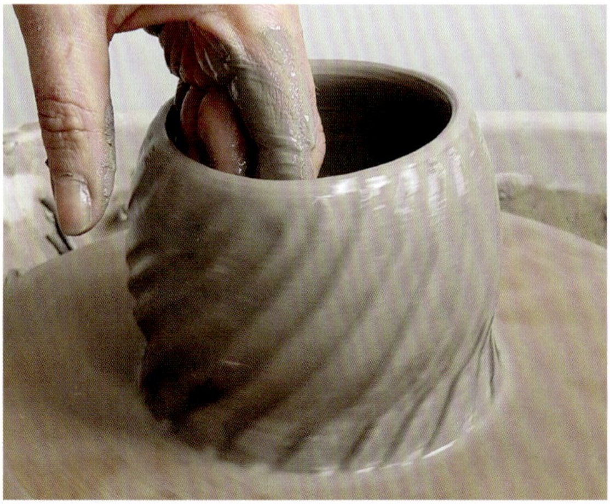

4 Mehrere schwächere Durchgänge bringen mehr als ein oder zwei sehr kräftige. Der Durchmesser sollte sich erst nach und nach erweitern.

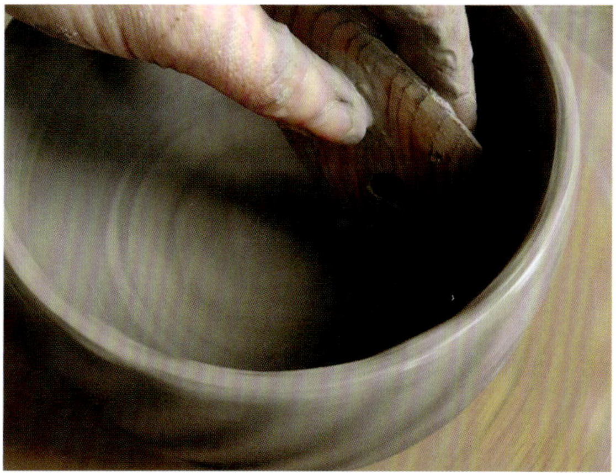

**5** Mit der ovalen Drehschiene die Innenseite perfektionieren und säubern. Es lässt sich nicht vermeiden, dass der Innenboden relativ massig ausfällt. Das ist nicht schlimm, da der Überschuss später abgedreht wird.

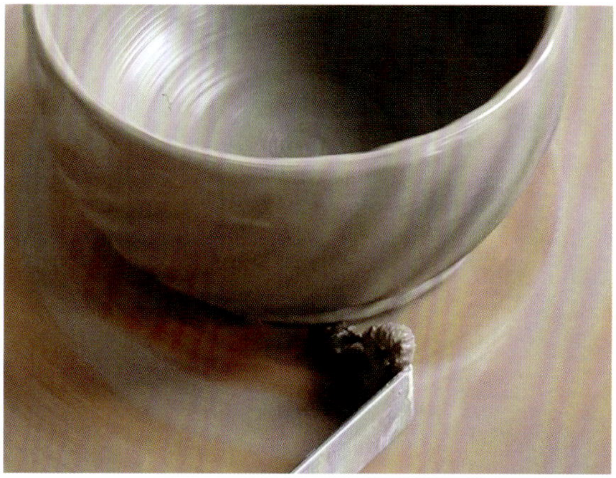

**6** Wenn Sie mit der Form zufrieden sind, unterschneiden Sie die Unterkante leicht mit einem Abdreheisen und nehmen den Rohling mit Schneidedraht von der Scheibenauflage ab.

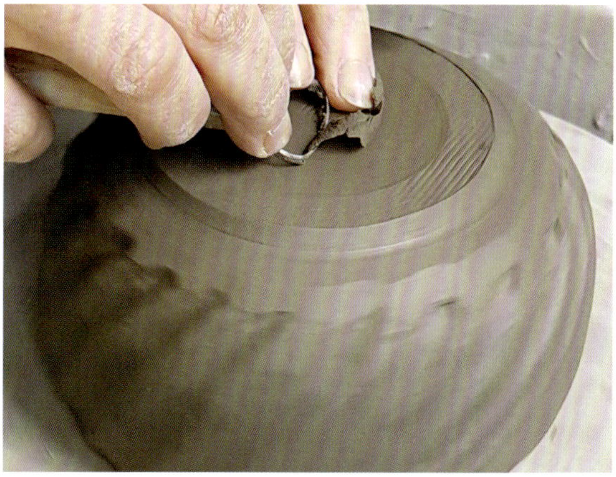

**7** Den lederharten Rohling abdrehen und perfektionieren. Ich gebe meinen Schalen gern eine weiche, rundliche Basis mit sehr niedrigem Fußring.

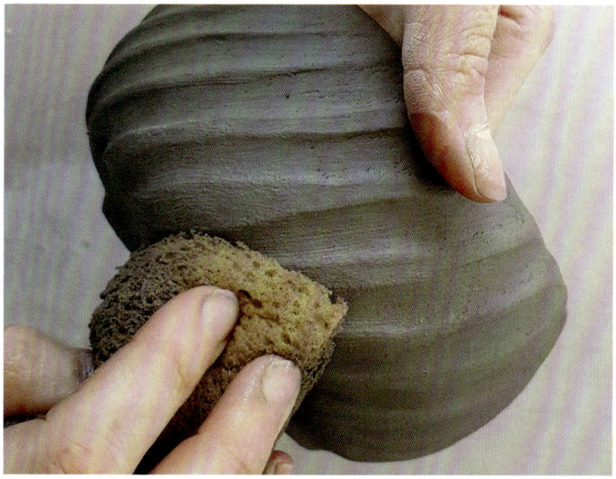

**8** Um die natürlich organische Ausstrahlung noch zu verstärken, werden die Rillen abschließend mit einem feuchten Schwamm leicht geglättet.

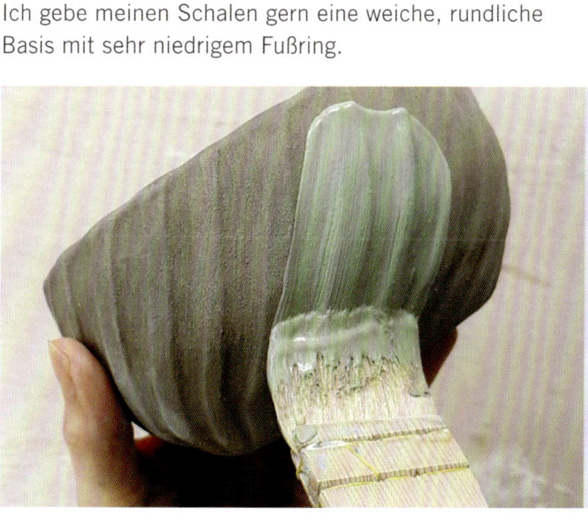

**FERTIGSTELLUNG**

*Die Oberflächenbehandlung sollte gut auf die unregelmäßige Kerbstruktur abgestimmt werden. Hier habe ich eine blassgrüne Engobe auf den lederharten Rohling aufgestrichen. Das Ganze wurde anschließend mit weißer Mattglasur überzogen. So erhält die Schale eine weiche Optik, der leicht gesprenkelte Scherben scheint noch durch.*

# Achatware-Schüssel

Als Achatware werden aus mehreren unterschiedlich eingefärbten Massen hergestellte Keramikprodukte bezeichnet. Der Begriff bezieht sich auf die Optik, die an Achat erinnert. Alle hier zu sehenden Objekte sind auf der Töpferscheibe gedreht.

**TON**

Etwa 1,5 kg Steinzeugmasse (ca. 1,3 kg weiß, ca. 0,2 kg grau)

**MATERIAL UND WERKZEUG**

**Zum Einfärben der Massen**
- Mörser und Stößel
- Bunte Farbkörper
- Atemschutzmaske
- Digitalwaage
- Gipsplatte

**Zum Formen**
- Gradkantige hölzerne Drehschiene
- Chamoisleder
- Spitzes Abdreheisen
- Schneidedraht
- Abdrehschlinge
- Schmirgelpapier

**Zum Beschneiden**
- Ränderscheibe
- Diverse Modellier-schlingen

**BRAND**

Schrühbrand bei etwa 980 °C Glasurbrand bei etwa 1220 °C im Elektroofen

Beim Beschneiden von Werkstücken aus unterschiedlichen Farbschichten zeigen sich an den Facetten interessante marmorierte Zufallsmuster. Ich finde es ausgesprochen spannend, wie diese nach und nach zum Vorschein kommen. Die Technik macht sehr viel Spaß. Man weiß vorher nie so genau, wie das Endergebnis wohl aussehen wird. Jedes Objekt ist wirklich einzigartig.

Im Beispiel habe ich weiße Steinzeugmasse verwendet und einen Teil davon grau eingefärbt. Natürlich können Sie bunten Ton auch fertig kaufen. Es ist aber nicht schwierig und viel günstiger, ihn selber einzufärben. Und das Rezept kann individuell angepasst werden, um exakt die gewünschte Nuancierung zu erhalten. Die eingearbeitete Menge an Farbpulver bestimmt, wie intensiv der Farbton ausfällt. Für eigene Experimente haben Sie die Auswahl aus einem riesigen Spektrum kommerzieller Farbsubstanzen.

Das Spannende an dieser Technik ist, dass niemals zwei Schüsseln ganz identisch ausfallen. Es ist kaum zu erahnen, was sich ergeben wird, bevor man zu schneiden beginnt.

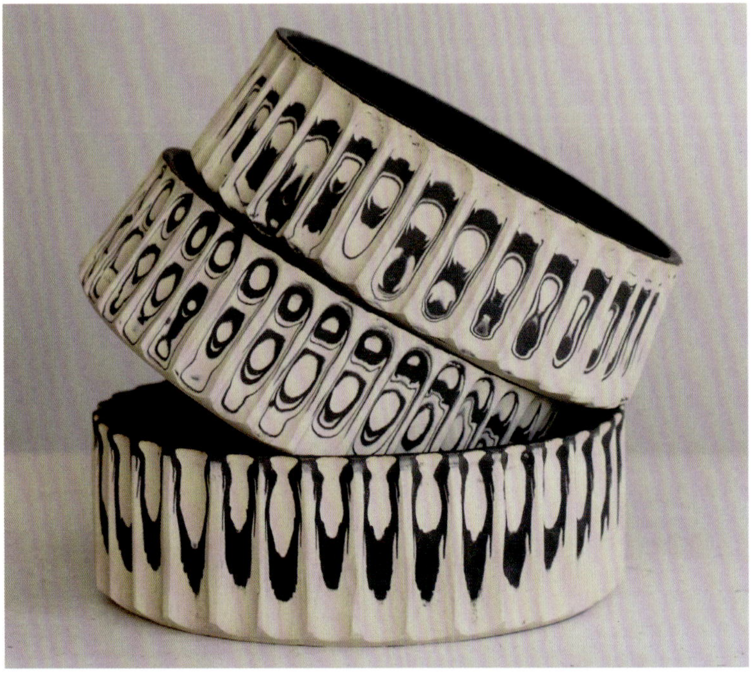

*Für die Servierschüssel habe ich mich auf eine moderne monochrome Farbstellung beschränkt. Es werden aber so viele unterschiedliche Farbkörper angeboten, dass statt dessen auch vielfarbig kontrastierende knallbunte Marmorierungen möglich sind.*

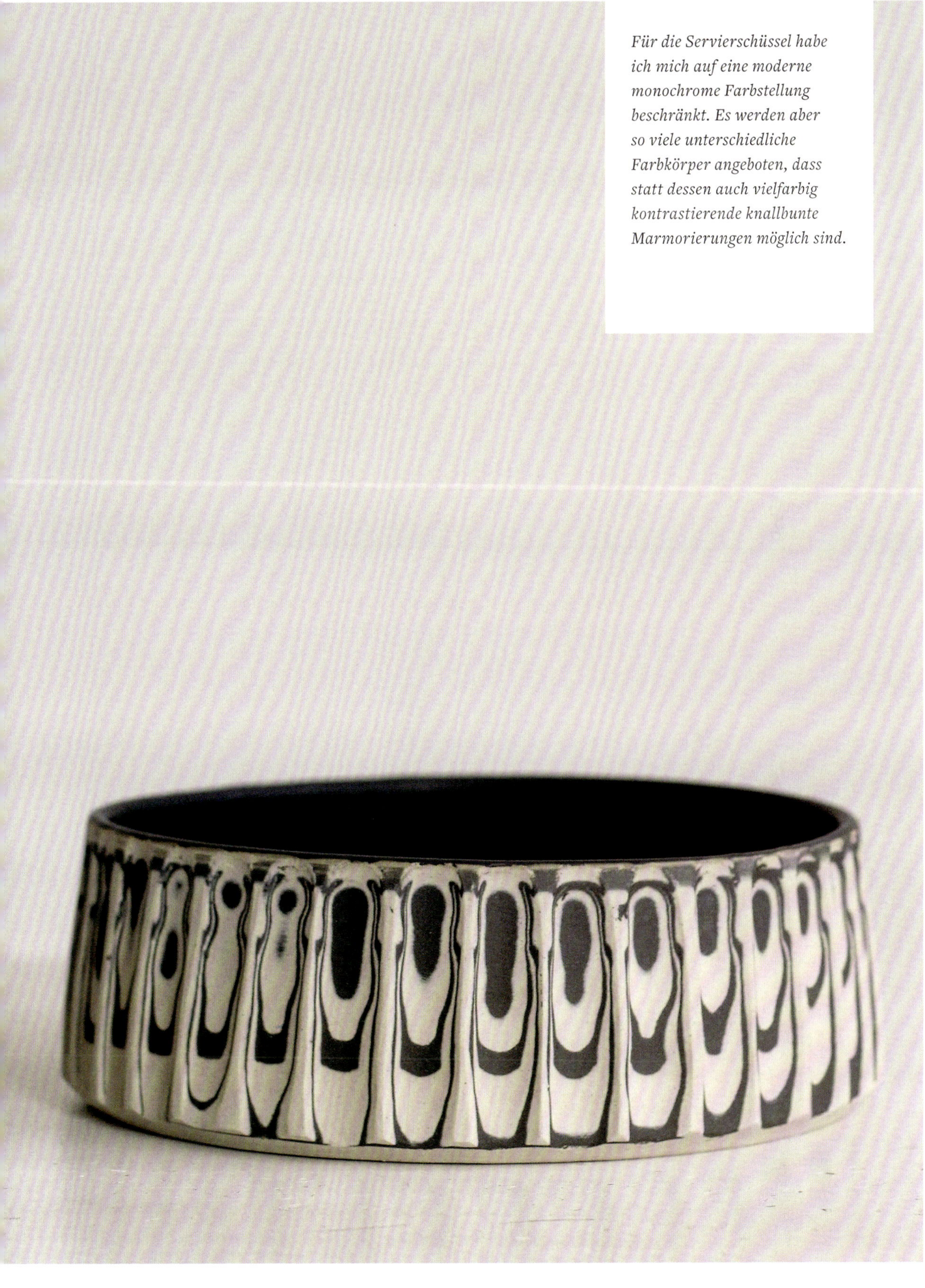

# EINFÄRBEN DER MASSE

Wenn ich für Projekte wie die hier gezeigte Schüssel Ton einfärbe, stelle ich meistens gleich eine größere Menge her. Bei diesem Beispiel dagegen habe ich nur die exakt für eine einzige Schüssel benötigte Masse vorbereitet.

Mein Ziel war ein Verhältnis von 90% weißem zu 10% grauem Ton. Für die Gesamtmenge von 1,5 kg brauche ich also gut 1,3 kg weiße und knapp 0,2 kg graue Masse. Bitte stets die trockenen Zutaten abwiegen, damit die Mengenverhältnisse genau stimmen.

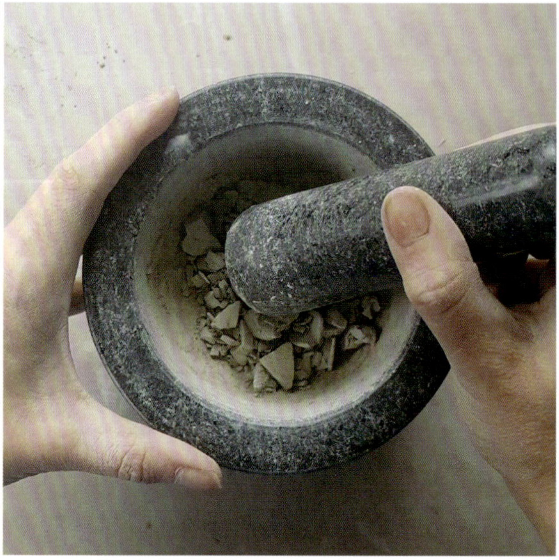

**1** Den knochentrockenen weißen Ton im Mörser mit dem Stößel zu feinen Bröseln zerstoßen. Bitte immer eine Staubschutzmaske tragen, wenn mit trockenen Rohstoffen hantiert wird.

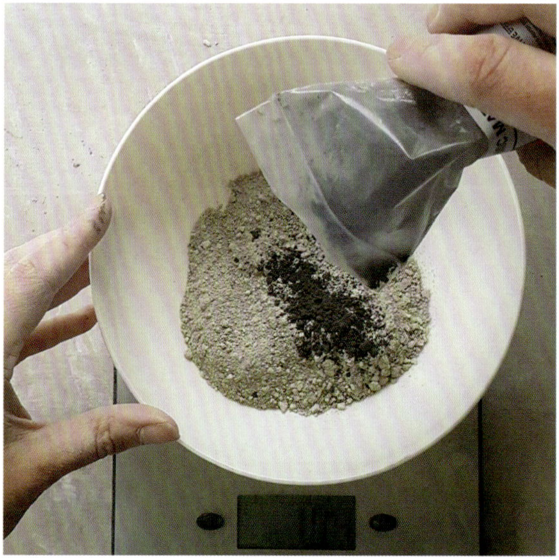

**2** Das Farbpulver zufügen und das Ganze gut mischen. Hier habe ich schwarzen Farbkörper verwendet, um einen grauen Farbton zu erhalten.

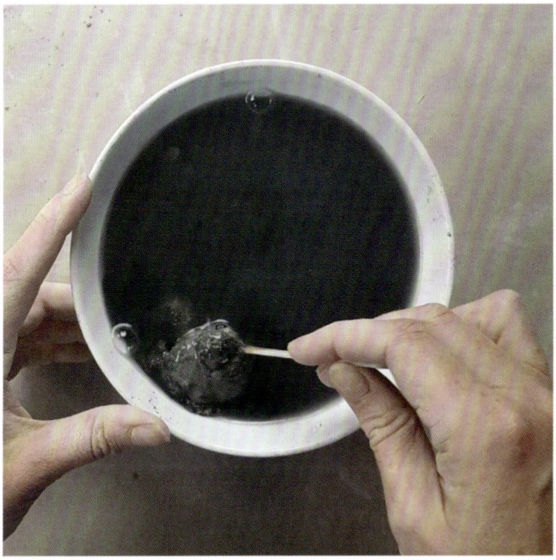

**3** Das Tonmehl mit Wasser auffüllen und über Nacht zum Einsumpfen stehen lassen, damit alle größeren Tonpartikel zerfallen.

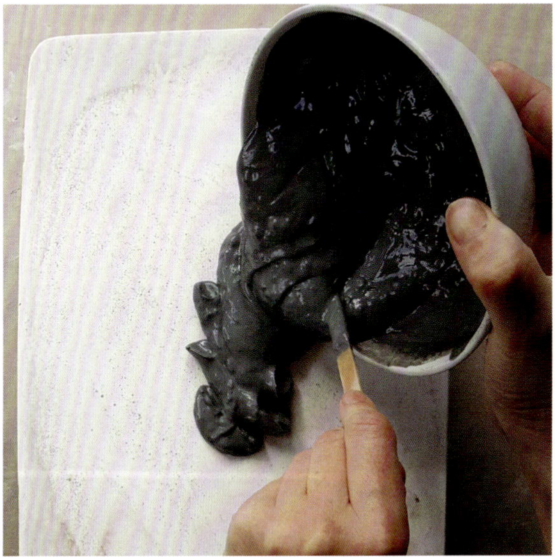

**4** Wenn das gesamte Wasser absorbiert ist, den entstandenen Tonbrei gut vermengen. Dabei soll eine relativ flüssige Paste entstehen. Es macht nichts, wenn Sie am Anfang zu viel Wasser zugegeben haben. Die Tonpartikel sinken zu Boden und der Überschuss kann einfach oben abgegossen werden. Der gefärbte Tonbrei wird auf eine Gipsplatte gekippt.

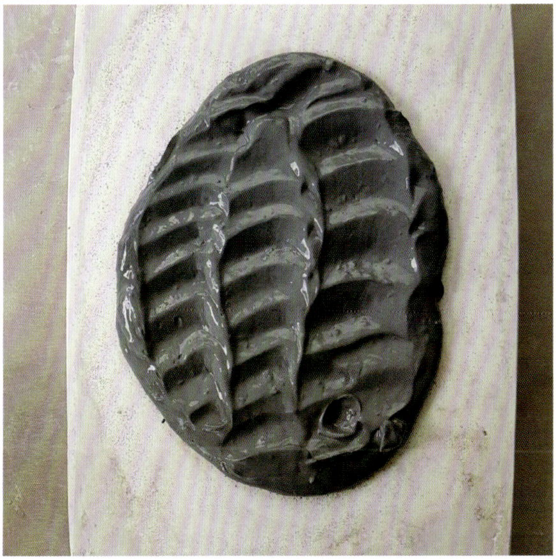

**5** Den Tonbrei für ein bis zwei Stunden anziehen lassen (je nach Umgebungstemperatur und Luftfeuchtigkeit in der Werkstatt), nach der Halbzeit einmal wenden. Wenn er gebrauchsfertige Konsistenz hat, vorsichtig kneten, damit alle Luftblasen austreten. Nun kann es losgehen.

# FORMGEBUNG

Mit der folgenden Anleitung entsteht eine Schüssel von etwa 20 cm Durchmesser.

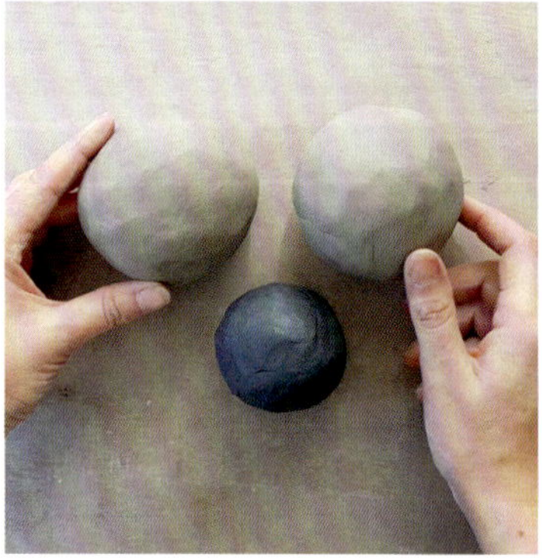

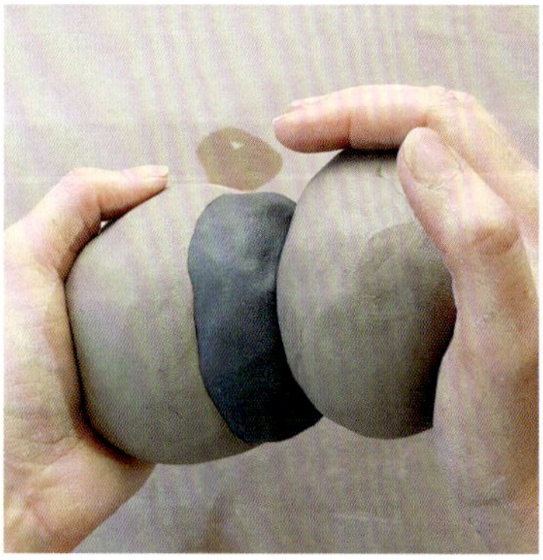

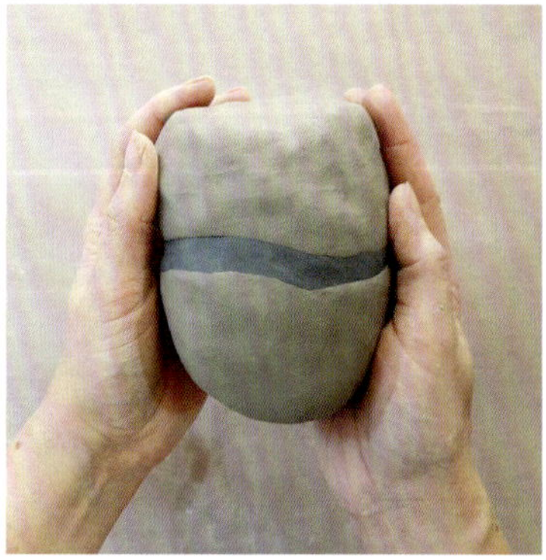

**1** Die Art, wie Sie die verschiedenfarbigen Massen vor dem Drehen zusammenfügen, bestimmt maßgeblich die entstehenden Marmoreffekte. Ich bevorzuge sehr scharfe Marmorierungen, bei denen Flächen und Linien nicht verschmieren. Um das zu erreichen, verknete ich beide Tonsorten nicht, sondern schneide die weiße Kugel (die ich schon vorher durchgeknetet habe) mit Schneidedraht in zwei Hälften. Die eingefärbte Masse lege ich dazwischen.

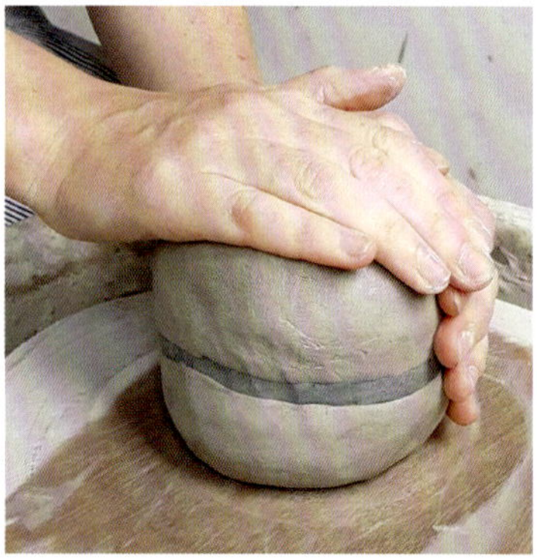

**2** Den Scheibenkopf leicht anfeuchten. Die vorbereitete Tonkugel so daraufsetzen, dass die gefärbte Masse sich in der Mitte rundum als horizontale Linie zeigt. Das Ganze kräftig von oben festklopfen.

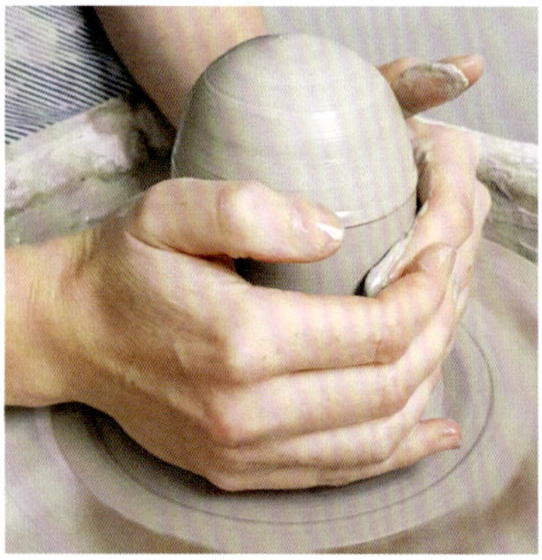

**3** Normalerweise drehe ich beim Zentrieren des Tonbatzens mehrmals einen Kegel und flache ihn wieder ab. Bei gefärbten Massen würden sich die unterschiedlichen Schichten dabei zu stark vermengen und später nicht die gewünschten gestochen scharfen Musterungen ergeben. Daher drehe ich den Batzen nur einmal zu einem perfekt zentrierten Kegel hoch. Mit dem linken Handballen zwinge ich die rotierende Masse leicht zum Mittelpunkt hin.

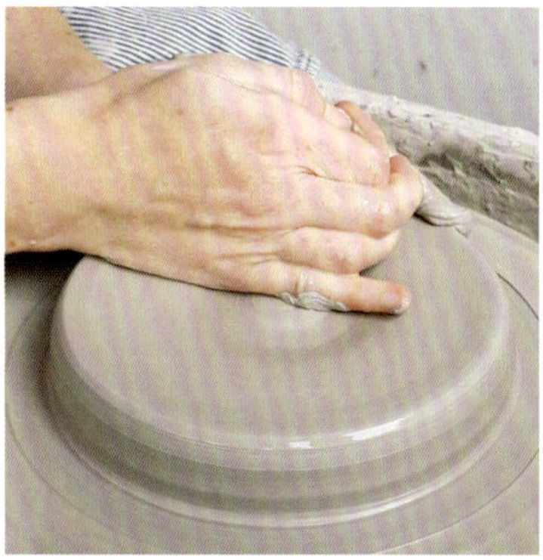

**4** Mit noch mehr Kraft presst die rechte Hand anschließend nach unten, so dass sich eine flache Tonscheibe ergibt.

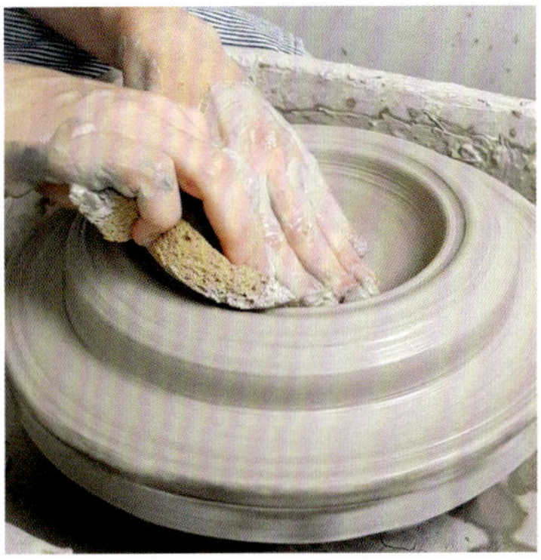

**5** Die Tonscheibe in der Mitte aufbrechen und unten zu einem Schüsselboden erweitern. Diesen mit dem Schwamm komprimieren, damit sich später beim Trocknen nicht so leicht Risse bilden.

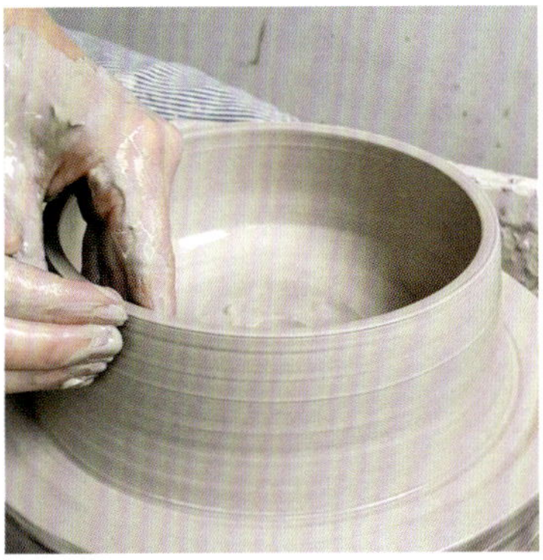

**6** Wenn die Schüssel den gewünschten Durchmesser hat, können Sie beginnen, die Wände hochzuziehen. In diesem Stadium sind sie noch leicht nach innen geneigt. Den Durchmesser später zu vergrößern ist unproblematisch – während sich zu weit nach außen flatternde Wandungen nur sehr schwer wieder verengen lassen.

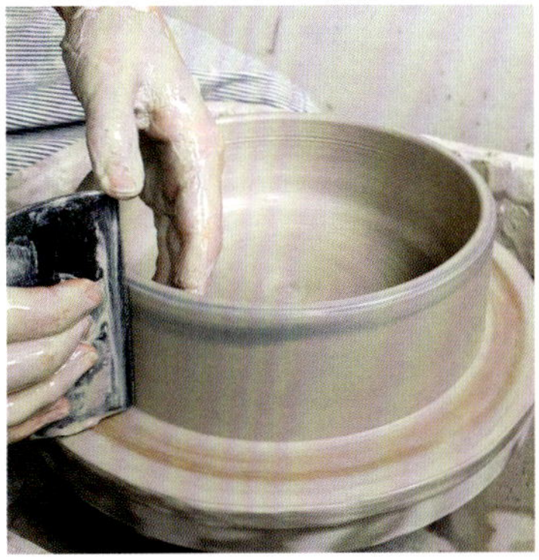

**7** Mit der außen angehaltenen hölzernen Drehschiene wird die Wandung exakt senkrecht begradigt. Die innere Hand stützt gleichzeitig von innen ab. Am besten gelingt das mit einer sanft gleitenden Bewegung von der Basis zur Oberkante hin. Da die Schiene etwas Schlicker abnimmt, zeigt sich eventuell schon ein Hauch von grauem Ton. Wenn nicht, ist es auch in Ordnung. Manchmal kommt er tatsächlich erst beim Beschneiden zum Vorschein.

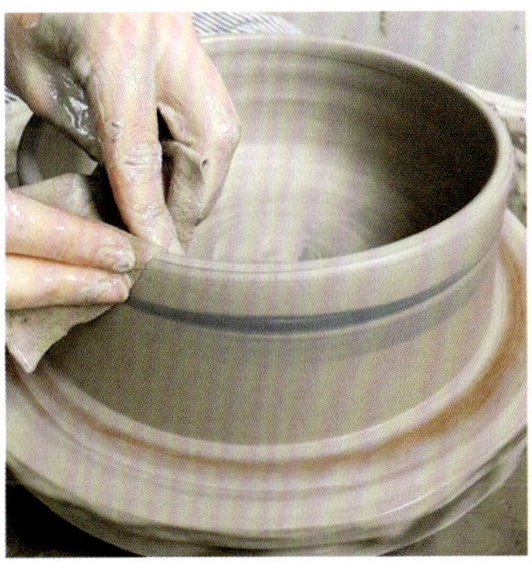

**8** Mit einem Schwämmchen oder Lederstück wird die Oberkante geglättet und abgerundet.

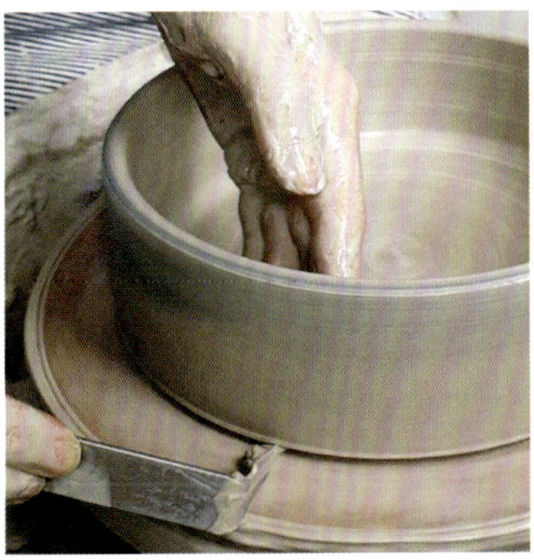

**9** Die Unterkante mit dem spitzen Abdreheisen leicht unterschneiden. Die fertig gedrehte Schüssel mit dem Schneidedraht von der Unterlage abnehmen.

# BESCHNEIDEN

Lassen Sie den Rohling etwas anziehen, bis er knapp lederhart ist. Er bleibt dazu auf dem Scheibenaufsatz. Weite und ausladende Drehformen verwerfen sich beim Bearbeiten leicht, wenn sie mit den Händen gehalten werden, speziell in diesem noch ziemlich plastischen Stadium. Die Wandung muss sich noch etwas klebrig anfühlen, darf sich aber beim Berühren nicht mehr eindellen lassen. Das hier zu sehende Schüsselmodell kerbe ich in noch relativ weichem Zustand, damit die Schlinge sich ohne Widerstand führen lässt. Wäre die Wandung zu trocken, würde die Schlinge nur an der Oberfläche entlang kratzen, statt zu schneiden.

Die Größe der verwendeten Schlinge bestimmt das Erscheinungsbild. Für einen klaren Gesamteindruck mit starker, deutlicher Musterung verwende ich eine große Schlinge. Kleinere Werkzeuge ergeben viel unruhigere Strukturen.

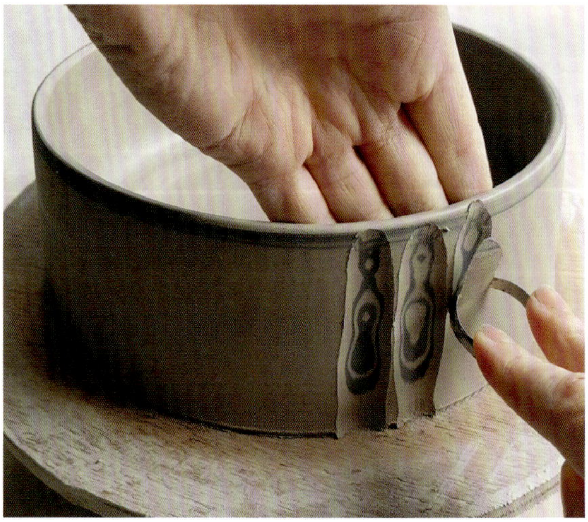

**1** Schneiden Sie zügig mit der großen Schlinge eine glatte Facette von oben bis zur Basis. Die Wandung dabei von innen abstützen. Damit sich leichter rundum arbeiten lässt, wird die Aufsatzscheibe mitsamt der Schüssel wieder auf die Töpferscheibe gesetzt.

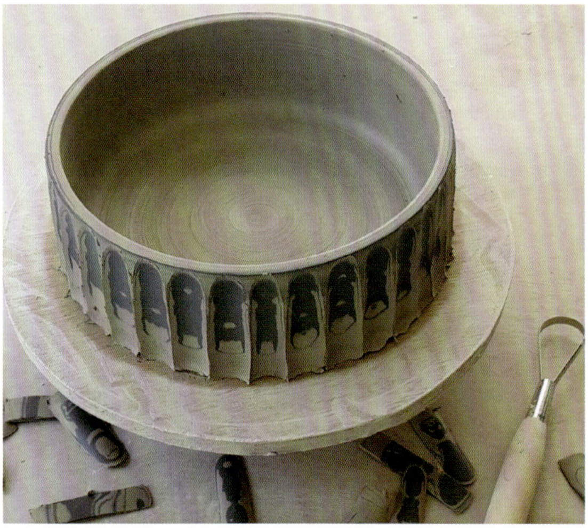

**2** Fahren Sie fort, bis die gesamte Wandung vollendet ist. Die Schnittbreite der letzten Facetten eventuell leicht anpassen, damit am Schluss keine unschöne Lücke bleibt. Die fertige Schüssel etwas ruhen lassen, bis sie so fest ist, dass sie sich problemlos von der Aufsatzscheibe abheben lässt.

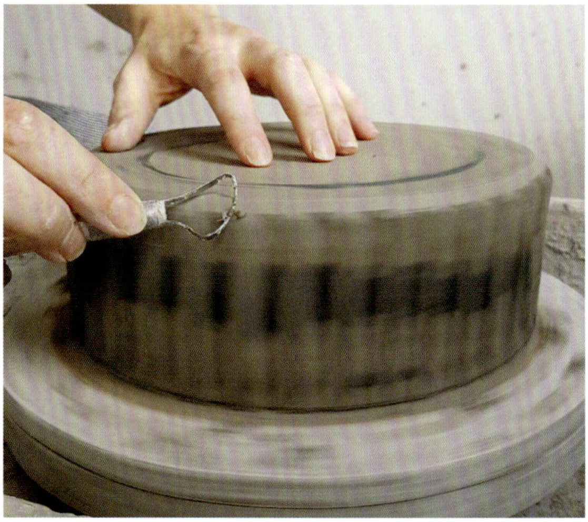

**3** Ich finde es geschickt, den Bodenbereich nach dem Beschneiden noch abzudrehen. Dadurch werden die Unterkanten der Facetten schön einheitlich. Während die Schüssel noch auf der Scheibe steht, sind diese nur schwer zu erreichen. Die Schüssel kopfüber auf dem Scheibenaufsatz befestigen. Mit der Abdrehschlinge überschüssige Masse an der Basis abnehmen und eine leichte Unterschneidung anbringen. Diese lässt das Objekt leichter und eleganter erscheinen.

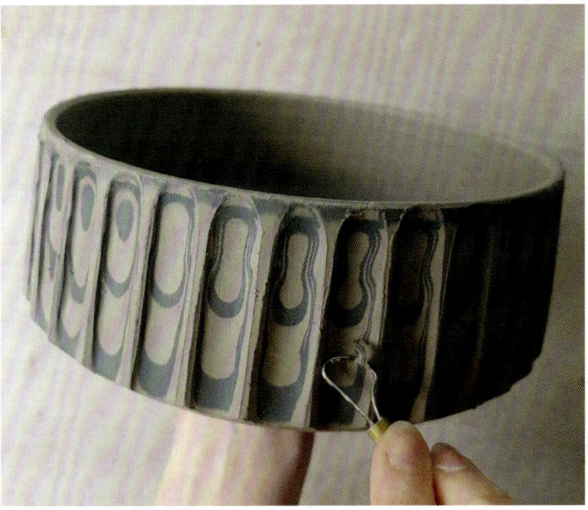

**4** In diesem Stadium arbeite ich Facetten oft mit einer kleineren Schlinge nach. Wenn sie ganz einheitlich tief liegen, fließt das Muster natürlicher rund um die ganze Wandung. Bitte Vorsicht! Zu viel des Guten schadet hier nur. Es ist sehr verlockend, immer weiter und weiter zu schneiden – und dann plötzlich ein Loch in der Wand zu haben.

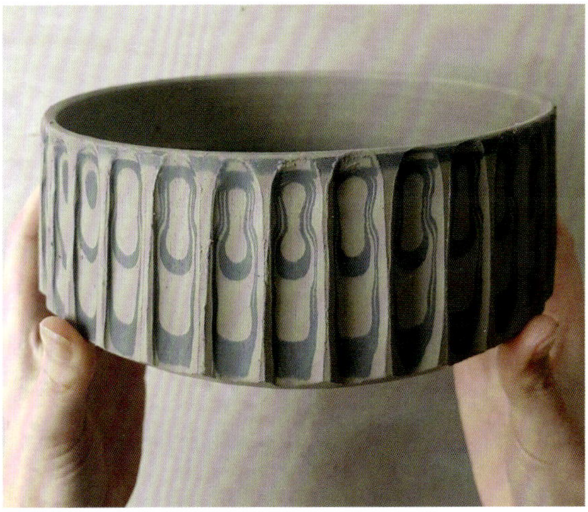

**5** Größere Grate an der Basis mit dem Daumen einebnen. Ich verwende dabei keinen Schwamm, um die Marmorierung nicht zu verschmieren. Die unvermeidlichen kleineren Grate stören noch nicht, es ist leichter, sie später nach dem Schrühbrand einfach mit Schleifpapier zu glätten.

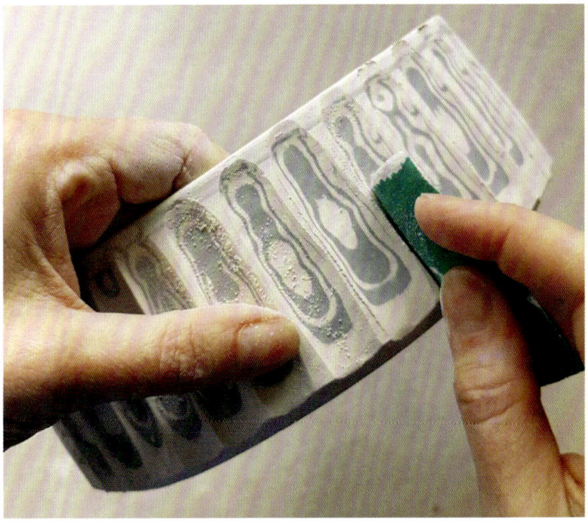

**6** Nach dem Schrühen wird die Oberfläche bei Bedarf von den letzten Unebenheiten und Graten befreit und anschließend mit dem Schwamm von Bröseln und Staubpartikeln gereinigt.

### FERTIGSTELLUNG

*Wie alle meine Objekte soll auch die Schüssel schlicht und minimalistisch wirken. Die Marmorstrukturen fesseln den Blick, daher lasse ich das Äußere unglasiert. Die Innenseite dagegen trägt eine auf die grauen Farbstreifen der Außenseite abgestimmte weiche schwarze Mattglasur. Es empfiehlt sich, die Außenseite vor dem Glasieren mit Abdeckwachs zu schützen, besonders oben am Rand. So bleibt die scharfe Trennlinie zwischen glasierter und unglasierter Partie perfekt erhalten.*

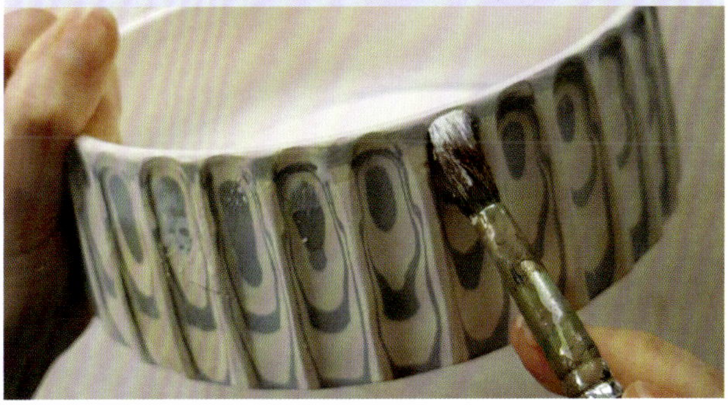

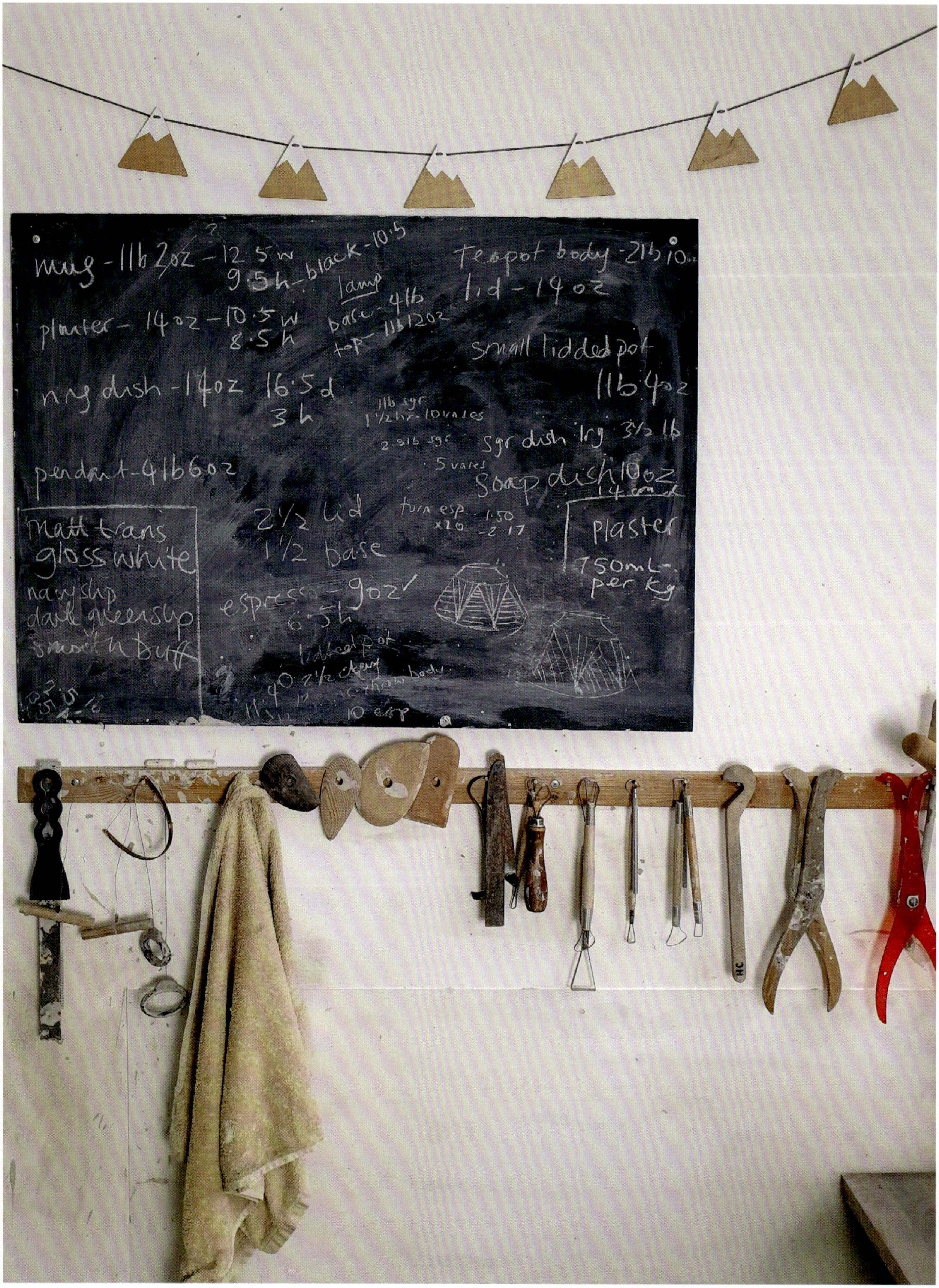

mug - 1lb 2oz - 12.5 w
9.5 h
black - 10.5
Teapot body - 2lb 10oz
lid - 14oz
lamp
base - 4lb
top - 1lb 12oz
planter - 14oz - 10.5 w
8.5 h
small lidded pot
1lb 4oz
ring dish - 14oz 16.5 d
3 h
sgr dish lrg 3½ lb
pendant - 4lb 6oz
soap dish 10oz
Matt trans
gloss white
navy slip
dark greenslip
smooth buff
2½ lid
1½ base
espresso - 9oz
6.5 h
plaster
750mL
per kg

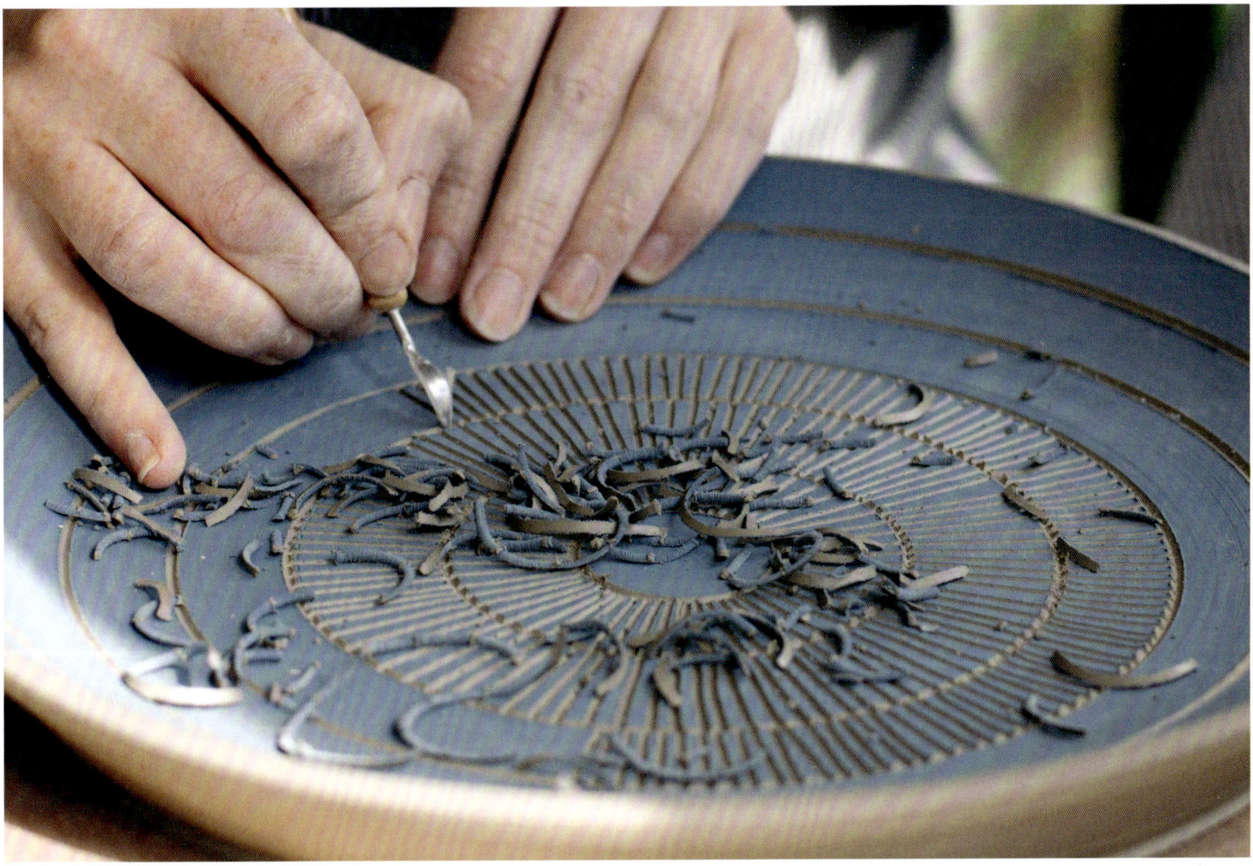

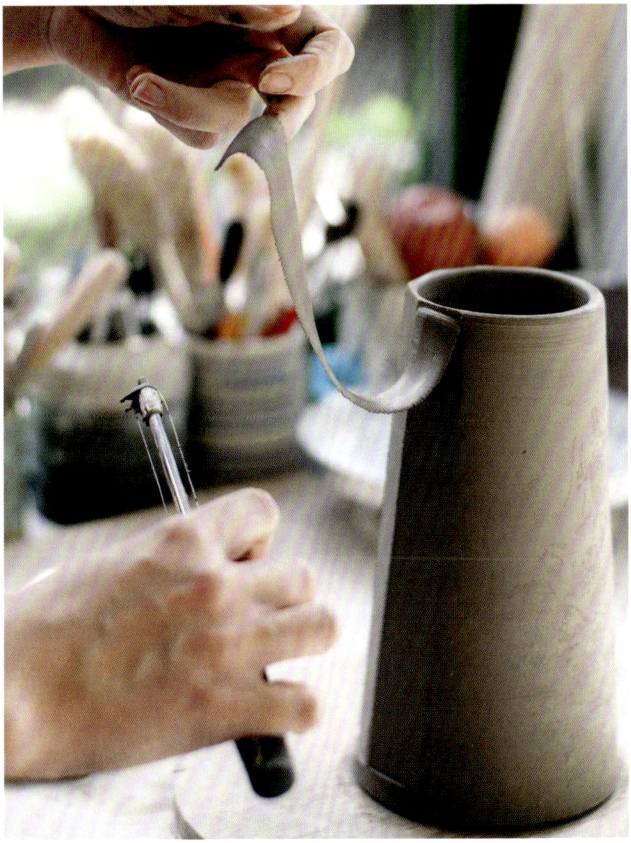

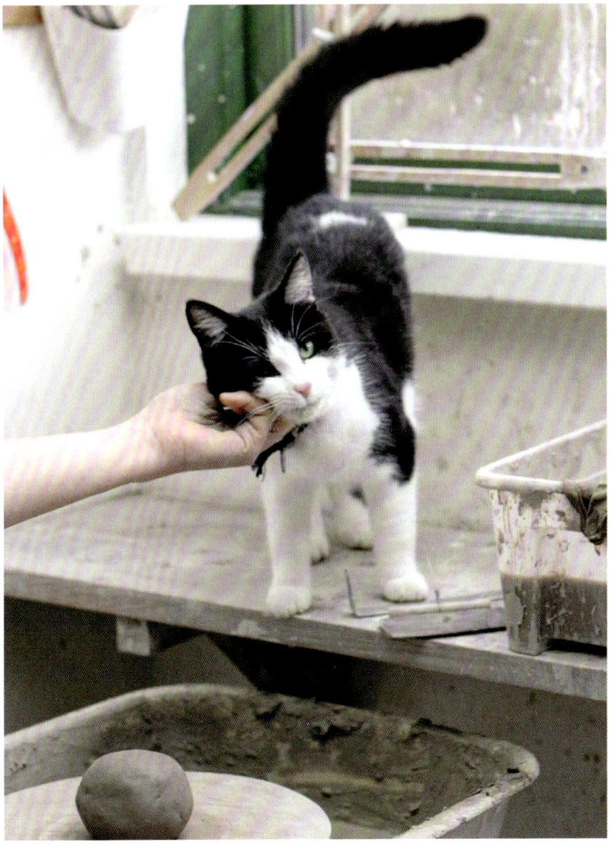

# REGISTER

## DANKSAGUNG DER AUTORIN

Dieses Buch widme ich meiner Mutter und meinem Vater, weil sie mir niemals einen „vernünftigeren“ Weg nahelegten und mich stets bei allem unterstützt haben.

Und auch meinen drei Jungs – David, Edward und Harry. Ab jetzt können wir wieder über andere Dinge reden …

# Bezugsquellen und weitere Literatur

## Fachhandel
**(Auswahl)**

**Boesner**
Deutschland: www.boesner.com
Schweiz: www.boesner.ch
Österreich: www.boesner.at
Fachhändler für Künstlerbedarf, führt sowohl Ton als auch zahlreiche Werkzeuge

**Gerstaecker**
Deutschland: www.gerstaecker.de
Schweiz: www.gerstaecker.ch
Österreich: www.gerstaecker.at
Fachhändler für Künstlerbedarf mit einer Auswahl an Tonmassen als auch zahlreichen Werkzeugen

**DEUTSCHLAND**

**Keramik Kraft**
www.keramik-kraft.com
Fachhändler für Keramikbedarf mit Filialen in Deutschland und Österreich und großem Webshop. Brennservice und Drehscheibenverleih.

**BOTZ GmbH**
Hafenweg 26a
48155 Münster
www.botz-glasuren.de
Keramikglasuren, Zubehör und Hilfsmittel

**Arno Witgert**
Arno-Witgert-Str. 1
56414 Herschbach / OT Wahnscheid
www.witgert.de
Keramische Rohstoffe und Fertigmassen

**Andrea Wolbring GmbH & Co.KG**
Parsdorfer Str. 1a
85598 Baldham
www.keramikbedarf-online.de
Keramik- und Töpferbedarf, Brennservice, Workshops

**Hans Wolbring GmbH**
**Keramischer Bedarf**
Rudolf-Diesel-Straße 15-17
56203 Höhr Grenzhausen
www.keramikbedarf.de

**Carl Jäger Tonindustriebedarf GmbH**
In den Erlen 4
56206 Hilgert
www.kerambedarf.de
Grosser Webshop für Tone, Glasuren, Werkzeuge und Hilfsmittel

**SCHWEIZ**

**Lehmhuus AG**
Neuhofweg 50
4147 Aesch/BL
www.lehmhuus.ch
Töpfereibedarf und Töpferschule

**Bodmer Ton AG**
Holzrüti 1
8840 Einsiedeln
www.bodmer-ton.ch
Töpfereibedarf, Töpferkurse, eigene Tonproduktion und Brennservice

**MICHEL Keramikbedarf**
Lerchenhalde 73
8046 Zürich
www.keramikbedarf.ch

**ÖSTERREICH**

**Keramikbedarf Ing. Skokan GmbH**
Rauchgasse 33
1120 Wien
www.skokan.at
Töpfereibedarf, Brennservice, Leihgeräte und mehr

**Töpfereibedarf Ing. Lehrer GesmbH**
Paschinger Straße 4
4060 Leonding
www.keramik.at
Töpfereibedarf mit großem Webshop, Brenn- und Glasierservice

## Weitere Bücher zum Thema «Keramik» aus dem Haupt Verlag

Stuart Carey
**Töpfern auf der Scheibe**
Techniken und Projekte
978-3-258-60210-3
*In diesem Buch teilt der preisgekrönte Keramiker Stuart Carey sein Wissen über das Töpfern auf der Scheibe. Nach einer Einführung in das Material Ton und ausführlichen Anleitungen, wie dieser gekonnt auf der Scheibe geformt wird, zeigt der Autor unter anderem, wie man sein eigenes Projekt plant, Töpferwaren mit Henkeln versieht und der Oberfläche den letzten Schliff gibt.*

Forrest Lesch-Middelton
**Handgemachte Fliesen aus Keramik**
entwerfen, herstellen, verlegen
978-3-258-60218-9
*Selbst getöpferte Keramikfliesen gehören zu den dekorativsten Elementen einer jeden Inneneinrichtung: ob im Bad, der Küche, als Bodenfliesen oder als Zierde im Garten. Dieses anschauliche Anleitungsbuch führt Schritt für Schritt durch den gesamten Prozess: von der Planung, Herstellung und Dekoration der eigenen Keramikfliesen bis hin zum Brand und der Installation.*

Petia Knebel
**Gestalten mit Ton**
Grundtechniken und Projekte
978-3-258-60193-9
*Das große Buch zum künstlerischen Gestalten mit Ton für Einsteigerinnen und Fortgeschrittene. Petia Knebel vermittelt in diesem Werk einen Überblick über grundlegende handwerkliche Aufbautechniken (ohne Drehscheibe), farbige Oberflächengestaltungen mit Engoben und Glasuren sowie Brennverfahren.*

Duncan Hooson, Anthony Quinn
**Handbuch Keramik**
Die Techniken des Töpferns
978-3-258-60041-3
*Dieses anspruchsvolle Keramikhandbuch stellt eine Vielzahl von Materialien, Gestaltungstechniken und Verfahren vor. Handgriffe und Arbeitsmethoden sind systematisch nach Themen geordnet und reich bebildert, um die erfolgreiche Umsetzung im Töpferstudio zu erleichtern.*